Christian Wessely

Einfach katholisch

Diese Auflage widme ich
den Christinnen und Christen,
die um ihres Glaubens willen
verfolgt, bedrängt, mit Gewalt bedroht
oder gering geschätzt werden.

CHRISTIAN WESSELY

EINFACH KATHOLISCH

Was katholische Christen glauben und wie sie feiern

3., aktualisierte Auflage

Tyrolia-Verlag · Innsbruck-Wien

Mitglied der Verlagsgruppe „engagement“

3., aktualisierte Auflage 2016

ISBN 978-3-7022-3095-1 (gedrucktes Buch)
ISBN 978-3-7022-3232-0 (E-Book)

Umschlaggestaltung: stadthaus 38, Innsbruck
Layout und digitale Gestaltung: Christian Wessely
Druck und Bindung: Alcione, Lavis (I)
E-Mail: buchverlag@tyrolia.at
Internet: www.tyrolia-verlag.at

Inhalt

III. Der Hintergrund: Über Gott und die Welt

IV. Anwendungsfelder

Vorwort

Ist Ihnen schon Folgendes passiert: Sie werden zu einer kirchlichen Feier eingeladen, Sie gehen hin, weil Ihnen die Personen wichtig sind, die dort feiern, haben aber nicht die leiseste Ahnung, was dort von Ihnen erwartet wird? Sie befolgen schon die längste Zeit Rituale, die Sie schön finden, von denen Sie aber auch gerne wüssten, wofür sie eigentlich gut sind, wie zum Beispiel in der Adventzeit Kerzen anzuzünden oder am Karsamstag Speisen segnen zu lassen? Sie sehen, dass Menschen, die Sie schätzen, katholisch und zugleich glücklich sind und wollen wissen, was genau dahintersteckt?
Dann ist dieses Buch genau das Richtige für Sie.

Es richtet sich an die Menschen, die mit dem Christentum (insbesondere mit dem katholischen) zu tun haben, aber nicht so genau Bescheid wissen, wie es gerade erforderlich und dienlich wäre. Nehmen wir an, Sie sind nicht gerade auf Du und Du mit der Pfarrgemeinde, und einer Ihrer nettesten Arbeitskollegen, ein Katholik, ist gestorben – natürlich sollte man ihm die letzte Ehre erweisen, aber was genau passiert denn bei einem christlichen Begräbnis, und vor allem: Warum passiert es? Oder angenommen Ihre Schwester, die seltsamerweise religiöser ist als Sie, bittet Sie, Taufpate eines Ihrer Kinder zu werden, Sie haben aber außer dem Taufschein nicht mehr so viel mit der Kirche zu tun – was genau ist denn die Taufe, und was sollte man als Patin oder Pate tun? Vielleicht sollen Sie auch mal als Trauzeuge wirken? Oder ein Erntedankfest mitgestalten? Oder es interessiert Sie einfach nur, warum wir eigentlich Osterferien haben?

Wie auch immer, dieses Buch soll Ihnen in sehr verdichteter und vereinfachter Form einige Antworten bieten. Es ist schon wagemutig, überhaupt so etwas wie eine „Einführung in das Katholischsein“ schreiben zu wollen; wenn man dann aus vernünftigen Erwägungen anstelle von 800 nicht einmal 250 Seiten dafür verwenden kann, wird es halsbrecherisch und es bleiben notwendigerweise viele Details auf der Strecke. Vieles ist daher unbesprochen geblieben; vieles kann ich in diesem Rahmen nur darstellen und nicht ausführlich begründen; einiges – das muss man der Fairness halber sagen – ist auch nicht im strikten Sinne begründbar, sondern eine „Glaubenseinsicht“, die aus einer bestimmten Tradition entstanden ist und nun sinnvollerweise zum Bekenntnis der katholischen Kirche gehört. In solchen Glaubenssätzen spiegeln sich – das wird oft übersehen – komplexe historische Entwicklungen; und ihre eigene Geschichtlichkeit gehört nun einmal zum Wesen der katholischen Kirche und ist unverzichtbar. Nicht zuletzt deshalb haben manche Glaubenssätze, auch wenn sie sich den Maßstäben der heutigen sogenannten „Rationalität“ zu entziehen scheinen, ihre Berechtigung.

Ich werde versuchen, einen Weg im Spannungsfeld von Kürze, leichter Verständlichkeit und Vollständigkeit zu finden, wobei mein Leitsatz ist: Alles Wichtige kann auch einfach gesagt werden. Und vielleicht ist tatsächlich das, was man nicht so einfach sagen kann, das weniger Wichtige.

Ich selbst bin beruflich systematischer Theologe. Unsere Spezies steht nicht gerade im Ruf der einfachen Ausdrucksweise, und mitunter ist die Wortwahl von Kolleginnen, Kollegen und auch mir eher furchterregend. Das liegt aber auch an der Umgebung, in der wir normalerweise sprechen – an den Universitäten muss man gelegentlich sehr viel voraussetzen und vor allem sehr viel mit sehr wenigen Worten ausdrücken, da sind Fachausdrücke unvermeidlich. Aber wie es in der Bibel
Koh 3,1 so schön heißt: Für alles gibt es eine richtige Zeit, und so scheint es mir jetzt an der Zeit zu sein, es einmal einfacher zu versuchen und trotzdem nicht weniger zu sagen – schaden kann das ja wohl kaum.

Zweitens bin ich selbst Diakon. Diakone sind „im Dienst“ am leichtesten dadurch erkennbar, dass sie, wenn sie eine offizielle katholische Feier begleiten, meist ein weißes bodenlanges Gewand und einen farbigen „Schal“ tragen (eine „Alba“ und eine „Stola“, wie man das mit
liturgische Kleidung: S. 58 dem Fachausdruck nennt). Nun tun das Priester auch, aber die Diakone tragen ihre Stola von der linken Schulter zur rechten Hüfte diagonal, während Priester sie vor der Brust parallel nach unten hängen haben. Außerdem spenden sie die Taufe, beerdigen, helfen bei der Eheschließung und können auch als verheiratete Männer die Weihe empfangen. Aus den vielen Feiern, die ich in den Jahren seit meiner Weihe begleiten durfte, weiß ich, dass oft genug viele Menschen anwesend sind, die gerne mitfeiern würden, aber nicht genau wissen, wie und wann sie was genau tun sollen. Auch denen soll hier ein wenig geholfen werden.

Und nicht zuletzt bin ich, drittens, selbst gläubiger Katholik. Das ist in diesem Zusammenhang nicht selbstverständlich. Für mich heißt es: Ich glaube daran, dass das, was ich beruflich und als Diakon ehrenamtlich tue, einen festen und soliden Grund in der Wirklichkeit, hier und jetzt, hat. Ich glaube, dass es einen Gott gibt, der mir als Person gegenübersteht und sich auf das Risiko einer Beziehung mit mir eingelassen hat; ich glaube daran, dass er sich in Jesus Christus uns Menschen gegenüber unwiderruflich festgelegt hat und dass in dessen Tod und vor allem in dessen Auferstehung das Heil und die Erlösung für alle Welt begründet liegt; und ich glaube auch daran, dass sich in der Gemeinschaft aller Christinnen und Christen („Kirche“) und idealerweise in der Gemeinschaft aller gläubigen Menschen zu jeder Zeit der Wille Gottes ereignen und das „Reich Gottes“ Wirklichkeit werden kann. Und dass die menschliche Geschichte auf einen Endpunkt zusteuert. Aber zu all dem später mehr.

Ich möchte mit dem beginnen, womit Christinnen und Christen in der Öffentlichkeit am ehesten sichtbar werden (und wozu, wie eingangs gesagt, auch Fern- und Außenstehende mitunter Kontakt haben können): mit ihren öffentlichen Feiern, vor allem mit jenen, die ihr Leben strukturieren. Für jede dieser Feiern möchte ich erklären, was genau eigentlich gefeiert wird, was im Rahmen einer solchen Feier passiert, aber auch, wie man die Feier vielleicht selbst mitgestalten kann. Aber auch in ihren öffentlichen Zeichen und in der Gestaltung des Jahresablaufes werden Christinnen und Christen deutlich sichtbar, und auch diese Sichtbarkeit hat ihre Gründe (haben Sie schon mal darauf geachtet, wie viele Menschen ein kleines Kreuz an der Halskette tragen oder wie viel von unserer sehr weltlichen Jahres- und Arbeitszeit eigentlich christlich strukturiert ist? Na eben!).

Feiern sind äußere Vollzüge, die eine innerliche Wirkung und einen tieferen Grund haben (ja, jede, auch die Betriebsfeier, wenn auch Wirkung und tieferer Grund dort etwas anders aufzufassen sind). Im zweiten Teil des Buches soll es um genau diesen tieferen Grund gehen, darum, was eigentlich die Ausgangspunkte für diese kleinen und großen Ereignisse sind. Man muss diesen zweiten Teil nicht lesen, um den ersten zu verstehen; aber als Ergänzung wäre er doch ziemlich sinnvoll – z. B. damit man nicht angesichts der Eröffnung jeder christlichen Feier von der (falschen!) Annahme ausgeht, dass das Christentum polytheistisch sei („Im Namen des Vaters, des Sohnes und des Heiligen Geistes“). Oder damit man zumindest in Umrissen schon länger verschüttete Kenntnisse wieder mal entstauben oder sogar ausgraben kann.

Damit dabei der Tiefgang nicht völlig ausbleibt, finden Sie auf fast jeder Seite Randglossen mit Verweisen auf weiterführende Literatur, meistens abgekürzt. Die ausgeschriebene Form finden Sie dann ganz hinten in einem eigenen Literaturverzeichnis. Diese Verweise dienen nur zur weiteren Nachverfolgung eines bestimmten Themas bei vertieftem Interesse und sind natürlich bei weitem nicht vollständig. Wirklich nützlich bei der Lektüre dieses Buches ist allerdings eine Bibel, am besten eine Einheitsübersetzung, an der ich mich für diesen Fall auch orientiere. Aber die bekommt man mit Hardcover schon um knappe zehn Euro, und sie sollte ohnehin auf jedem Bücherregal stehen.

Die Bibel. Einheitsübersetzung der Heiligen Schrift, Freiburg: Herder 2009; vgl. auch S. 22

Ich habe mich soweit möglich um unverkrampfte Geschlechtergerechigkeit in der Sprache bemüht (was, wenn man gerade über die römisch-katholische Kirche schreibt, nicht immer trivial ist). Auf Vorschlag des Verlages habe ich aber auf ständige Doppelnennungen und vor allem die unsägliche Binnen-I-Schreibung verzichtet. Dadurch gibt es natürlich stellenweise Anklänge an die unzeitgemäße „Inklusivsprache“ – dafür bitte ich um Nachsicht, aber ein Buch wie dieses wäre sonst stellenweise unlesbar.

Wenn ein Buch fertig ist, sind immer auch Danksagungen angebracht. Meine gelten insbesondere meiner Gattin Ingeborg, die gemeinsam mit mir durch manch aufgewühlte Wasser gesegelt ist und ohne die ich auch in ruhigeren Zeiten nur schwer navigieren könnte, und meinen Kindern Magdalena und Michael, deren Spontanität und Kreativität (vor allem im Fragen) viel zu diesem Buch beigetragen haben. Sie gelten meinem inzwischen leider emeritierten Pfarrer Friedrich Tieber, der mir durch sein praktisches Vorbild viel mehr an Güte und Menschenfreundlichkeit vermittelt hat als jede theoretische Abhandlung. Sie gelten meiner geduldigen und beharrlichen Lektorin Brunhilde Steger. Sie gelten Volker Kroll in Berlin, der mir durch sachkundiges Fragen und Gegenlesen geholfen hat. Sie gelten dem Innsbrucker Kollegen Liborius Olaf Lumma, dessen ausführliche Rezension der ersten Auflage maßgeblich zur Verbesserung beigetragen hat. Sie gelten meinem derzeitigen Ortspfarrer Stefan Üblackner SVD, von dem ich viele Hinweise betreffend der Überarbeitung für diese Auflage bekommen habe.

Natürlich wird es dennoch auch in dieser Ausgabe einiges geben, was man optimieren könnte – für Hinweise dazu bin ich immer dankbar, am besten über die Homepage des Buches: *www.einfach-katholisch.at.*

Abschließend noch meine Hoffnungen: Dass die getroffene Auswahl an „Teilbereichen des Katholischen“ in diesem Buch einigermaßen repräsentativ ist; dass dieses Buch zum besseren Verständnis der Christen in einer säkularisierten Gesellschaft beitragen kann; dass sich einige der vielen getauften, der zum Christsein berufenen und zur katholischen Kirche gehörenden Menschen wieder mehr an das erinnern, was dieses Christsein ausmachen könnte; dass auch andere, fernstehende Menschen wieder gelegentlich mit uns feiern und nicht zuletzt, dass Menschen mit einem anderen religiösen Bekenntnis uns noch besser verstehen. Eine Utopie? Vielleicht. Aber ich denke: eine lohnende.

Einleitung

Wer sind die „Katholiken"?

Statistisch gesehen stellen sie die größte Religionsgemeinschaft der Welt dar. Zu drei großen und vielen kleinen Gruppierungen gehören etwa zwei Milliarden Mitglieder und eine zwar alte, aber nach wie vor noch sehr wirkungsvolle Tradition: die Christinnen und Christen, die ihren Namen vom Ehrentitel „Christus" herleiten. Dieser Titel wird für die historische Person Jesus von Nazareth verwendet, der als der Retter des Gottesvolkes, der Messias (hebr.: „der Gesalbte" – Christus ist die griechische Form von Messias) angesehen wird.

Christus, Messias, Gesalbter

Das „Salben" bezieht sich auf einen jüdischen Brauch: Seit der ältesten Zeit wurden wichtige Personen – vor allem Könige und Propheten – im antiken Israel gesalbt, also symbolisch mit heiligem Öl bestrichen. Das war Teil ihrer Berufungszeremonie und brachte die Gunst und Zuwendung Gottes zum Ausdruck. Und nachdem das Judentum zwischen 1500 v. Chr. und der Zeit Christi eine Menge Höhen und Tiefen durchgemacht hatte, erwartete es sehnlich den von den Propheten ihrer Heiligen Schrift angekündigten Retter, den Gottesboten, den endgültigen König, der Israels Größe wieder herstellen und seine Gotteskindschaft sichtbar machen würde – eben einen „Gesalbten", Messias oder Christus.

Aus diesem mit Erwartungen aufgeladenen, politisch unterdrückten, aber zum Großteil ungebrochen zutiefst religiösen Volk stammt nun dieser Jesus von Nazareth, und soweit man das heute historisch beurteilen kann, war er ein zutiefst religiöser und frommer Jude. Aufgrund verschiedener Indizien kann man seine Lebensdaten einigermaßen eingrenzen: Er wurde um 5 v. Chr. geboren – paradox, aber wahr, denn das Jahr der Geburt Christi hat ein frommer Mönch namens Dionysius Exiguus erst um 520 berechnet und dabei einige kleinere Rechenfehler eingebaut. Nachdem aber die Zeitrechnung seit damals „anno domini", „im Jahre des Herrn" oder „nach Christus" läuft (die Angabe „unserer Zeitrechnung" ist nur eine Tarnung dafür), können wir nun nicht die Sache um fünf Jahre verschieben, sondern bleiben der Einfachheit halber bei der Standardzählung und gehen lieber beim Geburtsjahr Christi einen Kompromiss ein. Das ist nur die westliche Standardzählung in der christlichen Tradition – die Juden zählen die Jahre seit Erschaffung der Welt und sind damit in ihrer Rechnung schon so etwa 3760 Jahre weiter, die Muslime zählen die Jahre seit der Hedschra, der Flucht des Propheten Mohammed von Mekka nach Medina, und haben daher um

Unsere Zeitrechnung

ca. 620 Jahre später angefangen als wir. Jesus ist also ca. 5 v. Chr. geboren und wurde wahrscheinlich im Jahr 30 aufgrund einer politischen Intrige von den Römern, die Israel damals besetzt hatten, hingerichtet.

Und an diesem Punkt beginnt die Religion der Christen: Obwohl Jesus sich zu Lebzeiten nie selbst als Messias bezeichnete, haben ihn seine ersten Anhänger als genau diesen Retter Israels angesehen und auch so genannt. Die Heilige Schrift der Christen, die Bibel, enthält in ihrem zweiten Teil, dem sogenannten „Neuen Testament", die Überlieferung zu dieser frühesten Phase der christlichen Kirche in den Jahren unmittelbar nach dem Tod Jesu bis etwa in das Jahr 120. Der gemeinsame Tenor dieser Überlieferung ist: Jesus ist der Christus, der Gesalbte, der Retter der Menschen, der gekommen ist, um die unwiderrufliche und endgültige liebevolle Hinwendung Gottes zu den Menschen, seien sie Juden oder Nichtjuden, zu verkünden. Und er ist von den Toten auferstanden; genauer: Er wurde von Gott auferweckt als Beglaubigung der Wahrheit dieser Botschaft.

Christus: S. 174

Von Jesus Christus sind den meisten Menschen wohl die Wunder am besten im Gedächtnis geblieben, und von denen werden eine ganze Menge berichtet, von der Brotvermehrung über Blindenheilungen bis zu Totenerweckungen. Aber ebenso wichtig wie die Wunder und auch die Auferstehung ist das, was er gelehrt und verkündigt hat. Davon ist später noch im Detail die Rede, vorerst nur soviel: Der Jesus, von dem die Schriftzeugnisse des Neuen Testamentes berichten, ist vor allem deshalb als Christus erkannt und bezeugt worden, weil er gekommen ist, um den Armen eine gute Nachricht zu bringen; den Gefangenen die Entlassung zu verkünden; den Blinden das Augenlicht wieder zu schenken; die Zerschlagenen in Freiheit zu setzen und ein „Gnadenjahr des Herrn" auszurufen.

Lk 4,18f - an dieser Stelle verkündet Jesus praktisch sein „Programm", das in vollkommener Übereinstimmung mit der Überlieferung Israels steht

Genau das ist der Kern des Evangeliums, der „Frohen Botschaft", die die Kirche aufgreift und weiterträgt. Sie wurde nicht ausdrücklich von Jesus gegründet oder mit einer Stiftungsurkunde eingesetzt (der Bibelvers, der davon berichtet, ist mit einiger Wahrscheinlichkeit eine spätere Einfügung), aber sie ist die Gemeinschaft jener Menschen, die sich mit Christus identifizieren und seine beiden ausdrücklichen Aufträge ernst nehmen: den zur Verkündigung („Geht hinaus in die ganze Welt und verkündet der gesamten Schöpfung das Evangelium!") und den zur gemeinsamen Feier („Tut dies zu meinem Gedächtnis!"). Kirche ist dann und nur dann im vollen und umfassenden Sinn Kirche, wenn sie diese Aufträge erfüllt, und sie vertraut darauf, dass sie dann im Geist Gottes handelt (der ihr ja von Jesus als Beistand und dauernder Begleiter versprochen wurde).

Die römisch-katholische Kirche (und von ihr spreche ich, wenn im Folgenden von „Kirche“ die Rede ist) versucht dies in besonderer Weise zu realisieren. In ihr finden sich über diese Mindestmaßstäbe hinaus noch zwei weitere wichtige Faktoren: eine seit der Zeit von Jesus Christus ungebrochene Tradition und die Fähigkeit, in ihrer Geschichte immer wieder einheitlich auf aktuelle Herausforderungen zu reagieren (letzteres nicht immer mit einer glücklichen Hand). Dennoch versteht sich diese römisch-katholische Kirche als unvollkommen und in einer ständigen Entwicklung begriffen, wenn auch mit dem dauerhaften Beistand des Heiligen Geistes versehen und daher getragen von der Zuversicht, letztlich auf dem richtigen Weg zu sein. Sie ist auch die einzige monotheistische Großeligion, die weltweit zentral organisiert ist: Wenn der Papst als oberste Autorität der katholischen Kirche spricht, dann ist seine Aussage für alle Katholikinnen und Katholiken weltweit verbindlich (ob sie auch praktisch respektiert wird, ist dann nochmals eine andere Frage). Weder die anderen christlichen Kirchen noch das Judentum oder der Islam können diese potenzielle Homogenität aufweisen, schlicht, weil es bei ihnen keine vergleichbare Zentralautorität gibt. Das ist einerseits ein Vorteil, andererseits auch ein Nachteil – die Organisation wird dadurch trotz des Beistandes des Heiligen Geistes reichlich träge und muss immer weltweit planen und agieren (es ist kaum möglich, eine bestimmte Regelung wie das Zölibat in einzelnen Weltgegenden auszusetzen und in anderen nicht). Und die Kirche besteht, auch wenn sie als „heilig“ betrachtet wird, eben nur aus Menschen – und die sind mitunter alles andere als das. Daher trägt diese Kirche auf Dauer ein menschliches Gesicht, in das sich aber Jesus Christus unveränderlich eingeschrieben hat.

Tradition: S. 36

Die Kirche ist auf dem Weg und „in Bewegung“

Kirche: S. 201

Ich finde das toll.

Wie feiern Katholiken? Ein kleiner Kirchen-Knigge

Kirchliche Feiern sind normalerweise öffentliche Feiern. Insbesondere in den Großkirchen sind auch Besucher, die selbst keine Christen sind, in der Regel willkommen. Es gibt weder Geheimwissen, das nicht weitergegeben werden darf, noch Sonderlehren, noch verborgene Rituale – in jedem Gottesdienst darf jeder Christ alles sehen und hören.

Ikonenwand / „Ikonostase“

Eine gewisse Ausnahme bilden hier nur die orthodoxen Kirchen, weil bei ihnen aus historischen Gründen eine Ikonenwand den Raum der Gottesdienstbesucher vom Altarraum trennt und daher ein Teil des Ritus nicht zu sehen ist. Aber das hat keine esoterischen Gründe, sondern ist einerseits durch die Gewohnheit entstanden, Ikonen - die ja für die Ostkirche eine ganz besondere Bedeutung haben - am Altar anzubringen (aus Platzmangel auch übereinander, und plötzlich war eine Ikonenwand entstanden); andererseits soll dadurch auch der Geheimnischarakter des unbegreiflichen Gottes angedeutet werden.

Deswegen nennt man christliche Gottesdienste auch „Liturgie“, vom gr. *leiturgia*, was soviel wie „öffentliche Handlung“ bedeutet.

Gottesdienste folgen immer bestimmten Regeln. Je nach Glaubensgemeinschaft sind diese Regeln unterschiedlich; so sind etwa katholische und orthodoxe Liturgien ziemlich klar durchstrukturiert, während es am anderen Ende der Skala bei freikirchlichen Feiern durchaus auch recht spontankreativ zugehen kann. Nicht, dass das in einer katholischen Messe nicht passieren könnte: Wenn man als Zelebrant über den Saum seines Messkleides stolpert oder die Ministrantinnen so viel Weihrauch eingelegt haben, dass man das Evangeliar kaum mehr sieht bzw. frei atmen kann, sorgt das durchaus für Erheiterung in der Gemeinde und Auflockerung allzu strenger Formen.

Evangeliar: S. 60

Wenn man also den Wunsch verspürt, an einem Gottesdienst teilzunehmen, kann man das in jedem öffentlichen Kirchengebäude jederzeit tun; folgende Verhaltenshinweise können dabei nützlich sein:

angemessene Kleidung

Eine Kirche oder Kapelle wird von Männern grundsätzlich *ohne* Kopfbedeckung betreten. Frauen dürfen die ihre tragen – bis vor gar nicht langer Zeit *mussten* sie es sogar, und zwar ein Kopftuch ... darüber sind inner- wie auch außerkirchlich eine ganze Menge Kopftuchdebatten geführt worden. Darüber hinaus sollte man einfach nicht allzu freizügig gekleidet sein; es gibt zwar keine allgemeingültigen Verbote, aber es ist eher unschicklich und jedenfalls respektlos, wenn man einen heiligen Raum etwa mit nacktem Oberkörper oder in Badekleidung betritt. Für die Teilnahme an einer offiziellen Feier ist festliche Kleidung nie falsch. Im Eingangsbereich von katholischen Kirchen findet sich üblicherweise ein Wasserbecken, das nicht zu Reinigungszwecken dient, sondern Weihwasser enthält. Christen tauchen beim Betreten und Verlassen einer Kirche die Spitzen von Zeige- und Mittelfinger der rechten Hand in dieses Becken und bekreuzigen sich damit. In katholischen Kirchen zeigt eine einzelne, in einem roten Glaszylinder in der Nähe des Altares brennende Kerze (das sogenannte „Ewige Licht") an, dass Christus selbst in der Eucharistie gegenwärtig ist (ja, höchstpersönlich, dazu an anderer Stelle mehr), deswegen grüßen Christen, bevor sie sich setzen, mit einer Kniebeuge in diese Richtung. Auch für Außenstehende ist eine Geste wie eine leichte Verbeugung angemessen, einfach als Zeichen des Respekts und der Wertschätzung. Schließlich sollten sich auch Christen, die eine Synagoge oder eine Moschee besuchen, angemessen verhalten – ein Sakralraum bezieht sich *immer* auf Gott und ist daher für viele Menschen wichtig. Dem sollte man Rechnung tragen.

Eucharistie: S. 54

Innerhalb einer Kirche sollte man, auch wenn gerade keine Feier stattfindet, Stille halten oder sich zumindest nur flüsternd unterhalten. Die in manchen Kirchen aus den Lautsprechern schallende Berieselungsmusik halte ich persönlich eher für lästig, aber das ist Geschmackssache. Umhergehen und die meist reichlich vorhandenen Kunstwerke zu betrachten ist durchaus erwünscht (wieder nur, wenn gerade nicht gefeiert wird, sonst erntet man sehr betretene Blicke von Pfarrer und Gemeinde!) und lohnend. Als Tabu gilt nur der unmittelbare Altarbereich, der meist durch eine oder zwei Stufen vom normalen Kirchenniveau abgehoben und manchmal auch durch eine Kordel oder ähnliches abgetrennt ist. In diesem Bereich befinden sich der Altar, das Lesepult (Ambo) und der Aufbewahrungsort der Eucharistie (Tabernakel) – nichts Geheimnisvolles, aber eben ein besonderer Bereich, den man nur mit Einverständnis des Pfarrers betreten sollte.

Den Altarbereich nicht betreten

Bei einer Feier setzt man sich – wenn man nur als „Beobachter" teilnehmen will – sinnvollerweise an einen Ort, an dem man andere nicht am Betreten und Verlassen einer Sitzreihe hindert, da innerhalb eines Gottesdienstes meist zur Kommunion geladen wird. Dabei wird den Gläubigen in der Nähe des Altares eine kleine Scheibe ungesäuertes Brot gereicht, die die Verkörperung von Jesus Christus ist (klingt seltsam, ist aber wichtig). Nichtchristen sind zum Empfang der Kommunion grundsätzlich nicht zugelassen. Für Neugierige: Konsistenz und Geschmack entsprechen in etwa den beliebten Backoblaten. Die einzelnen Bewegungen im Rahmen der Feier haben bestimmte Funktionen: Sitzen ist die Haltung des aufmerksamen Zuhörens, Stehen ist das Zeigen von Respekt und Wertschätzung. Beides kann auch von Nichtchristen guten Gewissens mitgemacht werden. Knien hingegen ist eine Geste der Anbetung und sollte von Außenstehenden nicht vollzogen werden; es ist kein Problem, bei den entsprechenden Passagen einfach ruhig sitzen zu bleiben.

In kirchlichen Feiern wird auch – soweit möglich – gesungen. Hier halten es auch die Katholiken mit dem großen Reformator Luther, dem ja der Ausspruch nachgesagt wird: „Wer singt, betet doppelt". Das wichtigste Musikinstrument in christlichen Gottesdiensten ist die klassische Pfeifenorgel, aber es gibt auch eine reiche Tradition des Gesanges ohne Instrumentalbegleitung (vor allem in den Ostkirchen, aber auch im Westen).

In katholischen und orthodoxen Kirchen gibt es meist einen besonderen Ort, an dem Gläubige gegen eine kleine Spende Kerzen entzünden können; oft ist das in der Nähe einer Darstellung der heiligen Maria, der Mutter Jesu Christi. Meist wird das Entzünden der Kerze mit einem Gebet für ein bestimmtes Anliegen verbunden. Manchmal ist es aber auch einfach nur schön, eine Kerze anzuzünden und einige Zeit in Stille zu betrachten.

Gebet: S. 117

Katholische Gottesdienste beginnen und enden meist mit festen Formeln. Am Beginn des Gottesdienstes spricht der Zelebrant, während sich die Anwesenden bekreuzigen:

„Im Namen des Vaters, des Sohnes und des Heiligen Geistes!", weil im Christentum Gott als der einzige und eine angesehen wird, der sich aber in drei Personen ausdrückt. Die Gemeinde antwortet darauf mit „Amen".

Gott: S. 19

Das Kreuzzeichen wird grundsätzlich mit der rechten Hand gemacht. Die linke ruht geöffnet zwischen Brust und Bauch, während die rechte nacheinander entweder Stirn, Brust, linke und rechte Schulter berührt (das „große" Kreuzzeichen) oder mit dem Daumen je ein kleines Kreuz auf Stirn, Mund und Brust zeichnet, zum Zeichen dafür, dass man an Christus denkt, von Christus spricht und die Botschaft Christi im Herzen bewahrt (das „kleine" Kreuzzeichen). Übrigens: die orthodoxe Kirche macht das große Kreuzzeichen „umgekehrt", und zwar oben – unten – rechts – links.

Gesten: S. 114

Der Zelebrant grüßt die Gemeinde mit dem Wunsch: „Der Herr sei mit euch!", worauf die Anwesenden mit „Und mit deinem Geiste!" antworten. Diese Anfangsformel drückt zwei verschiedene Dimensionen aus: die der Hoffnung, dass in der folgenden Feier Gott selbst unter den Feiernden gegenwärtig ist, wie er es versprochen hat, und dass der

Leiter bzw. die Leiterin der Feier im Geiste von Jesus Christus handeln möge.

Christus: S. 174

Mit derselben Formel endet der Gottesdienst auch wieder, darauf folgt noch ein feierlicher Segen – wie z. B. „Es segne euch der allmächtige Gott, der Vater, der Sohn und der Heilige Geist". Der Zelebrant deutet dabei ein großes Kreuzzeichen an, die Anwesenden bekreuzigen sich und antworten mit „Amen". Der Entlassungsdialog „Gehet hin in Frieden" – „Dank sei Gott, dem Herrn" beendet die Feier, wobei gerade dieser Schluss dem Charakter nach eine Aussendung ist und daher besser lauten sollte „Gehet hin und bringet Frieden", denn genau dazu sind Christinnen und Christen ja berufen: die frohe Botschaft von der Hinwendung und Liebe Gottes zu allen (!) Menschen auch aus dem Gottesdienst mitzunehmen und vor allem dementsprechend zu leben – der Alltag macht Christinnen und Christen erkennbar, nicht nur die Teilnahme an einzelnen Feiern!

Segen: Die feierliche Bitte um Gottes besondere Zuwendung

In der Teilnahme am Gottesdienst zeigt sich aber eines in besonderer Weise: Das Christentum insgesamt und insbesondere die Katholische Kirche ist keine Sache von Einzelnen. Gemeinschaft ist notwendige Bedingung - das spiegelt sich auch in den wichtigsten Gebeten. Nicht umsonst heißt es „Vater UNSER" und im großen Glaubensbekenntnis „WIR glauben".

Gebete: S. 122f.

Grundlegendes

Grenzsituationen weisen über das Hier und Jetzt hinaus

Vieles in unserem Leben ist religiös strukturiert, ob wir wollen oder nicht. Einerseits sind das Schlüsselerlebnisse, die uns selbst betreffen, insbesondere Grenzsituationen: der Prozess des Erwachsenwerdens, das Erlebnis unbedingter Liebe, die Geburt eines Kindes, die Erfahrung von Krankheit und vielleicht auch materieller Not, der Tod nahestehender Menschen, unter Umständen sogar das bevorstehende eigene Sterben. All das stellt jeden Einzelnen und jede Einzelne vor die Frage, wie mit dieser Erfahrung umzugehen ist, wie sie in das persönliche Leben einzuordnen sei und ob sie nicht über das konkrete Hier und Jetzt hinausweist in eine erhoffte „Andersheit".

Unsere Zeiteinteilung ist christlich geprägt

Andererseits ist unsere Zeit christlich strukturiert. Jeder Mensch, ob Agnostiker oder Christ, Muslim oder Buddhist in Europa richtet sich nach den Regeln der herrschenden Zeitrechnung, und zwar aus ganz praktischen Gründen. Und so hat man eben einen freien Sonntag, den christlichen Tag des Herrn, ob man einen Gottesdienst besucht oder nicht; so hat man Weihnachts-, Oster- und Pfingstferien; so erleben vor allem die Kinder im Vor- und Grundschulalter christliche Feste als selbstverständliche Begleiter im Jahreslauf – der Nikolaustag, das „Dreikönigsfest", Palmsonntag, Fronleichnam, Erntedankfest und Martinstag gehören zu den kleineren, aber nicht weniger eindrücklichen Festen im Jahreslauf, die mitprägend wirken.

Man kommt schon aus diesen „kalendarischen" Gründen in Mitteleuropa um das Christentum nicht herum, ob man selbst Christ ist oder nicht; noch wichtiger freilich ist für Christen die Antwort auf die zuvor skizzierten Lebensfragen, die ihnen von ihrer Religion geboten werden – und es sind gute Antworten. Eine besondere Rolle spielt hier die römisch-katholische Kirche, die nicht nur zahlenmäßig die stärkste Gruppe unter den Christen darstellt, sondern die auch eine merkwürdig differenzierte Rolle spielt: Einerseits die der Hüterin strenger und mitunter antiquiert erscheinender Regeln, andererseits als im besten Sinne positive Begleiterin durch das Leben, als tragfähiger Grund und feste Stütze, als Ort der verbindlichen Heilszusage und der Liebe Gottes.

Darum gilt es, sich von Zeit zu Zeit in Erinnerung zu rufen, worum es in diesem Katholizismus eigentlich geht, dass er mehr ist als Selbstzweck, mehr als ethisches System, mehr als Werkzeug, mit dessen Hilfe man in existenziellen Grenzsituationen bestehen kann. Er ist das lebensbestimmende Bekenntnis zu einem Gott, der seinen Willen zum Heil aller Menschen in Jesus Christus unwiderruflich bekanntgegeben hat und der in der Tradition dieser Kirche in besonderer Weise gegenwärtig und sichtbar bleibt.

Das heißt keineswegs, dass Gott sich ausschließlich im Christentum dem Menschen mitteilt. Im Rahmen des Zweiten Vatikanischen Konzils haben die Katholiken festgehalten, dass auch andere Religionen Anteil an der göttlichen Wahrheit haben. Sie haben mit besonderem Respekt von Juden und Muslimen als Geschwister im Glauben an den einen Gott Abrahams gesprochen und auch auf das Göttliche in den vielen anderen Bekenntnissen nicht vergessen. Aber natürlich sieht sich das Christentum und insbesondere die katholischen Kirche in einer Sonderrolle, bewahrt sie doch seit 2000 Jahren praktisch unverändert die Überlieferung des zentralen Heilsereignisses der Menschheitsgeschichte. Dass damit freilich auch eine besondere Verantwortung verbunden ist, muss mindestens ebenso deutlich gesagt und wahrgenommen werden. Worin sie besteht, darauf werden wir noch zu sprechen kommen; zunächst aber zu einigen wichtigen und für die nachfolgenden Kapitel grundlegenden Aussagen, die man im Auge behalten muss, wenn man über das Christentum und besonders den Katholizismus nachdenkt.

Konzilserklärung „Nostra aetate“

Die zentralsten Aussagen in Kurzform

Was ist denn das, „Gott“?

Christinnen und Christen glauben an einen *konkreten* Gott, das heißt: an ein Wesen, das als denkendes, handelndes und fühlendes Ich dem Menschen gegenübersteht, der *Person* ist. Diesem Gott ist der Mensch nicht gleichgültig, sondern er versucht, sich ihm mitzuteilen, also von sich aus auf den Menschen zuzugehen. Es ist immer Gott, der den ersten Schritt macht – ob der Mensch ihm in einem Glaubensakt antwortet, ist allerdings dessen freie Gewissens- und Willensentscheidung.

Dieser Gott will das *Heil* der Menschen, und zwar grundsätzlich *aller* Menschen. „Heil“ steckt in vielen Wörtern unserer Alltagssprache, in Heilung und heilen, im Heiland, in heilig … alle haben gemeinsam, dass sie etwas Positives bedeuten. Dieses Positive liegt immer außerhalb der momentanen Möglichkeiten des Menschen selbst: Der Kranke kann sich nicht selbst heilen. Religiös ausgedrückt: „Heil“ ist dauerndes Glück, das von Gott kommt. Es ist mehr als momentanes Wohlbefinden. Es ist umfassendes, gelingendes Leben, ein Leben, das sich unter den Segen Gottes stellt, der dafür garantiert, dass genau dieses Leben auf Dauer Bestand haben und am Ende gut sein wird, trotz der alltäglichen Erfahrung, dass das, was „irdisches“ Glück ausmacht – Erfolg, Gesundheit, letztlich auch Leben – nicht von Dauer ist. Heil bedeutet auch: Rettung aus dieser Begrenztheit.

Dieser Gott ist, auch weil er Person ist, „mit ganzem Herzen“ bei der Sache. Er ist ein liebender, barmherziger und im letzten Sinne wohlwollender Gott. Er ist aber auch einer, der aufgrund dieser tiefen Bindung Trauer, Eifersucht oder Betroffenheit empfinden kann, wenn er gewahr wird, dass seine Geschöpfe sich ihm bewusst verweigern.

Die Welt existiert aus und durch Gott

Dieser Gott ist der Schöpfer von allem was existiert, das heißt: Es gibt einen unauflöslichen Zusammenhang zwischen Welt und Gott, einen Zusammenhang, der von diesem Gott auf die Welt hin eröffnet und am Leben erhalten wird. Er steht der Welt aber nicht an einem abstrakten „Ort" gegenüber, sondern lässt sich voll und ganz *auf* und *in* diese Welt – seine Schöpfung – ein: „Himmel und Erde" im Sinne der mittelalterlichen Zuordnung von „Bereich Gottes" und „Bereich des Menschen" sind keine (örtlichen) Gegensätze, sondern durchdringen einander.

Menschen, die sich zu diesem Gott bekennen, sind daher nicht völlig auf die „Welt" des Sichtbaren zentriert, sondern verstehen „Welt" in einem weiteren Sinne: als das, was insgesamt als „Schöpfung" verstanden wird und was zugleich von Gott erfüllt ist. Der Mensch ist aber, obwohl er Gottes Geschöpf ist, grundsätzlich fehlbar und verfehlt sich auch tatsächlich im alltäglichen Leben gegen Gott und gegen seine Mitgeschöpfe, mitunter auch bewusst – das ist es, was der Begriff „Sünde" meint. Und diese „Sünde" verletzt die Beziehung zwischen Gott und dem Menschen.

Bis hierher teilen Judentum, Christentum und Islam das Verständnis Gottes miteinander; es ist das gemeinsame Erbe Abrahams, das diese drei großen Religionen miteinander verbindet, die einen personalen Gott bekennen. Unterscheidend christlich ist nun aber das Folgende:

Was das Christentum vom Judentum und dem Islam unterscheidet

Die Person Jesus, die historisch zwischen ca. 5 v. Chr. und 30 n. Chr. lebte, war in einer derart unüberbietbaren Nähe zu diesem Gott, dass diese Nähe nur durch die Bezeichnung „Sohn Gottes" ausgedrückt werden kann. Das „Sohnsein" ist dabei ein menschlicher Ausdruck, der der Wirklichkeit dieser Gottesbeziehung so nahe wie möglich kommt, ohne sie völlig erfassen zu können. Ja, mehr noch: Die *Nähe* wird zu einer *Identität*. Jesus wird als der Messias, der Christus, der Gesalbte und somit Auserwählte Gottes erkannt und als göttliche Person bekannt. Die Sprachform der *Erkenntnis* wird durch die Sprachform des *Bekenntnisses* ergänzt; nur so werden menschliche Ausdrucksformen dem Phänomen Jesus Christus gerecht. Christus ist die Offenbarung (das heißt: die unüberbietbare Selbstmitteilung) dieses Gottes, der sich in einer lebendigen Beziehung zum Menschen befindet. Die biblischen Schriften des Alten und Neuen Testamentes sind nach christlichem Verständnis die konkreten Überlieferungsformen dieser Offenbarung.

Die christlichen Kirchen bewahren nun in ihrer derzeitigen Form die Überlieferung zu diesem Jesus Christus in einer mehr oder weniger konsistenten Gestalt. Diese Überlieferung beinhaltet auch, aber nicht nur, die biblischen Schriften. Darüber hinaus enthält sie auch konkrete Traditionen und Gestalten des Feierns, in denen sich grundlegende religiöse Erfahrungen mit dem Gott dieses Jesus Christus ausdrücken. In der katholischen Kirche haben diese Tradition und diese Riten einen ganz besonderen Platz und einen hohen Stellenwert.

Die religiösen Erfahrungen spiegeln sich sowohl in rationalem und bewusstem Denken als auch in emotionalem Erfassen. Deren angemessene Ausdrucksformen sind die philosophischen Schlussfolgerungen und ihre Traditionen in der Lehre und die Überlieferung in den verschiedenen Riten. Beides braucht entsprechende Begleitung und achtsames Hinsehen, damit eine möglichst große Konsistenz mit der Lehre Jesu Christi gewahrt bleiben kann. In der katholischen Kirche ist es die zentrale Autorität des Papstes und des Konzils, bei dem die Letztverantwortung für einen konkreten Lehrinhalt bzw. für die an die konkreten Zeitumstände angepasste Interpretation der Tradition liegt; ihnen steht mit den Theologinnen und Theologen eine wissenschaftliche Beratungsinstanz zur Seite.

Die Überlieferung von Jesus Christus wird durch Schrift, kirchliche Tradition und lebendige Riten erhalten

Und nicht zuletzt: Das Christentum ist – und dies realisiert sich nun in ganz besonderer Weise in der katholischen Kirche – eine Gemeinschaftsreligion. Es ist nicht denkbar, dass jemand nur für sich allein „im stillen Kämmerlein“ Christ und schon gar Katholik ist. Er muss die Frohe Botschaft von Heil und Erlösung ja zumindest von jemandem erfahren haben, und wenn er dieser Botschaft Glauben schenkt und sich ihr verpflichtet weiß, dann muss er sie auch weitertragen. Wer also nicht nur auf dem Papier katholisch sein will, muss automatisch ein Mensch in Glaubensbeziehung sein, ob diese nun im Moment wach und lebendig oder eingeschlafen und nur potenziell vorhanden ist. Deswegen spielt auch der Begriff der „Communio“, der „Gemeinschaft“, gerade in der katholischen Kirche eine so große Rolle. Sie begegnet uns nicht nur in der „Gemeinschaft der Heiligen“ im Glaubensbekenntnis, sondern auch in der „Kommunion“, die in der Gottesdienstfeier empfangen wird: In der Gemeinschaft wird – nach katholischer Lehre ganz buchstäblich – Christus empfangen und weitergegeben. Glaube ist also tatsächlich Gemeinschaftssache. *Die Kirche ist die Gemeinschaft der Menschen mit Gott durch Christus im Heiligen Geist*; und sie ist auf diesen Gott hin unterwegs.

Christsein heißt immer: in Gemeinschaft sein

Die Wegweiser

Da dieses „Unterwegs-Sein" keine Frage von Tagen oder Jahren ist, sondern eine menschheitsgeschichtliche, braucht man dafür Orientierung. Jeder, der versucht, ganz normale Alltagserinnerungen aus seinem eigenen Leben zu bewahren, stellt fest, dass sogar mit Hilfe von Fotos oder Tagebuchaufzeichnungen, ja sogar mit Videofilmen die Realität nur ungenügend abgebildet und bewahrt wird. Jahre nach dem realen Ereignis, von dem es noch Erinnerungsfotos gibt, weiß man schon viele Details nicht mehr; und vielleicht gibt es sogar verschiedene Versionen der Geschichte dieses Ereignisses. Nun geht es aber im Fall der Kirche nicht nur um Alltagserinnerungen, die für einige wenige Einzelpersonen von Bedeutung sind und für alle anderen keine Relevanz haben. Hier geht es um mehr, nämlich um das Heil der Welt und die Erlösung aller Menschen. Umso wichtiger ist es, dass das Zentrum dieses Heilsgeschehens, die Geschichte Jesu Christi, so originalgetreu wie möglich bewahrt wird. Das passiert in der katholischen Kirche in drei verschiedenen Formen: im Wort (die Bibel, besonders das Neue Testament), in den Riten (den Gottesdiensthandlungen) und in der Tradition (die Lehre der Kirche). Im Zentrum dieser Darstellung soll die Überlieferung der Riten stehen; dennoch kommen die beiden anderen Stränge ebenfalls zumindest kurz zu Wort, denn die drei Wege sind nicht trennbar. Einer für sich allein genommen ist völlig ungenügend, und auch nur zwei davon noch unverlässlich. Erst die Kombination der drei Wege ergibt die Gesamtheit der Heilsbotschaft Christi, die in der Kirche gegenwärtig ist. Auch wenn der Vergleich hinkt: Technisch gesehen ist die Kirche fast so etwas wie ein RAID-5-System mit drei Festplatten: Jede einzelne der drei ist Bestandteil eines Verbundes, der das Ganze verlässlich gegen Informationsverlust absichern soll.

„Erinnerung" an eine befreiende Wahrheit

Die Bibel: das Wichtigste in Kurzform

Weil wir im Rest des Buches noch sehr viel mit ihr zu tun haben werden, fange ich erst einmal mit der Wortüberlieferung – der Bibel – an. Sie ist die wichtigste schriftliche Grundlage des Christentums. Das ist allgemein bekannt, aber nicht ganz so bekannt ist, was denn diese Bibel nun genau ist, wer sie geschrieben hat und vor allem: was genau drinnen steht.

Die Bibel gehört zur Weltliteratur ...

Dabei sollte eine Bibel in keinem Haushalt fehlen – egal, ob christlich oder nicht. Sie gehört immerhin zu den grundlegenden kulturellen Werken, und das muss man anerkennen, selbst wenn man nicht mit ihren religiösen Aussagen übereinstimmt. Es ist doch interessant, auf welcher Grundlage die Hälfte der Weltkultur aufbaut (nämlich die ganze jüdisch-christliche und teilweise auch die muslimische Tradition).

„Die Bibel" ist ein komplexes Thema. Vor allem, weil man gleich am Anfang zugeben muss, dass Bibel nicht gleich Bibel ist – nicht einmal zwei christliche Konfessionen haben notwendigerweise dieselbe. Ganz allgemein kann man höchstens sagen: Als Bibel wird die Sammlung von Schriften bezeichnet, die auf der Grundlage der hebräischen heiligen Texte entstanden sind und in denen nach christlicher Überzeugung die Offenbarung Gottes beschrieben wird.

... aber sie ist nicht die Offenbarung!

Das ist schon einmal das erste Stichwort: Die Bibel *ist nicht die Offenbarung*. Aus christlicher und ganz besonders aus katholischer Sicht wird in der Bibel *von der Offenbarung erzählt*! Die Offenbarung, also das Handeln Gottes dem Menschen gegenüber, durch das er sich erkennbar macht, besteht in seinem *Tun* – in der Schöpfung, im Bundesschluss mit Abraham, im Berufen der Propheten, in der Geschichte des Volkes Israel, vor allem aber und ein für allemal in Jesus Christus. Die Bibel ist eine Sammlung von Texten, die Erlebnisse von Menschen mit dieser Offenbarung Gottes schildern. Es sind Texte, die von Menschen verfasst wurden und darum in Details fehlerhaft und manchmal widersprüchlich sein können; es sind Texte, die in einer konkreten Zeit entstanden sind und daher in den Bildern und der Situation dieser Zeit zu lesen sind; und es sind Texte, hinter denen eine konkrete soziale Situation steht, die man berücksichtigen muss.

Und sie ist auch kein „Geschichtsbuch".

Und es sind natürlich Texte, hinter denen eine bestimmte Aussageabsicht steht. Wenn sich jemand hinsetzt und ein für damalige Verhältnisse umfangreiches Werk wie das Evangelium nach Johannes mit einem strengen Aufbau und wunderbar poetischer Sprache verfasst, dann ist das Planung (und damit mit einer konkreten Absicht verbunden) und nicht spontane Kreativität. Insofern muss man jedenfalls davon Abstand nehmen, die Bibel als historische Quelle zu lesen – das ist sie nicht und das kann sie auch gar nicht leisten, weil sie Aussagen über ganz andere Dinge treffen muss als über konkrete geschichtliche Begebenheiten. Auch scheinbar ganz präzise Datums-, Zeit- oder Ortsangaben haben einen Aussagesinn, der hinter dem offensichtlichen liegt. Somit ist klar, dass die Worte z. B. der Offenbarung des Johannes, die im Gewand einer Endzeitvision daherkommen, keinesfalls wörtlich zu nehmen sind, sondern eine Glaubensaussage treffen wollen. Daher gilt die Bibel als *inspirierter* Text, weil hinter dem Text ja ganz buchstäblich die Begeisterung für Gott steht (be-geistert hat mit in-spiriert zu tun, und hinter beidem steht der Heilige Geist). Und daher kann der Text auch selbst begeistern, also wiederum inspirierend wirken, beflügeln, anregen.

Leider liegt uns heute kein einziger Originaltext dieser Bibel vor. Es wäre eine Sensation ersten Ranges, könnten wir auf einen handgeschriebenen Originalbrief des Paulus zurückgreifen – aber das ist nun einmal nicht der Fall. Die Texte sind uns allesamt aus Abschriften, Zitaten und liturgischer Überlieferung bekannt. Für das Neue Testament gilt derzeit als ältester erhaltener Teil ein Fragment des Johannesevangeliums, das um 120 entstanden ist; für das Alte Testament sind wahrscheinlich die Funde von Qumran die ältesten existierenden Versionen (das komplette Buch Jesaja ist auf einer Rolle aus dem Jahr 200 v. Chr. erhalten). Exegese und Textkritik, die sich darum bemühen, aus den vorhandenen Funden und den verwendeten Texten den Originaltext zu rekonstruieren bzw. seine Hintergründe zu erforschen, gehören zu den wichtigsten Disziplinen der Theologie. Mit ihrer Hilfe ist es sogar möglich, aus den vorliegenden Quellen den wahrscheinlichen Originalwortlaut von „Herrenworten“, also wörtlichen Aussagen von Jesus Christus, zu rekonstruieren: die Quelle „Q“, die eine (leider verlorengegangene) schriftliche Sammlung von Jesusworten war.

Betz / Riesner: Jesus, Qumran und der Vatikan

Hoffmann / Heil: Die Spruchquelle Q

Die „Bücher“ der Bibel: der Kanon

Der „Kanon“

Die Bibel besteht aus einzelnen Teilen (den sogenannten „Büchern“), die mit dem Namen des (fiktiven) Verfassers oder der inhaltlichen Ausrichtung bezeichnet werden. Die ältesten Teile der Bibel sind zunächst nur mündlich überliefert worden und gehen vermutlich bis in das 16. Jh. v. Chr. zurück. Zu dieser Zeit war das Volk Israel noch ein Nomadenvolk; erst einige Jahrhunderte später wurde es nach vielen Irrwegen sesshaft, und im Anschluss daran wurden die mündlichen Überlieferungen in eine Schriftform gebracht. Nun bestand dieses Nomadenvolk aber aus unterschiedlichen Gruppen (überliefert als die „Zwölf Stämme“), in denen Texte zum Teil mit kleineren und größeren Unterschieden übermittelt wurden. So musste anlässlich der Schriftwerdung eine Redaktion vorgenommen werden – die verschiedenen mündlichen Stränge wurden sozusagen zusammengeführt. Es entstanden im Lauf der Zeit mindestens vier verschiedene Überlieferungslinien, die selbst wieder immer neuen Redaktionen und Bearbeitungen unterworfen waren, und erst etwa 500 v. Chr. stand der Kern dessen, was wir als Altes Testament (wobei „alt“ hier im Sinne von „das Erste“ und nicht von „veraltet“ verstanden werden soll!) in der Bibel finden, einigermaßen fest. Es bildete sich der „Tanak“ (ein Akronym aus Tora, Nabiim und Ketubim), die „jüdische Bibel“. Dabei steht die *Tora* für das Gesetz (die fünf Bücher Mose), *Nabiim* für die Propheten und *Ketubim* für die Geschichtsbücher. Einige Bücher des katholischen Alten Testamentes sind noch später entstanden – etwa die Makkabäerbücher, die im Judentum als „apokryph“, also nicht als zum regulären Schriftkorpus gehörend,

Tanak (auch: Tanakh / Tanach)

Zenger: Einleitung

angesehen werden. Das Neue Testament ist dagegen in einem deutlich kürzeren Zeitraum entstanden: Vom Abfassen der ältesten Schrift bis zum Entstehen der jüngsten sind gerade einmal 70 Jahre vergangen. Es besteht aus den vier Evangelien (von gr. *Eu-Angelion*, froh machende Botschaft), die Leben und Wirken Jesu Christi aus je unterschiedlicher Perspektive und für einen je anderen Leserkreis schildern; aus einem Bericht über die Lage der jungen Kirche in den ersten Jahren nach Tod und Auferstehung Jesu; aus Briefen des Apostels Paulus und anderer Glaubenszeugen und der apokalyptischen Schrift der „Offenbarung des Johannes". Über die meisten der Autorinnen oder Autoren wissen wir nichts oder wenig Näheres. Allen gemeinsam ist aber, dass sie in ihren Schriften die *beglückende Heilserfahrung* des Menschen angesichts Jesu Christi schildern.

Schierse: Einführung

Diese Bücher bilden nun einen „Kanon". Das hat nichts mit Artillerie zu tun (griech. *kanon* bedeutet vielmehr die „Messlatte"), sondern bezeichnet die Auswahl der Bücher, die man als verbindliche heilige Texte betrachtet und die daher als *kanonisch* bezeichnet werden. Diese Auswahl trafen nun verschiedene Konfessionen auf verschiedene Weise und zu verschiedenen Zeiten. Im Judentum etwa wurde der Kanon um 100 n. Chr. festgelegt; im Christentum stand um 350 der Kanon des Alten Testamentes, um 400 der des Neuen Testamentes fest. Unterschiede zwischen den Konfessionen bestehen meist hinsichtlich der Auswahl der Schriften, die als Bestandteil des Alten Testamentes betrachtet werden. Die protestantische Auswahl, die von Luther etabliert wurde, lehnt sich z. B. engstens an den Tanak an, während die katholische weiter gefasst ist, aber zwischen kanonischen (als heilig zu betrachtenden) und deuterokanonischen (ergänzenden) Schriften unterscheidet. Als inspiriert gelten kanonische und deuterokanonische Schriften im Gegensatz zu den Apokryphen (verborgenen Schriften), die keine wesentlichen Glaubensaussagen enthalten und/oder erst nach dem Abschluss der Kanonbildung entstanden sind. Wieder eine andere Auswahl treffen orthodoxe oder orientalische Kirchen.

Apokryphen

Das Übersetzungsproblem

Anders sprechen heißt auch: anders denken!

Ein weiteres Problem mit der Bibel ist das der Übersetzung. Die Sprache des Alten Testamentes ist das Hebräische, das in der Schrift keine Vokale kennt und das in der Urform noch dazu nur begrenzt über Satz- und Absatzgliederung verfügt. Ohne Anhaltspunkte betritt man bei der Übersetzung dünnes Eis, weshalb jüdische Gelehrte (die *Masoreten*) um 700 begannen, Vokalzeichen unter und über den Konsonanten anzubringen, damit die Wortbedeutung eindeutig festgelegt wurde. Etwa im Jahr 1000 war dieser Prozess vollendet, und aus dieser Zeit liegen die ersten vollständigen Handschriften des Tanak vor. Außerdem existiert auch eine altgriechische Version des Alten Testamentes, die „Septuaginta“ (altgr. für 70), die so genannt wird, weil angeblich 70 Gelehrte in 70 Tagen die Schriften aus dem Hebräischen ins Altgriechische übersetzt hätten. Das ist natürlich eine Legende; aber die Septuaginta ist tatsächlich eine enorm wichtige Quelle, vor allem für Vergleichszwecke. Entstanden ist sie wohl zwischen 200 und 100 v. Chr.

Die Septuaginta

Das Neue Testament wiederum ist vollständig in altgriechischer Sprache verfasst. Zur Zeit Jesu war das – obwohl der Nahe Osten unter römischer Herrschaft stand – die Kultursprache; in gebildeten Kreisen wurde griechisch und nicht lateinisch gesprochen. Hebräisch wurde damals nur im Kult (als „Religionssprache“) verwendet; die Alltagssprache der „kleinen Leute“ war *aramäisch*, was abgesehen von kurzen Notizen wiederum kaum geschrieben wurde. Sowohl Altgriechisch als auch Hebräisch sind heute keine lebenden Sprachen mehr (obwohl natürlich das israelische Ivrit und das Neugriechische jeweils enge Verwandte sind). So muss eine Bibel, die nicht nur für Spezialisten gedacht ist, übersetzt werden. Die ersten Übersetzungen waren natürlich die ins Lateinische, die damalige Weltsprache – ein gewaltiger Schritt, der dem heiligen Hieronymus zugeschrieben wird. Diese „Vulgata“ blieb lange Zeit der Maßstab schlechthin. Erst etwa 1100 Jahre später begann mit Luther der Siegeszug der Bibel in der Volkssprache – allerdings in verschiedenen Varianten. Zu den gängigsten heute gebräuchlichen Bibeln in deutscher Sprache gehören nach wie vor die Lutherbibel (gut übersetzt, aber für Katholiken fehlen leider einige Teile), die Jerusalemer Bibel, die Elberfelder Bibel und natürlich die Einheitsübersetzung. Zu den Übertragungen in eine zeitnahe Sprache bzw. zu Nacherzählungen gehören „Der große Boss“ und „Der Juniorchef“, „Die Bibel nach Biff“, die „Bibel in gerechter Sprache“ und andere mehr; Werke, die eher die Spannweite der Übertragungs- und Erzählmöglichkeiten illustrieren (und teilweise wirklich lustig sind), als dass sie für den ernsthaften Gebrauch geeignet wären. Aufgrund dieser Übersetzungsvielfalt ist es in der katholischen Kirche Sache der Bischofskonferenzen, die Übersetzungen festzulegen, die im Gottesdienst verwendet werden dürfen. Es gibt nämlich keine *verbotenen* Übersetzungen; die kirchliche Autorität behält sich lediglich vor, zu bestimmen, welche Übersetzung *liturgisch brauchbar* ist und welche nicht.

Übertragungen und Übersetzungen

Bibelausgaben und -abkürzungen vgl. S. 227

Die Systematik dahinter

Wenn nun die Bibel ein so umfangreiches, komplexes und vielschichtiges Werk ist, wie findet man sich darin zurecht?

Dass – sachlogisch völlig klar – in der christlichen Bibel das „Alte“ vor dem „Neuen Testament“ kommt, ist noch einigermaßen naheliegend. Aber insbesondere, wenn man über Schriftstellen nachzudenken und sie zu vergleichen oder sie zu diskutieren beginnt, braucht man ein zuverlässiges System, mit dem man sich trotz der vielen verschiedenen Ausgaben eindeutig eine Textstelle heraussuchen kann – Seitenzahlen sind da völlig ungenügend, das ist klar. Für dieses Problem hat im frühen 16. Jh. ein kluger Kopf namens Robert Etienne eine Lösung gefunden: Er hat als Erster die biblischen Bücher in Kapitel und Verse eingeteilt, eine Zählung, die sich bis heute erhalten hat. Dadurch kann man mit der Angabe „Erster Brief des Apostels Paulus an die Korinther, Kapitel 11, Vers 20“ klar die Ausführungen des Paulus zur (un)würdigen Feier des Herrenmahles finden.

Als „Herrenmahl“ wird jene frühe Vorform der heutigen Eucharistie bezeichnet, in der im Rahmen einer Feier im Familien- bzw. Hauskreis an das letzte Abendmahl gedacht wurde - ein tatsächliches gemeinsames Essen, eingebettet in eine rituelle Form und umrahmt von Gebeten. Die Leitung dieses „Herrenmahls“ oblag dem Hausvater bzw. in einzelnen Fällen wohl auch der Hausmutter (wie wahrscheinlich im Fall der Lydia, die in Apg 16,13-16 erwähnt wird.

Die „Loccumer Richtlinien“

Nur ist das noch ein wenig lang, und vor allem, wenn man zahlreiche Bibelstellen verwendet, ermüdend. Daher hat sich die Forschung ein Regelwerk erarbeitet, das heute einheitlich verwendet wird, die „Loccumer Richtlinien“, nach denen die obige Stelle als „1 Kor 11,20“ angegeben würde.

Einzelkapitel und -verse werden durch Punkte getrennt: 1 Kor 11,20.22.25 meint die Verse 20, 22 und 25 aus dem 11. Kapitel des ersten Korintherbriefes. Mit dem Strichpunkt (;) trennt man andere Stellen – wie etwa 1 Kor 11,24; Apg 2,46 (beide Stellen verweisen auf das Herrenmahl). Da besonders die Evangelisten Markus, Matthäus und Lukas viele Erzählungen parallel überliefern, kann man auch – wenn man die Stellen vergleichen lassen will – schreiben: Lk 20,19f par. (was soviel heißt wie Evangelium nach Lukas, Kapitel 20, Vers 19 und der folgende, und die Parallelstellen bei Mt und Mk).

Im folgenden wird in einer Tabelle dargestellt, welche Bücher in der katholischen Bibel enthalten sind und wie sie abgekürzt werden. Weiters versuche ich, einige der jeweiligen Schlüsselstellen und -gestalten hervorzuheben (was aber immer ungenügend bleibt). Auf die Angabe einer ungefähren Entstehungszeit wird beim Alten Testament verzichtet – bei den meisten Büchern wäre das nur sehr vage möglich, und bei anderen liegen so viele Überlieferungsschichten übereinander, dass man von einer mehrhundertjährigen Entstehung ausgehen müsste.

I. Das „Alte Testament“

Titel	Kurz:	Inhalt und zentrale Personen	Anmerkungen
Genesis	Gen	Schöpfungsgeschichte, Adam und Eva, Noah und die große Flut, die „Erzväter“ Abraham, Isaak und Jakob, der Ehrenname „Israel“ für Jakob; die Landverheißung; die Entstehung der Zwölf Stämme	Diese Bücher heißen auch „5 Bücher Mose“ und entsprechen der jüdischen Tora. Mose ist natürlich nicht ihr Verfasser, sondern ihre zentrale Gestalt als der Glaubenszeuge schlechthin. In diesen Büchern werden auch die komplexen jüdischen rituellen Gesetze und Opfer beschrieben; es ist das „Gesetz des Mose“, von dem auch im Neuen Testament immer wieder die Rede ist.
Exodus	Ex	Der Prophet Mose; die Befreiung aus Ägypten, der Bundesschluss Gottes mit Israel am Sinai, die Zehn Gebote, die Bundeslade	
Levitikus	Lev	Die liturgischen Gesetze Israels: Reinheits-, Opfer- und Heiligungsvorschriften	
Numeri	Num	Volkszählung und Musterung; Regeln für den Dienst der Priesterschaft; der Weg durch die Wüste; erste Eroberungen im „verheißenen Land“	
Deuteronomium	Dtn	Rückblick und Mahnreden des Mose und sein Tod; Wiederholung der wichtigsten Gesetzesteile	
Josua	Jos	Endgültige Eroberungen im „verheißenen Land“, die Aufteilung des Landes unter den Zwölf Stämmen	Die Bücher Jos bis 2 Makk gelten als Geschichtsbücher
Richter	Ri	Angriffe auf Israel und ihre Abwehr; Debora, Simson und der Untergang des Stammes Benjamin	Israel wird in seiner frühen Zeit nicht von Königen, sondern von „Richtern“ beherrscht
Rut	Rut	Rut wird durch ihre gerechte Gesinnung aus einer Hungersnot gerettet und findet einen liebenden Ehemann	Rut als Urgroßmutter Davids (und damit Vorfahrin von Jesus)
Erstes Buch Samuel	1 Sam	Geburt und Leben des Propheten Samuel; Saul als der erste König; zahlreiche Kriege; David und Goliat; das Ende Sauls	

Zweites Buch Samuel	2 Sam	Das Königtum Davids; Jerusalem wird Kultzentrum; David und Batseba; Aufstand des Abschalom und seine Niederschlagung; Davids Tod	
Erstes Buch der Könige	1 Kön	König Salomo; der Bau des Tempels; die Königin von Saba; Salomos Götzendienst und Tod; Reichsteilung; der Prophet Elija	Politisches Wohlergehen und die Erfüllung religiöser Pflichten sind eng aneinander gekoppelt. Mit dem Exil des Volkes in Babylon geht das Königtum zu Ende.
Zweites Buch der Könige	2 Kön	Die Himmelfahrt Elijas; der Prophet Elischa, dessen Wirken und Tod; die Eroberung Samarias; der Untergang Judas; die „babylonische Gefangenschaft“	
Erstes Buch der Chronik	1 Chr	Nachkommen Adams; die Zwölf Stämme; David; Salomo; der Tempelbau	„Parallelüberlieferung“ der Heilsgeschichte von Adam bis zur Rückkehr aus dem Exil
Zweites Buch der Chronik	2 Chr	Salomo; der Tempelbau; die Geschichte Judas; das Exil; Kyros erlaubt die Heimkehr	
Esra	Esra	Rückkehr aus dem Exil in Babylon; Wiederaufbau des Tempels	
Nehemia	Neh	Wiederaufbau der Stadtmauer Jerusalems, Einschärfung des Gesetzes	
Tobit	Tob	Die guten Werke Tobits; seine Erblindung; der Engel Rafael, die Reise und Ehe des Tobias, die Heilung Tobits	Wichtige Quelle für die „Schutzengel“-Idee
Judit	Jdt	Bedrohung Judas durch Nebukadnezar; Judit tötet dessen Feldherrn Holofernes und rettet das Volk	
Ester	Est	Ester rettet das jüdische Volk im Exil vor einem Pogrom aufgrund einer Palastintrige	Ursprung des jüdischen Purim-Festes

Erstes Buch der Makkabäer	1 Makk	Die Eroberungszüge Alexanders des Großen; Fremdherrschaft und Tempelschändung; Aufstand des Mattatias; Siege des Judas Makkabäus, des Jonatan und des Simeon	Die beiden Makk sind Parallelerzählungen aus jeweils unterschiedlichen Perspektiven. Erste Anhaltspunkte für eine konkrete „Jenseitserwartung“ (die sieben Märtyrer)
Zweites Buch der Makkabäer	2 Makk	Entweihung des Tempels; Raub am Tempelschatz; Bürgerkrieg; Martyrium der sieben Brüder; Wiederherstellung des Kultes; der Tod Nikanors	
Ijob	Ijob	Der wohlhabende Ijob verliert allen Besitz, lehnt jeden falschen Trost ab und rechtet mit Gott	Die erste Ausfaltung der Theodizeefrage
Psalmen	Ps	Gesammelte Lieder und Gedichte über Trauer und Freude, Klage und Jubel; Gebete aus dem Alltag des Menschen	Wichtiger Bestandteil von Liturgie und Stundengebet
Sprichwörter	Spr	Gesammelte Lehrsprüche mit praktischer Ausrichtung (Lebensberatung)	
Kohelet	Koh	Meditation über die Vergänglichkeit des Lebens und die Hinfälligkeit jedes menschlichen Werkes	Eine der tiefsten Betrachtungen über das Wesen des Menschen
Hohelied	Hld	Gesammelte Liebeslieder mit erotischen Komponenten	Sinnbild der Liebe Gottes zum Menschen
Weisheit	Weish	Schicksal von Gerechtem und Frevler; Weisheit als Bindeglied zu Gott	Trost- und Ratbuch des späten Juda
Jesus Sirach	Sir	Weisheit und Gottesfurcht; Sünde und ihre Folgen; Lebensregeln	
Jesaia	Jes	Untreue des Volkes Israel; Ankündigung des Messias; Immanuelwort; Versöhnungs- und Heilsworte; Gottesknechtslieder	Diese fünf gelten als die „großen“ Propheten, nicht nur wegen des Umfanges ihrer Bücher, sondern auch wegen der wichtigen Inhalte, die sie zur Heilsgeschichte beisteuern.
Jeremia	Jer	Abfall und religiöse Verirrung des Volkes; Gleichsetzung von Bundes- und Ehebruch; Ankündigung des Gerichts, Rettung Israels und Judas; Drohreden gegen angreifende Völker	

Klagelieder (des Jeremia)	Klgl	Klagen über den Untergang des Königreiches, die Härte des Schicksals der Besiegten, den Tod und das Unheil; Anrufung des Erbarmens Gottes	
Baruch	Bar	Das Schicksal des Volkes während der Exilszeit; die Hoffnung auf Gott als Wiederhersteller Jerusalems	
Ezechiel	Ez	Gottesvision; Drohsprüche gegen Juda und Jerusalem; Auferweckungsvision; Vision des neuen Israel	
Daniel	Dan	Schicksal des Propheten Daniel im Exil; die Männer im Feuerofen; Gastmahl des Belschazzar – Mene, tekel u-pharsin; Daniel in der Löwengrube; Drachenkampf und Rettung	
Hosea	Hos	Abfall und religiöse Verirrung des Volkes; Gleichsetzung von Bundes- und Ehebruch („Liebe will ich, nicht Schlachtopfer!"); die Liebe Gottes zu seinem Volk	Die folgenden zwölf gelten als die „kleinen" Propheten. Ihre erhaltenen Werke sind kürzer und ihre Aussagen ergänzen die der „großen" Propheten. Sie sind deswegen aber nicht weniger wichtig oder gar zweitrangig – im Gegenteil, gerade bei ihnen finden sich einige der Schlüsselstellen der alttestamentlichen Offenbarung.
Joel	Joel	Gott kündigt sein Strafgericht an; Heuschreckenplage; die Buße; Vergebung Gottes	
Amos	Am	Drohworte gegen die Nachbarvölker; Anklagen der Herrschenden im eigenen Land; Untergangsvision	
Obadja	Obd	Gerichtsworte über Edom; Wiederherstellung Israels	
Jona	Jona	Berufung und Widerstand des Jona; Jona im Bauch des Fisches; Reue und Rettung; Jona und Ninive	
Micha	Mi	Drohworte gegen Habsüchtige und Rechtsbrecher; Völkerwallfahrt zum Zion; Betlehemwort	

Nahum	Nah	Weherufe über Ninive	
Habakuk	Hab	Drohworte gegen Habgierige, Ausbeuter, Gewalttäter und Götzendiener	
Zefanja	Zef	Gerichtsankündigung über Jerusalem; endzeitliche Heilsankündigung	
Haggai	Hag	Tempelneubau nach dem Exil	
Sacharija	Sach	Visionen über den Messias; der kommende Friedenskönig; Ende der falschen Götter	
Maleachi	Mal	Worte gegen ungerechte Priester; Ankündigung des Gerichtstages Gottes	
II. Das „Neue Testament“			
Evangelium nach Matthäus	Mt	Leben und Wirken Jesu Christi nach Matthäus; verfasst um 80 n. Chr.	Jesus in der Tradition Abrahams (für Juden)
Evangelium nach Markus	Mk	Leben und Wirken Jesu Christi nach Markus; verfasst um 70 n. Chr.	Wunderberichte, Gleichnisse, Passionserzählung
Evangelium nach Lukas	Lk	Leben und Wirken Jesu Christi nach Lukas; verfasst um 80 n. Chr.	Heilungsberichte; Gleichnisse (für Nichtjuden wie Griechen oder Römer)
Evangelium nach Johannes	Joh	Leben und Wirken Jesu Christi nach Johannes; verfasst um 90 n. Chr.	Theologisch komplexe Ausarbeitung
Apostel-geschichte	Apg	Weitere Geschehnisse nach Tod und Auferstehung Jesu; früheste Kirche	Gleicher Verfasser wie Lk

Brief an die Römer	Röm	Echter Paulusbrief. Themen: Gesetz und Gnade; Glaube als Rechtfertigung vor Gott; Heil für alle Völker; Rettung für Israel; Praxis des Gemeindelebens. Verfasst um 55 n. Chr.	Das „Handbuch“ der paulinischen Theologie
Erster Brief an die Korinther	1 Kor	Echter Paulusbrief. Themen: Umgang mit Spannungen in der Gemeinde; Ehefragen; Feier des Herrenmahles; die Gnadengaben Glaube, Hoffnung und Liebe; Auferstehungshoffnung der Christen. Verfasst um 53 n. Chr.	Früheste Erwähnung des „Herrenmahles“ als Christusliturgie. In 1 Kor 13 das berühmte „Hohelied der Liebe“
Zweiter Brief an die Korinther	2 Kor	Echter Paulusbrief. Themen: Leidensgemeinschaft mit Christus; Mahnung zur Wohltätigkeit; Abweisen der Vorwürfe von Gegnern. Verfasst um 56 n. Chr.	Hoch entwickelte „Leidenstheologie“. In 2 Kor 11 die „Narrenrede“
Brief an die Galater	Gal	Echter Paulusbrief. Themen: Berufung des Paulus; das Apostelkonzil; Gotteskindschaft der Menschen in Jesus Christus. Verfasst um 53 n. Chr.	Das Gesetz und die Beschneidung sind nicht zwingend für Christen
Brief an die Epheser	Eph	Aus der theologischen Schule des Paulus. Themen: Juden und Heiden sind Eins in Christus; die Gemeinde ist der Leib Christi; die Familienordnung. Verfasst nach 65 n. Chr.	Ursprünglich vielleicht ein Rundschreiben. Entfaltet eine Theologie der Kirche
Brief an die Philipper	Phil	Echter Paulusbrief. Themen: Endzeiterwartung; Aufrufe zu Eintracht, Standhaftigkeit und Freude; Lob der Gemeinde in Philippi. Verfasst um 55 n. Chr.	Sehr persönliche Aussagen des Paulus. In Phil 2 ein liturgischer Hymnus
Brief an die Kolosser	Kol	Aus der theologischen Schule des Paulus. Themen: Gottes Heilsplan für die Menschen; gegen Irrlehrer; Gemeindeordnung; der „neue Mensch“. Verfasst um 60 n. Chr.	In Kol 1 ein liturgischer Hymnus. Christologisch bedeutend.
Erster Brief an die Thessalonicher	1 Thess	Echter Paulusbrief. Themen: Lob der Gemeinde in Thessalonichi; Weisungen zur Lebensführung; Aufruf zur Bereitschaft für die Wiederkunft Christi. Verfasst um 50 n. Chr.	Seelsorgeschreiben. Aufrechte Naherwartung der Wiederkunft Christi („Parusie“)

Zweiter Brief an die Thessalonicher	2 Thess	Aus der theologischen Schule des Paulus. Themen: Irrlehrer in Thessalonichi; Zeichen der Endzeit; Ermutigung der Gläubigen; Mahnung zum Fleiß. Verfasst nach 60 n. Chr.	Wer sich nicht an Mahnungen hält, soll brüderlich zurechtgewiesen werden
Erster Brief an Timotheus	1 Tim	Aus der theologischen Schule des Paulus. Themen: Versöhntheit als Voraussetzung für das Gebet; Rolle von Bischof und Diakon; Witwen und Älteste; Sklaven und Herren; Mahnung an Reiche. Verfasst nach 100 n. Chr.	Die beiden Timotheusbriefe setzen eine sehr hoch entwickelte Gemeindestruktur voraus
Zweiter Brief an Timotheus	2 Tim	Aus der theologischen Schule des Paulus. Themen: Dienst für Christus; Umgang mit Irrlehrern. Verfasst nach 100 n. Chr.	
Brief an Titus	Tit	Aus der theologischen Schule des Paulus. Themen: Anforderung an Gemeindevorsteher; Anweisungen für einzelne Stände; soziale Pflichten der Christen. Verfasst zwischen 90 und 100 n. Chr.	Eher ein amtliches Schreiben als ein Brief
Brief an Philemon	Phlm	Echter Paulusbrief. Thema: Fürbitte für den entlaufenen Sklaven Onesimus. Verfasst um 55 n. Chr.	Sehr persönliches Schreiben des Paulus
Brief an die Hebräer	Hebr	Aus der theologischen Schule des Paulus. Themen: Christus als Opfer und zugleich Hohepriester; „Alter Bund“ und „Neuer Bund“; Endgültigkeit der Versöhnung mit Gott. Verfasst um 95 n. Chr.	An Judenchristen gerichtet; betont die Kontinuität zwischen Judentum und Christentum
Brief des Jakobus	Jak	Aus der theologischen Schule des „Herrenbruders“ Jakobus. Themen: Sorge um die Armen; Verhältnis von Glaube und Werken; Warnung vor Hartherzigkeit. Verfasst um 90 n. Chr.	An Judenchristen in Kleinasien gerichtet. Der Glaube muss auch an Werken erkennbar sein.
Erster Brief des Petrus	1 Petr	Wohl von Petrus diktiert. Themen: Weg zum Glauben; Gesellschafts- und Eheordnung; Mahnung zur Ausdauer. Verfasst um 64 n. Chr.	Hinweise auf den Zusammenhang von Taufe und Kreuz

Zweiter Brief des Petrus	2 Petr	Wohl von Petrus diktiert. Themen: Glaube und Leben; Warnung vor Irrlehrern; die Gewissheit der Wiederkunft Christi. Verfasst um 66 n. Chr.	Spricht praktische Probleme einer jungen Gemeinde an
Erster Brief des Johannes	1 Joh	Aus der theologischen Schule des Evangelisten Johannes. Themen: Gottheit Jesu Christi; Geschenk der Gotteskindschaft; Vorrang der Liebe. Verfasst um 95 n. Chr.	Betonung von Christus als Sohn Gottes und Beistand zur Überwindung der Sünde
Zweiter Brief des Johannes	2 Joh	Aus der theologischen Schule des Evangelisten Johannes. Thema: Wahrheitstreue und Bewahrung der Lehre. Verfasst um 100 n. Chr.	Vorrang der Liebe wird betont; Halten der Gebote ist Zeichen der Liebe zu Gott
Dritter Brief des Johannes	3 Joh	Aus der theologischen Schule des Evangelisten Johannes. Thema: Bitte um Unterstützung von Missionaren; Zurechtweisung eines Gemeindemitgliedes. Verfasst um 100 n. Chr.	Einblick in die konkrete Funktion einer Gemeinde
Brief des Judas	Jud	Wird traditionell dem Judas Thaddäus zugeschrieben. Themen: Warnung vor Irrlehrern; Bitte um Obsorge für Zweifelnde. Verfasst um 60 n. Chr.	Verfasserschaft unklar, aber wahrscheinlich apostolisch (der Herrenbruder aus Mt 13,55?)
Offenbarung des Johannes	Offb	Verfasser unklar, vielleicht derselbe wie 1–3 Joh. Themen: Bedrängnis der Gemeinden durch Verfolgung; Mahnung zur Standhaftigkeit; das Schicksal der Verfolger, das Gericht Gottes; das Ende der Verfolgung; die Neuerrichtung der Stadt Gottes (das himmlische Jerusalem). Verfasst um 95 n. Chr.	Joh und Offb wurden von verschiedenen Autoren verfasst, die nicht der gleichnamige Jünger waren. Drastische Bilder fordern die Radikalität der Christusnachfolge ein.

Die Tradition

„Tradition“ kommt von lat. *tradere*, „übergeben“. Darin steckt das „Geben“ und dahinter der Gedanke, dass eine Generation von Gläubigen der nächsten all ihr erworbenes Wissen und ihre Glaubenszeugnisse übergibt. Diese Tradition im Sinne von Überlieferung ist wertvoll, weil sie das Wissen, die Erfahrungen und die Zeugnisse von vielen Generationen in sich birgt und weil sie bezeugt, welche Denkmodelle schon versucht wurden, welche gescheitert sind, welche erfolgreich waren. Doch es geht um noch mehr: Seit der Auffindung des leeren Grabes haben Christinnen und Christen Gott auf vielfache unterschiedliche Weise erfahren; haben erfassen können, dass dieser Jesus Christus die Form schlechthin ist, in der sich dieser Gott dem Menschen gegenüber äußert; haben sich Gedanken gemacht, wie die Gotteserfahrung in das alltägliche Leben des Menschen Eingang finden und ihr befreiendes Potential bei möglichst allen entfalten kann. Im engeren Sinne könnte man deshalb sagen: die Grundtradition der Kirche ist Jesus Christus selbst.

Damit eine Tradition nicht verschwindet (und nicht ihr ganzer Erfahrungsschatz und ihr bewährtes Wissen, ihre „Wahrheiten“ verlorengehen), braucht es jemanden, der diese Tradition pflegt und sie weiterentwickelt. In einer Familie gibt es immer bestimmte Personen, die langjährige Bräuche aufrechterhalten – Oma lädt alle Jahre zu Weihnachten zu einem Festessen ein, und dort trifft sich die Familie. Wenn Oma nun verstirbt, bricht die Tradition ab oder ein anderes Mitglied der Familie nimmt sie auf.

Diese Rolle spielt die Tradition der Kirche, insbesondere, wenn sie ihr „Lehramt“ wahrnimmt. Es pflegt einerseits die Überlieferung und bewahrt die essenziellen Glaubensinhalte, sorgt aber andererseits auch dafür, dass diese in eine zeitgemäße Sprache übersetzt werden. Zugleich ist das Lehramt auch dafür verantwortlich, dass inhaltlich notwendige Korrekturen vorgenommen werden. Das bringt die schwierige Notwendigkeit mit sich, dass auch eine Entscheidung über zentrale und periphere Glaubensinhalte getroffen werden muss, und das im Hinblick auf die Weltkirche und nicht nur für eine kleine Region. Das *autoritative* Lehramt kommt in der katholischen Kirche dem Papst zu; das *konsultative* dem Volk Gottes (es ist schon vorgekommen, dass dieses Volk Gottes eine Lehränderung gefordert und sich damit durchgesetzt hat) und hier vor allem Theologinnen und Theologen, in deren wissenschaftlicher Verantwortung es liegt, Traditionsprozesse und deren Adaptierungen sowie die lehramtlichen Entscheidungen kritisch zu begleiten.

Rahner / Fries: Theologie in Freiheit und Verantwortung

Soweit die Theorie, und in einer idealen Gesellschaft würde das auch sehr gut funktionieren. Nachdem nun aber weder die Kirche noch die Gesellschaft in ihrer jetzigen Form Ideale sind, sondern auf diese zustreben, entspricht die Praxis der Theorie nicht völlig – die Kirche ist zur Heiligkeit berufen, hat sie aber noch nicht erreicht, sondern ist in all ihren Gliedern auf dem Weg. Manchmal hinkt sie dabei ganz schön, und manchmal sind wohl auch Umwege im Spiel; aber man muss dafür sorgen, dass sie in Bewegung bleibt und darf darauf vertrauen, dass sie im Heiligen Geist grundsätzlich die richtige Richtung hat.

Konzilsdokument: Lumen Gentium 40f

Die Riten

Für Jesus waren Riten wichtig. Soweit wir wissen, hat er sich normalerweise an die Vorschriften der jüdischen Religion gehalten, die unter anderem die Teilnahme am Gottesdienst, Gebete, Reinheitsgebräuche und Ruheordnungen regeln – und das bis heute. Die jüdische Religion schöpft ihre Beständigkeit, die sie durch mittlerweile über 3000 Jahre unter Beweis stellt, neben ihrer Treue zum Gesetz hauptsächlich aus der Treue zu den Riten. Es sind Handlungen, die das Leben der Juden prägen: Von der Beschneidung der männlichen Kinder über das gemeindliche und private Gebetsleben, über Bar Mizwah und den Synagogengottesdienst bis hin zu den begleitenden Vollzügen der Jahres- und Lebensfeste: In ihnen findet sich die Heilsgeschichte Gottes mit den Menschen wieder; sie sind Handlung gewordenes Wort.

Kolatch, Jüdische Welt verstehen

Jesus greift die reiche rituelle Tradition Israels auf und führt sie selbst weiter. Er handelt in Zeichen und Vollzügen, die seine Worte stets begleiten und illustrieren – die Evangelien sind bis zum Rand voll von Beispielen dieser Art. Es geht dabei letztlich immer um einige Kernfragen: Wie kann man Menschen in Berührung mit dem Reich Gottes bringen? Wie kann man sinnlich die Zuwendung dieses Gottes vermitteln? Wie kann man bestimmte Grundaussagen und -lehren in eine Form bringen, die sie „unvergesslich" sein lässt? Vor allem aber: Wie kann ich Menschen ganz konkret jetzt und hier Heil erfahren lassen? Diese Fragen sind es auch, die die frühe Kirche sich stellt, spätestens nachdem klar wurde, dass die Wiederkunft Christi nicht mehr zu Lebzeiten seiner Zeitgenossen erfolgen würde.

Viele Antworten haben sich schon aus der geübten und bewährten Praxis ergeben. Der Taufauftrag Jesu Christi selbst legte den Grundstein für die Taufe als Aufnahmeritus in die Gemeinde; seine Einsetzung des Gedächtnismahles jenen für die Eucharistie. Die Zumutung, Sünden zu vergeben, zusammen mit der Autorität, dies auch wirksam tun zu können, ist der Ursprung der Buße; der Heilungsauftrag der Hinweis auf die Krankensalbung. Ehestand und Priesterwürde fand die

Mt 10,8

Kirche in ihrer Herkunftsfamilie – dem Judentum – vor und stellte sie in einen neuen Bezugsrahmen, der auf Christus und die Gottesgemeinschaft des Menschen hindeutete; die Firmung geht auf den in der frühen Gemeinde geübten Brauch der Bekräftigung der (Erwachsenen-)Taufe durch eine Handauflegung der Apostel zurück. Diese sieben Zeichenhandlungen nennt die Kirche die „sieben Sakramente". Sie umfassen Taufe, Firmung und Eucharistie als Elemente der Eingliederung, Ehe und Weihe als Elemente der Bindung und Buße und Krankensalbung als Elemente der Heilung.

Die Feier der Sakramente: S. 40ff

Was ist denn ein „Sakrament"?

Augustinus ist im späten 4. Jh. der erste, der sich mit den Sakramenten systematisch und näher befasst. Weder ihre Zahl noch ihr Charakter sind zu dieser Zeit schon ausdefiniert; das geschieht erst viel später, im 13. Jh., als sich die scholastische Theologie auf die oben erwähnte Siebenzahl festlegt. Das gilt auch in den orthodoxen Kirchen. Die evangelischen dagegen kennen nur drei: Taufe, Abendmahl und (teilweise) Buße. Ein Sakrament ist ein „wirksames Heilszeichen", also ein Mittel, durch das die Gnade Gottes unmittelbar wirksam wird. Ein Sakrament betrifft immer eine *konkrete Person*, bezeichnet eine *konkrete Form von Gnade* und bedient sich eines ganz *konkreten äußerlichen Zeichens.* Nach der Lehre der Kirche ist ein Sakrament unabhängig vom Glauben des Empfängers und vom Gnadenstand des Spenders unmittelbar wirksam, sofern es gültig gespendet wird, also der Vollzug rechtmäßig und entsprechend den jeweils vorgeschriebenen Riten erfolgt. Das Grundsakrament ist die Kirche, weil sie als das wirksame Heilszeichen schlechthin betrachtet wird und die sieben konkreten Sakramente durch sie vermittelt werden. In jedem einzelnen Sakrament handelt die ganze Kirche - nie die Einzelperson des Spenders oder Empfängers des Sakramentes. Ebenso ist - ganz genau genommen - nie ein Zelebrant, sei es Diakon, Priester oder Bischof, der „Spender" eines Sakramentes, denn die Quelle der sakramentalen Gnade ist allemal Gott selbst.

Die katholische Kirche pflegt eine sehr sinnliche und fassbare Weitergabe des Glaubens. Riten und Alltag sind geprägt von heiligen Zeichen, die ganz buchstäblich Glaubensinhalte anschaulich und erfahrbar machen. Zu diesen Zeichen gehören neben Bildern und Gesängen auch Wasser, Brot, Wein, Weihrauch, Öl, Licht und anderes mehr, aber auch körperliche Vollzüge – das Gehen in der Wallfahrt oder in feierlicher Prozession, das Fasten als Gebets- und Bußübung, die Gesten in der Liturgie (stehen, sitzen, knien, sich bekreuzigen). Alles das weist deutlich darauf hin, dass der katholische Glaube etwas ist, was den ganzen Menschen miteinbezieht und nicht etwas rein Vergeistigtes oder gar Abgehobenes. Darum sind auch die Sakramente immer in einem konkreten Ritus verankert: Das sinnliche Zeichen wird in einen Gesamtvollzug eingebettet, der es umrahmt, deutet und gemeinsam vollziehbar macht. Ein Sakrament ohne wenigstens minimale Liturgie bzw. minimalen Ritus ist undenkbar. In den Riten aber, in denen Christen an Sakramenten teilnehmen, wird Gott selbst durch sein Gnadenhandeln gegenwärtig – so ist jedes Sakrament auch ein „Vorwegnehmen" der Erscheinung Gottes in Herrlichkeit am Ende der Weltzeit.

Endzeiterwartung: S. 104f; S. 127

Zu den wichtigsten sinnlichen und sinnstiftenden Zeichen der katholischen Kirche gehören die folgenden:

Vgl. Kapellari: Heilige Zeichen in Liturgie und Alltag

- Wasser: Zugleich lebensspendend und bedrohlich ist es das Wasser, das in der Taufe die Sünden des „alten Menschen" abwäscht und den Durst nach ewigem Leben stillt. Im Lebensraum Jesu, in dem meist nur gesammeltes Regenwasser aus Zisternen zur Verfügung stand, gewann „lebendiges Wasser" (Quellwasser) eine besondere Bedeutung.
- Brot: Eines der Hauptnahrungsmittel in weiten Teilen der Welt. Frisches Brot zu essen, ist ein Erlebnis - Geschmack, Geruch und Konsistenz sind etwas ganz Besonderes. Es ist haltbar und stillt den Hunger, nicht nur den körperlichen. Jesus wählt das Zeichen des Brotes, um auf seine dauernde Gegenwart unter uns hinzuweisen.
- Wein: In Gegenden, in denen das ohnehin knappe Wasser auch häufig verschmutzt war, war es oft Wein, der die Menschen am Leben erhielt. Der Wein erfreut das Herz und gilt (in Maßen!) als lebensverlängernd. Die Anzahl der Weinstöcke und der Olivenbäume sind nach wie vor wichtig für das Überleben einer Familie im Nahen und Mittleren Osten. Jesus wählt den Wein als Symbol des Neuen Bundes, der mit ihm seinen Anfang nimmt.
- Weihrauch: Das Rauchopfer war ein wichtiger Bestandteil des jüdischen Tempelgottesdienstes. Geprägt von der Idee, dass Jahwe „oben" ist, ließ man im Rauch bildhaft Lobpreis und Ehre emporsteigen. Seit dem späten 4. Jahrhundert hat der Weihrauch auch seinen festen Platz in der christlichen Liturgie. Bei Hochfesten werden Altar und eucharistische Gaben „inzensiert"; auch bei der Weihe eines Altares oder bei der Beerdigungsfeier wird Weihrauch verwendet.
- Licht: Kerzen bilden einen wichtigen Bestandteil christlicher Frömmigkeit. Wie die Flamme einer Kerze nur brennen kann, wenn sie vor störendem Luftzug geschützt ist, so kann auch Meditation und Einkehr nur gelingen, wenn störende Außeneinflüsse reduziert werden. Sie verdrängen das Dunkel, denn in diesem kann ein Mensch nicht auf Dauer leben.

I. Sichtbare Zeichen

Warum feiern Christen die Taufe?

Es ist ein wunderschöner und auch immer wieder rührender Ritus: Der Säugling, um den sich eine ganze Familie versammelt, der so viele Hoffnungen trägt, er wird in einen öffentlichen Raum getragen und feierlich verschiedenen Riten unterzogen, die alle zusammen nur eines bedeuten: Gott steht bedingungslos zum Menschen (wie Eltern zu ihren Kindern stehen sollten – deswegen nennen Christen Gott auch „Vater").

Die Taufe ist in den christlichen Kirchen die erste gemeinsame Feier eines Menschen mit seiner Glaubensgemeinschaft. Sie ist sozusagen zugleich Zeichen der Eingliederung in die Gemeinde aller Christinnen und Christen und Zeichen des unwiderruflichen Heilsversprechens Gottes, d. h. sie wirkt eigentlich in zwei Richtungen: von dem, der die Taufe empfängt, auf Gott hin und umgekehrt. Traditionell wird in der Kirche in der Osternacht, also der Nacht von Karsamstag auf Ostersonntag, getauft, und zwar im Rahmen der feierlichen Osternachtsliturgie. Ansonsten sollte die Taufe an einem Sonntag stattfinden: Der Gedenktag der Auferstehung Christi stellt eine besondere Bindung zum neugetauften Menschen her, der in der Taufe „mit Christus zu einem neuen Leben aufersteht".

Der ideale Zeitpunkt: die Osternachtsfeier, S. 141

Im Neuen Testament ist oft von Taufe die Rede (im Alten Testament hingegen so gut wie gar nicht). Johannes der Täufer wird so genannt, weil er die „Taufe zur Vergebung der Sünden" spendete. Johannes stand in der Tradition der Propheten des alten Israel, die das Volk aus einem Zustand der Gottesferne herausrufen und es wieder zur Treue zu Jahwe, den einen Gott, bewegen wollten. Viele dieser Propheten verstärkten ihre mündlichen Botschaften durch starke Zeichen: Jeremia zerbricht Krüge vor den Augen der Einflussreichen (Jer 19); Jesaja gibt seinen Kindern zeichenhafte Namen (Jes 8,1–4); Ezechiel schert sich seine Haare (Ez 5) und so fort. Johannes greift nun die starke Tradition der Reinheitsvorschriften im Judentum auf und erinnert daran, dass all diese Gebote eigentlich den Zweck haben, die Beziehung zu Gott rein zu halten und dass sie nicht nur hygienische Vorschriften sind. Und so wie Wasser Schmutz vom Körper wäscht, wäscht er mit Wasser symbolisch die Sünden von den Menschen ab, die zu ihm kommen. Zugleich fordert er Umkehr von den Menschen ein: Nur in Verbindung mit einem Sinneswandel kann diese Vergebungshandlung auf Dauer wirksam sein. Auch Jesus selbst unterzieht sich dieser Taufe (Mt 3,1–17). Die Taufe ist also Reinigungsritual und Zeichen der Neubesinnung auf Gott, auf dessen Bund der Mensch halb und halb vergessen hat. Das

Mk 1,14

„Umkehr" muss immer auch sichtbar sein

Christentum macht sich diesen Ritus zu eigen und deutet ihn um: An die Stelle eines (wiederholbaren) Reinigungsbades tritt ein Initiationsritus, der die Annahme der Reich-Gottes-Botschaft ein für allemal bedeutet. Die Lebenswende, die Jesus einfordert, ist eine radikale: Äußere und innere Veränderung müssen einander entsprechen. *Darauf* bezieht sich Jesus, wenn er sagt: „Wer glaubt und sich taufen lässt, wird gerettet; wer aber nicht glaubt, wird verdammt werden." Lediglich die Ausführung der Zeichenhandlung ist zu wenig; sie muss auch zugleich für einen inneren Vollzug, für die Ausrichtung auf Gott hin (also den Glauben) stehen, das heißt: Lebenswende. Diese Lebenswende in der Taufe befreit von der Sünde, eben aufgrund der radikalen Hinwendung zu Christus. Der Mensch bleibt aber trotz der Taufe (schon aufgrund seines freien Willens) grundsätzlich schuld- bzw. sündenfähig; und wie die Erfahrung lehrt, wird er auch tatsächlich weiterhin schuldig an Gott und der Schöpfung (dafür ist dann die Feier der Buße gedacht, siehe dort). *Mk 16,16*

In der Apostelgeschichte wird die Taufe direkt mit dem Wirken des Heiligen Geistes verknüpft: „Die nun, die sein Wort annahmen, ließen sich taufen. An diesem Tag wurden (ihrer Gemeinschaft) etwa dreitausend Menschen hinzugefügt." Die Taufe erfolgt im Zusammenhang mit dem Pfingstereignis – wie in jeder sakramentalen Handlung der Kirche ist es der Heilige Geist, der wirksam wird. Und genau diese Stelle weist auch darauf hin, dass der Taufe im Normalfall eine umfassende Unterweisung vorausging (die Massentaufe folgt auf die Predigt des Petrus). *Apg 2,4*

Die Taufe wird zum Zeichen der Zugehörigkeit zur jungen Kirche, und das mit einiger Sicherheit schon unmittelbar nach Tod und Auferstehung Jesu: In den Briefen des Neuen Testamentes ist die Taufe bereits eine Selbstverständlichkeit, und durch sie wird die Zugehörigkeit zur Gemeinde, zum „Leib Christi", begründet. Besonders in den Paulusbriefen wimmelt es von Erwähnungen der Taufe, die für ihn Hineinnahme der Existenz des Einzelnen in das ganze Heilswirken von Jesus Christus (inklusive Tod und Auferstehung!) ist.

Wisst ihr denn nicht, dass wir alle, die wir auf Christus Jesus getauft wurden, auf seinen Tod getauft worden sind? Wir wurden mit ihm begraben durch die Taufe auf den Tod; und wie Christus durch die Herrlichkeit des Vaters von den Toten auferweckt wurde, so sollen auch wir als neue Menschen leben. *Röm 6,3f*

Durch den einen Geist wurden wir in der Taufe alle in einen einzigen Leib aufgenommen, Juden und Griechen, Sklaven und Freie; und alle wurden wir mit dem einen Geist getränkt. *1 Kor 12,13*

Mit Christus wurdet ihr in der Taufe begraben, mit ihm auch auferweckt, durch den Glauben an die Kraft Gottes, der ihn von den Toten auferweckt hat. *Kol 2,12*

1 Petr 3,21

> *Dem entspricht die Taufe, die jetzt euch rettet. Sie dient nicht dazu, den Körper von Schmutz zu reinigen, sondern sie ist eine Bitte an Gott um ein reines Gewissen aufgrund der Auferstehung Jesu Christi.*

Mt 28,19

Konsequenterweise heißt es denn auch am Schluss des Matthäus-Evangeliums: „Darum geht zu allen Völkern und macht alle Menschen zu meinen Jüngern; tauft sie auf den Namen des Vaters und des Sohnes und des Heiligen Geistes." Man beachte die Reihenfolge – zuerst steht die Verkündigung der Heilsbotschaft, dann folgt (vielleicht) eine Glaubensantwort der Hörenden, und dann erst werden sie im Namen Gottes getauft. Dies stellt die volle Gemeinschaft mit dem Reich Gottes her – Heilsgewissheit. Wohlgemerkt: Die Heilsgewissheit, die die Kirche *garantieren* kann; darüber hinaus kann Gott natürlich Heil wirken, wie und wo er will. Anders gesagt: Wer unter diesen Voraussetzungen getauft ist, dem ist das Heil nach der Lehre der Kirche gewiss (es sei denn, er lehnt es selbst ab), für alle anderen ist es möglich, aber nicht sicher.

Heilige: S. 148f.

In der Taufe erhält der Mensch seinen (neuen) Namen. Oft wird einfach der Name bestätigt, den die Eltern dem Kind schon standesamtlich geben ließen; mitunter wird aber auch ein eigener Taufname hinzugefügt. Beides ist wichtig. Der Name ist etwas, was das Kind durch das ganze Leben begleitet und prägt; entsprechend sorgfältig und liebevoll sollte er ausgesucht werden. In der katholischen Kirche ist es üblich, zumindest einen der Vornamen nach einer bekannten Heiligengestalt auszuwählen, von der die Überlieferung Eigenschaften berichtet, die man sich auch für das betreffende Kind wünscht bzw. den man als besonderen Fürsprecher des Kindes bei Gott erhofft. Der Taufname ist außerdem die Garantie dafür, dass man als Person – so unbedeutend man sich auch manchmal fühlen mag – immer und überall von diesem persönlichen Gott angerufen ist, und dass – wenn man schon längst von allen anderen vergessen ist – er noch in Treue und Liebe verbunden bleibt:

Jes 43,1–3a

> *Jetzt aber – so spricht der Herr, der dich geschaffen hat, Jakob, und der dich geformt hat, Israel: Fürchte dich nicht, denn ich habe dich ausgelöst, ich habe dich beim Namen gerufen, du gehörst mir. Wenn du durchs Wasser schreitest, bin ich bei dir, wenn durch Ströme, dann reißen sie dich nicht fort. Wenn du durchs Feuer gehst, wirst du nicht versengt, keine Flamme wird dich verbrennen. Denn ich, der Herr, bin dein Gott, ich, der Heilige Israels, bin dein Retter.*

Die Kindertaufe entstand im Mittelalter

Die Kindertaufe, wie sie in den Großkirchen üblich ist, ist nicht die einzige denkbare Form. Sie ist eigentlich im Mittelalter entstanden, und zwar angesichts einer hohen Kindersterblichkeit: Da die Mitgliedschaft in der Kirche – und damit die Taufe – wesentlich radikaler als heute als heilsnotwendig betrachtet wurden, wurde jedes Kleinkind, sobald es ohne gesundheitliche Gefährdung möglich war, zur Taufe gebracht. Dies hat sich bis heute als Regelfall gehalten, und ist unter anderem deshalb sinnvoll, weil der Glaube des Getauften sich erst in der kirchlichen Gemeinschaft zu Ende entwickelt.

Alternativ dazu ist natürlich auch die Erwachsenentaufe denkbar und sinnvoll. Eltern, die ihre Kinder nicht im Säuglingsalter taufen lassen, damit sie später einmal selbst darüber entscheiden können, handeln sicher nicht falsch, und es gibt tatsächlich Argumente, die für eine Taufe zu einem späteren Zeitpunkt sprechen. Es gibt dafür auch eigene Vorschriften und Ordnungen. Die Kindertaufe ist nach katholischer Auffassung dennoch vorzuziehen: Sie ist ja die Überführung des Menschen in den Stand göttlicher Gnade, die ihm nicht vorenthalten bleiben sollte.

Die Rolle der Paten

Die Taufe ist historisch eigentlich eine Handlung, die an Erwachsenen vollzogen wurde, denn ihr ging eine längere Unterweisungs- und Prüfungszeit voraus. Hier ist auch der Ursprung des Patenamtes zu suchen: In der frühesten Zeit des Christentums waren es „Hauskirchen", also Kleinstgemeinden auf der Basis von Familien und deren Dienerschaft, in denen das Christentum gepflegt wurde. Wenn jemand von außen dazukam, musste er zunächst „eingeschult" werden. Diese Aufgabe übernahm eine Person aus der Hauskirche oder aus dem Ort, soweit es schon binnenkirchliche Strukturen gab; diese Betreuung brachte aber auch Verantwortung mit sich – die Verantwortung dafür, dass der bzw. die „Neue" die Inhalte richtig erfasste und wusste, worauf er oder sie sich mit der Taufe einlassen würde.

Die „Bewerber" nannte man „Katechumenen" (die „zu Unterweisenden")

In späterer Zeit wechselten Phasen, in denen das Christentum von den politischen Machthabern recht und schlecht geduldet war, mit Perioden schrecklichster Verfolgung ab. Hier hatte der Pate noch eine Zusatzaufgabe: Er musste für das neue Gemeindemitglied, den Taufwerber, bürgen, denn wenn es sich um einen Denunzianten handelte, stand vielleicht das Leben aller Gemeindemitglieder auf dem Spiel. Andererseits durfte man auch niemanden abweisen, der das Heil suchte – so war es nötig, dass jemand, der den „Neuling" kannte, dafür einstand, dass es zu keinem Verrat kommen würde. Diese Person übernahm dann auch nach der Taufe zumindest für eine Zeit lang die spirituelle Begleitung des Neugetauften und stand ihm zur Seite.

Patenschaft heißt Verantwortung und Begleitung

Beide Funktionen sind auch im heutigen Patenamt zu finden. Der Pate bzw. die Patin übernimmt gemeinsam mit den Eltern die Verantwortung dafür, dass das Kind im Sinne Christi erzogen wird und stellt sich dem Kind als Begleiter für seine spirituelle Entwicklung zur Verfügung. Letzteres gilt auch für die Erwachsenentaufe. Auch so wird sichergestellt, dass die Gemeinschaftlichkeit des Christseins garantiert bleibt (zumindest, wenn die Paten ihr Amt ernst nehmen). Letztlich geht es dabei allerdings weniger um eine hochtheologische Einweisung oder riesige theoretische Ansprüche, sondern in erster Linie um das ganz praktische Beispiel eines Lebens nach den Grundsätzen der Nächsten- und Gottesliebe und die konstante Bereitschaft zu Zuwendung und Gespräch. Pate sein muss vor allem heißen: sich Zeit nehmen, Begleitender, Spielender, Zuhörender sein, kurz im besten Sinne Liebe schenken, und das lebenslang (Patenschaft „endet" nicht). Um dieser Verantwortung gerecht zu werden, ist es durchaus möglich, dass zwei Personen die Patenschaft übernehmen.

Pate oder Patin kann jeder werden, der getauft, gefirmt und Mitglied der katholischen Kirche ist (eigentlich logisch: Da die Patenschaft ja das Hineinwachsen in Glaube und Kirche begleiten soll, kommt ein Nichtchrist bzw. eine aus der Kirche ausgetretene Person dafür nicht in Frage). In besonderen Fällen ist es aber möglich, zusätzlich zu den Paten Personen als *Taufzeugen* beizuziehen. Diese müssen in ihrer Lebensführung im Einklang mit der christlichen Botschaft stehen und die Feier der Taufe in ihrer Ernsthaftigkeit anerkennen. Auch durch diese Zeugenschaft wird ein besonderes Verhältnis zum Täufling begründet, das von Dauer ist (bzw. sein sollte).

Taufzeugen müssen nicht unbedingt katholisch sein

Was passiert im Rahmen der Tauffeier?

Der Taufe geht in der Regel auch eine Vorbereitungszeit voraus, in der der Täufling bzw. dessen Eltern und Paten mit dem zuständigen Taufspender (meist der Ortspfarrer) über Wesen und Rolle der Taufe sprechen. Es geht in diesen sogenannten Taufgesprächen also nicht nur darum, Termin und Ort festzulegen und Namen der Paten bekanntzugeben, sondern auch zu betrachten, wie alle Beteiligten mit ihrer Funktion und Verantwortung umgehen können. Außerdem werden die liturgischen Texte, die Musik und Details im Ablauf der Feier besprochen und festgelegt.

In der Taufe feiert die Weltkirche

Die Taufe ist eine öffentliche Feier der ganzen Kirche, das heißt: Symbolisch ist in der kleinen oder auch größeren Taufgemeinschaft vor Ort die christliche Kirche auf der ganzen Welt anwesend und begrüßt den Täufling in ihrer Mitte. Dementsprechend ist auch der Ort der Tauffeier in der Regel ein öffentlicher Gottesdienstraum, also eine Kirche oder eine Kapelle. Nur in Ausnahmefällen, etwa bei schwerer und dauernder Erkrankung des Täuflings, wird die Taufe in einem anderen Rahmen – in einem Privathaus oder im Krankenhaus – stattfinden.

Wie jedes Sakrament ist die Taufe in einen Wortgottesdienst eingebettet. Allerdings kommen noch, entsprechend dem wichtigen Anlass der Feier, einige Vollzüge und Zeichenhandlungen hinzu, die ich im Folgenden anführe.

Wasser: ein ambivalentes Zeichen

Das materielle Zeichen der Taufe schlechthin ist das Wasser. Ohne Wasser gibt es keinen Taufritus; auf die anderen materiellen Zeichen kann hingegen in besonderen Situationen verzichtet werden. Das Wasser ist ein vielschichtiges Element: zugleich lebensspendend und dennoch bedrohlich, notwendig für den Menschen und zugleich unkontrollierbar – Erfahrungen, die u. a. in den Fluterzählungen (z. B. Gen 6–9), im Durst der Wüstenwanderungen (Ex 17) und an vielen anderen Stellen der Bibel in großartige Bilder gefasst wurden. Auch Jesus spricht immer wieder vom Wasser, und zwar in gleichnishafter und bildlicher Form – was er zu sagen hat, ist wie frisches Quellwasser für die Menschen, die dort bestenfalls Regen- oder Zisternenwasser kannten. Er ist das „Wasser des Lebens".

Bei der Erwachsenentaufe wird, wo dies möglich ist, die Taufe durch ein Untertauchen vollzogen: Nicht nur als Zeichen dafür, dass sie den ganzen Menschen umfasst, sondern auch dafür, dass dieser ganze Mensch mit Christus zu einem neuen Leben aufersteht. Bei der Kindertaufe bzw. dort, wo kein großes Taufbecken vorhanden ist, wird der Täufling dreimal mit Wasser begossen. In beiden Fällen wird die Taufformel „[Name], ich taufe dich im Namen des Vaters, des Sohnes und des Heiligen Geistes" gesprochen. Gott spricht den Menschen mit Namen an: Dies ist das Zeichen menschlicher Individualität, die Gott anerkennt und einfach gelten lässt.

Taufwasserweihe; *vgl. S. 141f*

Für die Taufe wird kein gewöhnliches Wasser verwendet, sondern Taufwasser, das im Rahmen der Osternachtsfeier am Karsamstag in einem aufwändigen Ritus geweiht wird.

Weitere Zeichen sind:

- die Bezeichnung des Täuflings mit dem Kreuzzeichen durch Eltern und Paten; dadurch geben sie kund, dass sie mit Christus verbunden sind und bleiben;
- die Salbung mit Katechumenenöl als Zeichen dafür, dass der Täufling von der Kirche im Kampf gegen das Böse gestärkt wird;
- die Salbung mit Chrisam als Zeichen der königlichen, prophetischen und priesterlichen Würde des Neugetauften, die er mit Christus teilt;
- das Entzünden der Taufkerze als Bild für Christus, der dieses Leben nun erleuchten wird und nicht zuletzt
- die Einkleidung in ein weißes Kleid, das Taufkleid, das die Reinheit und Unschuld des Neugetauften symbolisiert (davon leitet sich die Alba, das liturgische Gewand, ab).

Die eigentliche Tauffeier

Besonderheiten

Zusammentreffen vor der Kirche

Zur vereinbarten Zeit treffen Täufling, Paten und Familie vor der Kirche ein. Wohlgemerkt, VOR, nicht IN der Kirche! Denn sofort nach dem liturgischen Gruß fragt der Zelebrant die Eltern und Paten nach dem Grund ihres Kommens, um sie erst anschließend in die Kirche zu geleiten. Dieses auf den ersten Blick seltsame Ritual hat einen guten Grund: Die Taufe ist ein Sakrament und damit unwiderruflich. Eltern, Paten und die anwesenden Mitglieder der Familie sollen sich daher bewusst sein, welche Verantwortung sie übernehmen! Und die Kirche will damit sicherstellen, dass niemand im Nachhinein behaupten kann, er habe nicht gewusst, was vor sich geht. Ähnliche Fragen gibt es auch bei der Feier des Ehe- und des Weihesakramentes, denn auch sie bedeuten unauflösliche lebenslange Bindungen.

Einzug und Wortgottesdienst

Nach einem kurzen Eröffnungsgebet ziehen die Feiernden gemeinsam zum Ort der Taufe. Ein kurzer Wortgottesdienst schließt sich an, in den nach der Schriftlesung und einer kurzen Predigt des Zelebranten die eigentliche Tauffeier eingebettet ist.

Eine Besonderheit im Ablauf der Feier ist die Anrufung der Heiligen. Sie soll deutlich machen, dass das besondere Leben jedes einzelnen Christen in die ganze Glaubensgeschichte der Kirche (zeitliche Dimension) eingebettet ist und man durch die Taufe zur „Gemeinschaft der Heiligen“ gehört. Die Fürbitten, die sich in der Tauffeier besonders den Anliegen des Täuflings und seiner Familie widmen, ergänzen dies.

Exorzismus

Unmittelbar vor der Taufe wird über dem Täufling ein Gebet um Gottes Schutz vor allem Bösen, vor allen Versuchungen und um die Befreiung von der Erbschuld gesprochen (dieses Gebet wird auch „Exorzismus-Gebet“ genannt). Die Salbung mit Katechumenenöl soll Zeichen dafür sein, dass der Täufling der Versuchung zum Bösen nicht ohne Hilfe und Beistand ausgesetzt ist: Die Kirche unterstützt ihn.

Glaubensbekenntnis

Der Täufling bzw. Eltern, Paten und die ganze Gemeinde bekennen sich nochmals ausdrücklich zu den Grundwerten eines christlichen Lebens. Sie lehnen ab, was unmenschlich und böse ist, verwerfen die Sünde und distanzieren sich vom „Satan“, also von dem, was Böses verursacht. Sie drücken ihren Glauben an den einen Gott, den Erlöser Jesus Christus und den Heiligen Geist sowie an die Kirche aus. Dazu befragt der Zelebrant Eltern und Paten bzw. auch den Täufling selbst je dreimal; anschließend sprechen alle Anwesenden gemeinsam das Glaubensbekenntnis.

Taufakt

Am Taufstein bzw. Taufbecken wird der Täufling nun durch Untertauchen oder dreimaliges Übergießen mit Taufwasser und das Sprechen der Taufformel endgültig in die Kirche eingegliedert. Die anschließende Salbung mit Chrisam deutet an, dass jeder Christ und jede Christin Anteil am Königs-, Propheten- und Priestertum hat, das die Kirche von Jesus Christus lehrt.

Die Reinheit von aller Schuld und die Neugeburt in Jesus Christus zeigt sich im Symbol des weißen Taufkleides, das der Täufling nun angelegt bekommt. Auch das Licht der Taufkerze hat über die Feuersymbolik mit dieser Reinheit zu tun; es steht aber in erster Linie für Christus, der „das Licht der Welt" ist.

Vaterunser, Schluss und Segen

Nach dem gemeinsamen Beten des Vaterunsers wird noch um den Segen für Eltern und Paten des Kindes sowie für alle Anwesenden gebetet. Dann erfolgt die liturgische Entlassung: Die Tauffeier ist beendet.

Die „Nottaufe"

In der Regel wird die Taufe vom Wohnsitzpfarrer oder -diakon des Täuflings gespendet. In Ausnahmefällen, etwa bei drohender Lebensgefahr oder absehbarer Unerreichbarkeit eines regulären Taufspenders kann – die rechte Absicht und Ernsthaftigkeit vorausgesetzt – jeder Mensch die Taufe gültig spenden. Diese Regelung trägt der Wichtigkeit der Taufe Rechnung, die als „Basissakrament" allen anderen zugrunde liegt und deswegen unter möglichst allen Bedingungen empfangen werden können soll.

Die Zusage der Liebe Gottes ist nicht an den Spender der Taufe gebunden

Für eine solche „Nottaufe" gelten nur minimale Formvorschriften; es muss lediglich die Formel „Ich taufe dich im Namen des Vaters, des Sohnes und des Heiligen Geistes" verwendet und dabei das Übergießen mit Wasser vorgenommen werden (das in diesem Fall auch aus der Leitung kommen kann). Wenn möglich sollten noch Zeugen zugezogen und ein Gebet gesprochen werden; dies ist aber nicht zwingend nötig. So könnte der kuriose Fall entstehen, dass ein gläubiger Moslem ein Kind gültig katholisch tauft. Eine solche Nottaufe ist völlig anerkannt und wird im Nachhinein im Taufregister eingetragen; lediglich die nicht vollzogenen Teilriten wie die Salbung werden nachgeholt.

Eine Nottaufe wird nicht wiederholt oder saniert

Ablauf

Der folgende Ablauf orientiert sich an der Kindertaufe, einfach weil sie der häufigere Fall ist. Eine Erwachsenentaufe läuft bis auf wenige Abweichungen sehr ähnlich ab; natürlich werden dabei die entscheidenden Fragen an den Täufling selbst und nicht an Paten oder Eltern gerichtet.

	Worte des Zelebranten	**Gesten und Antworten der Gemeinde**
Empfang	„Im Namen des Vaters, des Sohnes und des Heiligen Geistes!“ „Der Herr sei mit euch!“	Kreuzzeichen; „Amen!“ „Und mit deinem Geiste!“
Begrüßung	„Welchen Namen haben Sie Ihrem Kind gegeben?“ „Was erbitten Sie von der Kirche Gottes für [Name]?“	„[Name]“ „Die Taufe.“
	Frage an die Eltern: „Sie sollen Ihr Kind im Glauben erziehen und es lehren, Gott und den Nächsten zu lieben, wie Jesus es vorgelebt hat. Sie sollen mit Ihrem Kind beten und ihm helfen, seinen Platz in der Gemeinschaft der Kirche zu finden. Sind Sie dazu bereit?“	„Wir sind bereit.“
	Frage an die Paten: „Sie sollen Ihr Patenkind auf dem Lebensweg begleiten, es im Glauben mittragen und es hinführen zu einem Leben in der Gemeinschaft der Kirche. Sind Sie bereit, diese Aufgabe zu übernehmen und damit die Eltern zu unterstützen?“	„Ich bin bereit.“
Bezeichnung mit dem Kreuzzeichen	Der Zelebrant bezeichnet das Kind mit dem Kreuzzeichen und bittet Eltern und Paten, bei kleineren Feiern auch alle Anwesenden, dasselbe zu tun.	Bezeichnung des Kindes mit dem „kleinen Kreuzzeichen“
	Gemeinsamer Einzug zum Ort der Taufe; Schriftlesung und Predigt wie im Wortgottesdienst	
Anrufung der Heiligen	„Heilige/r [Name]“	„Bitte für uns.“
	Fürbitten wie im Wortgottesdienst	„Wir bitten dich, erhöre uns.“

Beistandsgebet	Endet mit „… durch ihn, Christus, unseren Herrn.“ Salbung des Täuflings mit Katechumenenöl, endet mit „… der lebt und herrscht in alle Ewigkeit.“	„Amen.“ „Amen.“
Taufwasserweihe	Wenn die Taufe außerhalb der Osternacht stattfindet und kein Taufwasser vorhanden ist, wird es an dieser Stelle geweiht. Das Weihegebet endet mit „… der in der Einheit des Heiligen Geistes mit dir lebt und herrscht in alle Ewigkeit.“	„Amen.“
Taufbekenntnis	„Widersagt ihr … ?“ (dreimal) „Glaubst du an ….?“ (dreimal) Aufforderung zum Glaubensbekenntnis	„Ich widersage!“ (dreimal) „Ich glaube!“ (dreimal) „Ich glaube an Gott, den Allmächtigen …“ (Credo)
Taufe	„[Name], ich taufe dich im Namen des Vaters, des Sohnes und des Heiligen Geistes!“	
Salbung	Der Zelebrant salbt den Täufling mit Chrisam; das Begleitgebet endet mit „… der Priester, König und Prophet ist in Ewigkeit.“	„Amen.“
Taufkleid	Übergabe des Taufkleides, mit dem der Neugetaufte symbolisch bekleidet wird.	
Taufkerze	Die Taufkerze wird an der Osterkerze entzündet und übergeben	
	Gemeinsam wird das Vaterunser gebetet	
Segensgebet	Je nach der familiären Situation wird vom Zelebranten der „große“ Segen über Eltern und Paten gesprochen	„Amen.“
	Allgemeiner Segen und Entlassung wie im Wortgottesdienst	

Was man selbst gestalten kann

Im Rahmen der Taufgespräche in der Vorbereitungszeit kann ausführlich über die reichlichen Gestaltungsmöglichkeiten im Rahmen einer Tauffeier gesprochen werden. Auch hier gilt: Je kleiner der Kreis der Feiernden, desto flexibler kann die Gestaltung sein.

Das „Familientaufkleid"

Gibt es in der Familie ein Taufkleid? Oft werden diese über Generationen weitergegeben und stehen damit für ein Stück Geschichte des Täuflings. Wenn es noch keines gibt, kann man ein passendes besorgen, nähen oder nähen lassen oder (eventuell auch von der Pfarrgemeinde) ausleihen. Es sollte jedenfalls rein weiß und möglichst ohne bunte Verzierungen sein, um seinem Symbolcharakter gerecht zu werden.

Die Taufkerze kann selbst gestaltet werden

Die Taufkerze kann man mit ein wenig Geschick sehr gut – vor allem mit Kindern, eventuell den Geschwistern des Täuflings – selbst basteln. Eine liebevoll gestaltete Taufkerze ist lebenslang ein schönes Andenken an diesen großen Tag! Wenn bei der Feier weitere Kinder anwesend sein werden, kann man sie einladen, auch ihre Taufkerzen mitzubringen, die dann ebenfalls an der Osterkerze entzündet werden.

Musikalische Gestaltung ist nicht zwingend vorgesehen, aber immer eine Bereicherung! Platz für Lieder gibt es an mindestens drei Stellen, nämlich am Anfang und am Schluss der Feier sowie unmittelbar nach der Übergabe der Taufkerze. Instrumentalmusik während des Einzuges vom Kirchentor zum Taufort macht sich auch gut! Wenn es in der Familie Musikerinnen und Musiker gibt, dann ist das ein ideales Betätigungsfeld für sie; ansonsten reicht es, wenn man einfach gemeinsam etwas singt (natürlich kann man auch einen Organisten oder eine Band engagieren). Die Lieder sollten zum Anlass und zum Charakter der Feier passen (und sich idealerweise mit den ausgewählten Texten ergänzen!).

Auswahl der Texte

Der Schrifttext für die Lesung kann in einem weiten Rahmen gewählt werden. Es gibt schöne Vorschläge in den Ritualbüchern, und der Zelebrant ist gerne bei der Auswahl behilflich; aber gibt es vielleicht eine Lieblingsstelle in der Bibel, die sich gut eignen würde? Es kann ja ruhig auch etwas Alttestamentliches sein! In Absprache mit dem Zelebranten kann zusätzlich zum biblischen an einer passenden Stelle (z. B. vor dem Vaterunser) ein weiterer Text eingefügt werden.

Die Fürbitten können selbst formuliert oder zumindest selbst ausgesucht werden. Sie sollen im Rahmen der Tauffeier besonders Anliegen des Täuflings bzw. seiner Familie betreffen; die letzte kann verstorbene Familienmitglieder miteinbeziehen.

Personen aus der Familie und ihrem Umkreis können die (Schrift-) Texte vorlesen, die Fürbitten vortragen, beim Tragen von Taufkleid und Taufkerze assistieren oder auch einfach für Schmuck und Dekoration des Taufortes sorgen. Es gibt zahlreiche Möglichkeiten, sich einzubringen!

Warum feiern Katholiken die Messe?

„Messe“ oder Gottesdienst?

Zumindest an jedem Sonntag wird in jeder katholischen Gemeinschaft eine Messe gefeiert, in den meisten Gemeinden sogar täglich. Da es jedoch zwei verschiedene Grundformen der Gottesdienstfeier in der katholischen Kirche gibt, landläufig aber mit „Messe“ nur eine davon (nämlich die Eucharistiefeier) in Verbindung gebracht wird, ist es besser, von vornherein das Wort „Gottesdienst“ zu verwenden. Der Gottesdienst ist in jedem Fall die aktuelle Form eines enorm komplexen Ritus, der im Kern schon fast 2.000 Jahre alt ist - entsprechend ist die Darstellung auf diesen wenigen Seiten nur eine sehr vereinfachte.

Eucharistie

Das Wort „Eucharistie“ kommt aus dem Griechischen, der Sprache des Neuen Testamentes. Es wurzelt in der *charis* (Gnade) und der Vorsilbe *eu* (froh bzw. erfreuend), die auch im Evangelium (*eu-angelion*: froh machende Botschaft) zu finden ist. Die Eucharistiefeier ist also ein Fest aufgrund einer froh machenden Gnade! So wird ein Gottesdienst bezeichnet, in dem Brot und Wein – die Symbole des Herrenmahles – in Leib und Blut Christi „gewandelt“ werden. Der Bezugspunkt der Eucharistiefeier ist die Kommunion (schon wieder die Communio!), also der Empfang dieser gewandelten Symbole durch die Mitglieder der Gemeinde. In der Regel wird das symbolische Brot, die Hostie, an alle Gemeindemitglieder verteilt. Zu besonderen Anlässen oder in einzelnen Gemeinden empfangen die Gottesdienstbesucher die „Kommunion in beiden Gestalten“, also auch den Wein. Am Gründonnerstag, dem Gedenktag des „Letzten Abendmahles“ (auf das ja die Eucharistiefeier zurückgeht), ist das sogar vorgeschrieben.

Die Kommunion, die volle Teilnahme am „Festmahl des Herrn“, ist so wichtig, dass ihr erster Empfang einige Voraussetzungen hat: Kinder, die zumindest im schulpflichtigen Alter sind, und Erwachsene bereiten sich durch eine eigene Hinführung auf den Empfang dieses Sakramentes vor, das dann feierlich in einem öffentlichen Gottesdienst vollzogen wird. Diese „Erstkommunionfeier“ gehört mit Taufe und Firmung zu den *Eingliederungsriten* in die katholische Kirche, ist aber im Gegensatz zu diesen nicht kirchenrechtlich vorgeschrieben, sondern eine sinnvolle Praxisform (rein theoretisch könnten auch die Eltern an den Kommunionempfang heranführen und der erste Kommunionempfang im Rahmen eines normalen Sonntagsgottesdienstes stattfinden).

Wortgottesdienst / Wort-Gottes-Feier

Neben der Eucharistiefeier gibt es den *Wortgottesdienst*, in dem sich – wie der Name schon sagt – alles auf das „Wort Gottes“ (also Schrifttexte) und das gemeinsam gesprochene Gebet bezieht. Der Wortgottesdienst ist notwendiger Bestandteil einer Eucharistiefeier – ohne

Schriftlesung und Gebet gibt es keine Gabenbereitung und Wandlung; ohne das Vaterunser keine Kommunion. Umgekehrt kann ein Wortgottesdienst sehr wohl auch für sich allein stehen. Dabei gibt es keine Abstufung der „Wertigkeiten“: Eucharistiefeier und Wortgottesdienst sind je für sich eigenständige Gottesdienste, die ihren Platz im Leben der Gemeinde haben. Auch ein *Wortgottesdienst mit Kommunionempfang* ist möglich. Unter besonderen Umständen – wenn es etwa keinen Priester am Ort gibt – können Wortgottesdienstleiter bzw. -leiterin nach dem Vaterunser die Kommunion spenden. Wichtig dabei ist, den Gedanken der Tischgemeinschaft nicht aufzugeben und daher darauf zu verweisen, dass diese Kommunion auch mit der Gemeinde oder der Feier verbindet, aus der die Hostien stammen, die verteilt werden. Allerdings führt diese Einbettung der Tischgemeinschaft in eine Wort-Gottes-Feier von der wünschenswerten klaren Trennung der beiden gottesdienstlichen Ansätze weg; sie ist daher eher für Ausnahmefälle oder sehr kleine Gemeinden geeignet.

In besonderen Fällen: Wortgottesdienst mit Kommunionspendung

An dieser Stelle ist noch der Begriff der *Liturgie* wichtig. Als Liturgie bezeichnet man jedes öffentliche gottesdienstliche Handeln der Kirche. Schon der Wortursprung (gr. *leitourgia*) bezeichnet eine offizielle und öffentliche Tätigkeit. Daher sind alle sakramentalen Feiern – Taufe, Eucharistie, Firmung, Weihe, Ehe, Buße und Krankensalbung – ebenso Liturgie wie Segnungsfeiern oder gemeinsame öffentliche Gebete, wie eine Totenwache oder eine Maiandacht. Auch das Stundengebet gehört zur Liturgie, weil es ein gemeinsamer Vollzug der ganzen Kirche ist (auch wenn es aufgrund besonderer Umstände allein vollzogen wird). Damit ein gemeinsames Handeln als Liturgie betrachtet wird, sollte eine Person die Verantwortung dafür übernehmen (also „Zelebrant“ sein). Aber die Anwesenheit einer offiziell beauftragten oder geweihten Leitungsperson ist nicht *für jede Liturgie* notwendig, solange die minimal notwendigen Formen eingehalten werden. Als Faustregel gilt: Je öffentlicher die Feier, desto offizieller muss die Leitung sein (eine Segnungsfeier im Familienkreis kann ein Familienmitglied leiten, den Gottesdienst der Gemeinde ein vom Bischof Beauftragter).

Die wichtigste Kirchenversammlung unserer Zeit, das Zweite Vatikanische Konzil, hat in einem seiner Dokumente die Liturgie als „Quelle und Höhepunkt des kirchlichen Lebens“ bezeichnet, in dem sich das Erlösungswerk Jesu Christi immer aufs Neue vollzieht. Das heißt nicht weniger und nicht mehr, als dass Kirche ohne Gottesdienst nicht denkbar ist (und dass die anderen Feiern alle mehr oder weniger von dieser grundlegenden Form gottesdienstlicher Feiern abhängen).

Konzilsdokumente: Lumen Gentium 11; vgl. Sacrosanctum Concilium 2

Und nicht zuletzt: Liturgie ist immer ein Handeln der Weltkirche. Wenn eine Gemeinde vor Ort in Deutschland, Uganda oder Peru einen Gottesdienst feiert, dann feiert mit ihr und in ihr die Kirche auf der ganzen Erde, deren wichtiger Bestandteil diese Gemeinde ist. Dem wird im Ritus an zahlreichen Stellen Rechnung getragen, zum Beispiel im Rahmen der Fürbitten im Hochgebet, die sich immer auf das ganze Volk Gottes beziehen und nicht nur auf eine Teilgemeinde oder gar eine Splittergruppe.

Was wird im Gottesdienst nun eigentlich gefeiert?

Jede Feier braucht einen Anlass. Man feiert nicht „einfach so", sondern man hat einen Grund dazu, und sei es auch „nur" die überbordende Lebensfreude! Wenn nun in der Kirche so regelmäßig und prunkvoll gefeiert wird – mit goldenen Gefäßen, Kerzen, Weihrauch, Musik und Gesang, Essen und Trinken –, was steckt denn dahinter? Was ist denn die „froh machende Gnade", von der oben die Rede war? Ganz kurz gefasst: die Gewissheit der Zuwendung Gottes in Jesus Christus, die Menschen als heilbringend und frohmachend erfahren, und die Gewissheit, aufgrund dieses Heiles in Ewigkeit nicht verloren gehen zu können!

In den gewandelten Gaben ist Christus dauernd gegenwärtig

Das unterscheidend „katholische" ist dabei, dass Christus nicht nur während des Gottesdienstes (also im „Erinnern") als tatsächlich anwesend betrachtet wird, sondern auch darüber hinaus: Die verwandelten eucharistischen Gaben repräsentieren auch weiterhin seine Gegenwart. Deswegen werden bei der Kommunion übrig gebliebene Hostien auch nicht einfach entsorgt oder in einer Schublade gelagert, sondern achtsam in einem kostbaren Gefäß und einem besonderen Ort, dem Tabernakel, verschlossen. In dessen Nähe bleibt Tag und Nacht wenigstens eine Kerze brennen: das „ewige Licht", das die Anwesenheit Christi in Form des „Altarsakramentes" anzeigt. In der Gottesdienstfeier ist das schön zu sehen, wenn Priester und Kommunionhelfer vor dem geöffneten Tabernakel eine Kniebeuge vollziehen – sie grüßen die Person, die dort sakramental gegenwärtig ist, eben Jesus Christus.

Vgl. das Fest „Fronleichnam", S. 145

Die früheste Überlieferung zur Feier des christlichen Gottesdienstes findet sich im ersten Korintherbrief des Apostels Paulus. Auf einigen seiner zahlreichen Reisen hat er auch um das Jahr 50 die wichtige Stadt Korinth, etwa 80 Kilometer westlich von Athen, besucht und dort eine Gemeinde gegründet, der er neben der Glaubensverkündigung die Art der Gottesdienstfeier nähergebracht hat; eine Feier, die er nicht erfunden, sondern selbst schon vorgefunden hat:

1 Kor 11,23–26

Denn ich habe vom Herrn empfangen, was ich euch dann überliefert habe: Jesus, der Herr, nahm in der Nacht, in der er ausgeliefert wurde, Brot, sprach das Dankgebet, brach das Brot und sagte: Das ist mein Leib für euch. Tut dies zu meinem Gedächtnis! Ebenso nahm er nach dem Mahl den Kelch und sprach: Dieser Kelch ist der Neue Bund in meinem Blut. Tut dies, sooft ihr daraus trinkt, zu meinem Gedächtnis! Denn sooft ihr von diesem Brot esst und aus dem Kelch trinkt, verkündet ihr den Tod des Herrn, bis er kommt.

Dies ist die älteste biblische Überlieferung der Worte, die noch heute in der katholischen Eucharistiefeier gesprochen werden, der Wandlungsworte:

Denn am Abend, an dem er ausgeliefert wurde, nahm er das Brot, sagte Dank, brach es, reichte es seinen Jüngern und sprach: Nehmt und esst, das ist mein Leib, der für euch hingegeben wird. Ebenso nahm er nach dem Mahl den Kelch, dankte wiederum, reichte ihn seinen Jüngern und sprach: Nehmt und trinkt alle daraus, das ist mein Blut, das für euch und für alle vergossen wird zur Vergebung der Sünden. Tut dies zu meinem Gedächtnis!

vgl. Mt 26,20–29 und Lk 22,17–20

Dass es bereits zur Zeit der frühen Missionstätigkeit des Paulus, lange vor der Entstehung der Evangelien, eine so hoch formalisierte Liturgie gegeben hat, erlaubt den Schluss, dass bereits die frühesten Christen unmittelbar nach Tod und Auferstehung Jesu seinen Gedächtnisauftrag ernst genommen haben. Es dürfte die erste gemeinsame Handlung der Jünger nach der Auferstehung Christi gewesen sein: sich zusammenzufinden, das Mahl des Gründonnerstages als „Herrenmahl" zu wiederholen und dabei in Liedern und Gebeten Gott zu preisen, der Christus auferweckt hat (so die ältesten erhaltenen Bekenntnisformulierungen in den Paulusbriefen, etwa Röm 8,11 oder Gal 1,1).

Der Ursprung: das „Herrenmahl"

Diese Feier, im eigentlichen Sinn die erste christliche Liturgie, hat – soweit man das heute einschätzen kann – schon immer am ersten Tag der Woche, am Sonntag, stattgefunden; ganz einfach deswegen, weil Christus an einem „Rüsttag" (dem Tag vor dem Sabbat, dem siebenten Wochentag, der im Judentum durch die religiöse Ruhezeit und besondere Reinheitsvorschriften geprägt war) gekreuzigt wurde und starb, am Sabbat im Grab lag und von Gott am „ersten Tag der Woche" auferweckt wurde. Und es ist die Auferstehung (bzw. genauer: das leere Grab), in späterer Ausfaltung dann die Erscheinung des auferstandenen Christus, die von den Christinnen und Christen zu dieser Zeit gefeiert wird – da traf es sich gut, dass der erste Wochentag nach dem Sonnengott benannt war. Denn wie die Sonne morgens aufgeht, so ist Christus aus dem Grab erstanden, so eine frühe Analogie, deren Spuren sich heute noch in Liedern und Gebeten findet. Die menschliche Urerfahrung von Wärme und Licht wird auch angesichts Jesu empfunden: Das „Licht der Welt" ist mitten in der Gemeinde anwesend, sobald sie in der Feier des Herrenmahles seiner gedenkt. Die Feier des Osterfestes mit ihrer detailliert ausgearbeiteten Choreografie von Liturgien, die zwei

Mk 16,2; Lk 24,1f; Joh 20,1f

Osterfestkreis S. 134ff.

Wochen dauern (vom Palmsonntag bis zum Sonntag nach Ostern, dem „Weißen Sonntag"), ist erst später hinzugekommen und nochmals später auf ein bestimmtes Datum festgelegt worden. Die älteste Liturgie der Christenheit ist das eucharistische Mahl.

Im Judentum sieht man das Halten des Sabbat als wichtiges Bundeszeichen an

Der Sonntag war anfangs noch kein Ruhetag! Die Woche hatte zwar schon den Sieben-Tage-Rhythmus, den wir bis heute kennen und der vermutlich von den Babyloniern übernommen wurde, aber als Ruhetag war keiner davon fest definiert. Das Judentum hielt natürlich am Sabbat fest, aber in seiner Umwelt war eine regelmäßige Arbeitsfreiheit unbekannt. Zum Ruhetag wurde der Sonntag erst im vierten Jh., als das Christentum durch das sogenannte Toleranzedikt von Mailand und später durch das Edikt des Theodosius zur anerkannten Staatsreligion geworden war. Im Rahmen des Konzils von Nicäa 325 wurde der Sonntag endgültig als ein im Interesse der Gottesdienste arbeitsfreier Tag festgelegt. Die Freizeit war daher kein Selbstzweck, sondern auf die Ehre Gottes hingeordnet. Es sollte sichergestellt sein, dass alle sich versammeln und gemeinsam feiern können. Erst im 19. Jh. wurde der Sonntag als Erholungstag umgedeutet, so wurde eine frühere Neben- zu einer Hauptfunktion. Aber auch heute, in unserer säkularisierten Gegenwart, hat dieser Tag seinen besonderen, seinen „Feier-Charakter" nicht verloren.

Die Gottesdienstfeier hat also mehrere Aspekte:

- Sie macht Jesus Christus in der Gemeinde gegenwärtig.
- Sie versammelt die Gemeinde und stellt Gemeinsamkeit her.
- Sie verbindet die Gemeinde mit dem Wort Gottes und seiner Heilszusage.
- Sie hilft, diese Verbindung auch im Alltag aufrecht zu erhalten.

Wer feiert die Messe?

Jeder öffentliche Gottesdienst ist gemeinsames Handeln!

Ganz einfach: jeder Christ und jede Christin. Der öffentliche Gottesdienst der Kirche ist immer *gemeinsames Handeln*, und so muss es immer eine zumindest minimale Gemeinschaft sein, damit sinnvollerweise ein Gottesdienst zustande kommt. Das Selbstverständnis der Kirche hat sich mit dem Zweiten Vatikanischen Konzil so gewandelt, dass es heute nicht mehr die Person des Priesters ist, der – mit der „Wandlungsfähigkeit" ausgestattet – als machtvoller alleiniger Repräsentant seiner „Herde" gilt, sondern dass vielmehr die Kirche sich selbst als „Volk Gottes auf dem Weg" versteht, also als Gemeinschaft, die sich durch Christus gerufen weiß und die durch die Zeit auf Gott zupilgert, mit allen Blasen und Fußschmerzen, die ein solcher zeitlicher Gewaltmarsch verursacht. Das heißt: Auch angesichts des bereits angebrochenen Gottesreiches fehlt noch viel zu seiner vollen Verwirklichung; auch angesichts des Erlösungshandelns Christi an einzelnen Menschen in seinen Heilungswundern bleiben noch viele lahm und blind; auch angesichts seiner Auferstehung ist unsere Gemeinschaft noch unvollkommen und unser eigenes Leben von Verletzung, Krankheit und Tod bedroht (und zwar sowohl das körperliche als auch das geistliche Leben, Stichwort: Sünde). Die Kirche *als ganze* ist aber dennoch zu Gott unterwegs.

So ist das Feiern des Gottesdienstes gemeinsame Sache aller, die sich zur Kirche bekennen und erst recht aktive Sache aller Gottesdienstbesucher. Es gibt keine „passive" Teilnahme, sondern alle beteiligen sich durch den Mitvollzug der Bewegungen, die liturgischen Antworten, durch Gesang und (stilles) Gebet. Einige haben allerdings zusätzlich besondere Aufgaben – zum Teil aufgrund einer Lebensentscheidung (der Weihe), zum Teil aufgrund eines freiwilligen und befristeten Dienstes, den sie übernommen haben. Alle diese besonderen Aufgaben sind *Vertretungsaufgaben*, die einzelne Menschen für die Gemeinde übernehmen.

Weihesakrament: S. 85ff

Ministranten

Personen, die getauft sind und die Erstkommunion gefeiert haben, können als Ministrantinnen und Ministranten Dienst tun; in den allermeisten Fällen sind es Kinder und Jugendliche, die diesen unverzichtbaren Dienst leisten. Der lateinische Begriff *„ministerium"* bedeutet nichts anderes als „dienen": Ministranten haben die wichtige Funktion, den Zelebranten direkt am Altar zu unterstützen. Sie helfen durch das Herbeibringen und Wegbringen der liturgischen Geräte und Bücher, geben der Gemeinde Zeichen und tragen bei Prozessionen der Gemeinde das Kreuz voraus.

Lektoren

Getaufte und gefirmte Christen, die einen besonderen Bezug zum Wort Gottes haben, können vom Bischof als *Lektorinnen und Lektoren* beauftragt werden. Sie tragen im Gottesdienst Lesung, Fürbitten und Meditationstexte vor. Dabei geht es um mehr als bloß um das Vorlesen von Texten: Vorbereitung ist notwendig, damit man in der Praxis nicht über einen Orts- oder Personennamen stolpert und damit man mit dem Vortrag auch dem Inhalt gerecht werden kann.

Wortgottesdienstleiter

Ebenfalls durch eine Beauftragung – allerdings nach einer intensiven Ausbildung – kann man zum *Leiter oder zur Leiterin von Wortgottesdiensten* bestellt werden. Damit einher geht die Kompetenz, öffentlich und im Namen der Kirche mit Gemeinden Gottesdienst zu feiern, allerdings natürlich ohne Eucharistiefeier, die dem Priester bzw. dem Bischof vorbehalten ist. Insbesondere in Gegenden mit Priestermangel kann das ein wichtiger Bestandteil des Gemeindelebens werden. Aber auch ganz allgemein hat der Wortgottesdienst eine eigene und hohe Wertigkeit, da sich die Gemeinde in ihm voll auf das Wort Gottes einlässt.

Kommunionhelfer

Auch für das Verteilen der Kommunion braucht man in größeren Gottesdiensten Unterstützung. Dafür gibt es *Kommunionhelferinnen und -helfer*, die ebenfalls vom Bischof beauftragt werden; da sie direkt mit den eucharistischen Symbolen, den heiligsten Realitäten im Gottesdienst, umgehen, ist zuvor eine (kurze) Ausbildung notwendig. Sie holen die Hostien aus dem Tabernakel, verteilen sie zusammen mit dem Zelebranten an die Gemeinde und stellen sie nachher in den Tabernakel zurück. In besonderen Fällen können sie auch die Krankenkommunion für jene überbringen, die aus gesundheitlichen Gründen nicht am Gottesdienst teilnehmen konnten.

Kein Fest ohne Musik! So sollte in jedem Gottesdienst zumindest ein Lied gesungen werden, insbesondere das Sanctus („Heilig") verlangt nach Ton und Klang. Damit das gelingt und damit auch der Halleluja-Ruf vor dem Evangelium erhebend klingt, sind im Rahmen eines Gottesdienstes Männer und Frauen als *Kantoren* (Vorsänger) und Musiker tätig. Am bekanntesten sind die Organisten, die das Instrument des katholischen Gottesdienstes schlechthin, die Pfeifenorgel, spielen.

Im Rahmen der Gabenbereitung werden Hostien und Wein zum Altar gebracht, um in der eucharistischen Feier Leib und Blut Jesu Christi gegenwärtig zu machen. Diese Gaben sind ursprünglich Gaben der Gemeinde, was besonders schön zum Ausdruck kommt, wenn Personen aus der Gemeinde sie – am besten von einem Seitenaltar – herbeibringen. Ebenso gehört das „Opfergeld" zu den Gaben der Gemeinde: *Helferinnen und Helfer bei Gabenbereitung und Kollekte* verrichten diese Dienste und sammeln die Geldspenden der Gemeinde ein.

Ämter: S. 204ff
Weihe: S. 85ff

Diakone, Priester und Bischöfe sind im Gegensatz zu den eben genannten Diensten keine freiwillig und befristet übernommenen Funktionen, sondern Weiheämter. Der nominelle Leiter einer Eucharistiefeier ist immer der Bischof; aber er wird normalerweise seine Leitungsfunktion an einen Priester delegieren, der vor Ort mit der Gemeinde feiert. Diakone sind von Amts wegen mit der Feier von Wortgottesdiensten beauftragt und üben auch in der Eucharistie Schlüsselaufgaben aus. Zu den wichtigsten zählen das Verlesen des Evangeliums und die Predigt.

Liturgische Kleidung

Wie es sich für ein Fest gehört, wird auch bei der Gottesdienstfeier festliche Kleidung getragen, um Respekt für den Anlass und den Gastgeber auszudrücken. Gottesdienstbesucher tragen also in der Regel Festtagskleidung. Zusätzlich wird von einzelnen liturgischen Diensten besondere Kleidung getragen, um ihre Funktion zu unterstreichen.

Alba

Zu dieser liturgischen Kleidung gehört zunächst die *Alba*. Die Alba (von lat. *album*, weiß) ist nichts anderes als die Erwachsenenversion des Taufkleides. Sie kann grundsätzlich also von jedem Getauften in der Liturgie getragen werden und besteht aus einem weißen Überziehkleid, das von einem kordelartigen Gürtel, dem *Zingulum*, zusammengehalten wird. Der Gürtel ist ein Zeichen für Bereitschaft – in der Bibel ist das Umlegen des Gürtels oft als wichtiger Bestandteil einer Zeichenhandlung erwähnt. Ein *Schultertuch* unter der Alba bildet einen Abschluss zum Hals hin und schont den Halsausschnitt der Alba.

Zingulum

z. B. Jes 3,24; Jer 13,1 u. v. a.

Schultertuch

Über der Alba wird die *Stola* getragen. Sie ist ein zum reinen Zeichen reduzierter Umhang, der heute nur noch aus einem etwa handbreiten Stoffstreifen besteht. Der Diakon trägt eine „schräge“ Stola von der linken Schulter zur rechten Hüfte; Priester und Bischof eine „gerade“ Stola, die vorne parallel senkrecht getragen wird.

Stola

Insbesondere in der Eucharistiefeier wird über Alba und Stola vom Priester oder Bischof die *Kasel*, das Messgewand, getragen, das bisweilen prunkvoll bestickt ist. Es ist ein ärmelloser Überwurf, der einem Poncho ähnelt und sich wie alle liturgischen Kleidungsstücke der katholischen Kirche aus einem spätrömischen Kleidungsstück entwickelt hat. Ähnliches gilt für die *Dalmatik*, die der Diakon bei denselben Anlässen trägt. Sie ist ebenso ein Überwurf, aber mit Ärmeln, und ebenso wie die Kasel meist verziert oder sogar reich bestickt.

Kasel

Dalmatik

Liturgische Farben

Zingulum, Stola, Kasel und Dalmatik unterliegen einem speziellen Farbcode, den liturgischen Farben, durch die der Anlass der Gottesdienstfeier auch optisch unterstrichen werden soll. Folgende Farben sind dafür seit dem 8. Jh. in Verwendung:

Grün als Farbe der Hoffnung, des Wachsens und Gedeihens, ist die „Normalfarbe“ in der Liturgie außerhalb besonderer Zeiten.

Grün

Violett als Farbe der Besinnung und Umkehr wird in der österlichen Fastenzeit und der Adventzeit getragen. Es ist zugleich auch die Farbe der Buße (Trauer über begangene Sünden) und des Begräbnisses (Trauer über einen Abschied); entsprechend ist auch am Allerseelenfest, dem Tag des Totengedenkens, Violett als Farbe vorgeschrieben. Am dritten Adventsonntag und am vierten Fastensonntag, den Sonntagen „Gaudete“ und „Laetare“, wird ein stark aufgehelltes Violett (Rosa) getragen, das auf das Nahen des kommenden Hochfestes vorausweisen soll.

Violett

Gaudete: S. 128
Laetare: S. 136

Rot als Farbe des Feuers und des Blutes steht für den Heiligen Geist und für die Leiden der Bekenner. Entsprechend ist diese Farbe für den Palmsonntag und den Karfreitag, die Märtyrergedenktage und Pfingsten vorgesehen.

Rot

Weiß steht für Reinheit, Unbeflecktheit und für strahlendes Licht. Daher ist diese Farbe für Weihnachten, Ostern, Fronleichnam und

Weiß

Christkönig zu verwenden, weiters für Gedenkfeste von Heiligen, sofern sie nicht (Märtyrer!) in Rot zu begehen sind. Manche besonders prunkvollen Messgewänder für Hochfeste tragen Goldapplikationen, wodurch der Lichtaspekt des Weiß noch mehr hervorgehoben wird.

Schwarz

Schwarz ist die Farbe ernster Feierlichkeit und wird als liturgische Farbe nur noch selten verwendet. Es kann für Begräbnisse und am Allerseelentag getragen werden.

Der Ort des Gottesdienstes

Der reguläre Ort des öffentlichen Gottesdienstes ist eine Kirche oder Kapelle. Dabei muss man sich vergegenwärtigen, dass ein Kirchenbau nach katholischem Verständnis nie ein einfacher Zweckbau ist, in dem eben ein Gottesdienst stattfindet, sondern selbst schon Bestandteil des Gottesdienstes – „steingewordenes Gebet" sozusagen. Die Gestaltung des Raumes ist von besonderer Bedeutung – so drücken moderne Kirchenbauten schon im Raum eine bestimmte theologische Botschaft aus, etwa wenn die Bänke der Gemeinde um den Altar angeordnet sind und nicht nur frontal ihm gegenüber. Wichtig ist aber auch die Lichtsymbolik (besonders deutlich zu sehen im Gottesdienst der Osternacht), die ja schon im Mittelalter hoch entwickelt war – die Gestalter von Glasfenstern nutzten das Sonnenlicht, um die Innenräume der Kathedralen in einem für die Bevölkerung der damaligen Zeit unvorstellbaren Farbenglanz zu tauchen.

Vgl. S. 141

Ebenso wie das farbige Licht, die Statuen der Heiligen oder die malerische Ausgestaltung des Raumes hat auch die Verwendung besonderer Materialien – Gold und Halbedelsteine – den Sinn, die Größe und Pracht Gottes auf Erden wenigstens als bescheidenes Abbild sichtbar zu machen. In den orthodoxen Ostkirchen findet dies einen noch viel stärkeren Ausdruck, während es in den reformierten Kirchen nur noch in sehr reduzierter Form erkennbar ist. Im Bemühen, alles wegzubekommen, was vom Wort Gottes ablenkt und in der Auseinandersetzung mit der oft übertriebenen Prachtentfaltung der spätmittelalterlichen Kirche wurde von den Reformatoren (Wyclif, Hus, Calvin, Luther und andere) in mancher Hinsicht zu radikal vorgegangen.

Der Ablauf der Messe

Der katholische Gottesdienst folgt einer klaren Struktur, die weitgehend gleichbleibt. Diese Struktur ist auch weltweit „genormt", sodass an einem bestimmten Tag im Jahr oder zu einem bestimmten Fest auf der ganzen Welt in jedem katholischen Gottesdienst mehr oder weniger derselbe Text – in der jeweiligen Landessprache – gesprochen bzw. gebetet wird und dieselben Schrifttexte vorgelesen werden. Der Ablauf ist so klar geregelt, dass jeder Katholik, der in einem anderen Land den

Gottesdienst besucht, unabhängig von seinen Sprachkenntnissen auch aktiv mitfeiern kann – auch das ist eine Stärke der „Weltkirche".

Entsprechend fest stehen einige wichtige Formulierungen und Abläufe in diesem Gottesdienst, und gerade die katholische Kirche erlaubt Veränderungen im Ritus und in den Texten nur sehr eingeschränkt. Die Kraft dieses Ritus liegt in seiner Treue zur Tradition und in seiner Unveränderlichkeit, die freilich dadurch bisweilen einer Starre nahekommt. Andererseits ist die begeisterte Formlosigkeit vieler charismatischen Gemeinden wieder ein zu weites Abweichen von der Überlieferung, sodass ein Kompromiss zwischen notwendiger Formbindung und möglicher Formfreiheit gefunden werden muss.

Soviel Freiheit wie möglich – soviel Bindung wie nötig!

Der konkrete Ablauf einer Messfeier kann von der im folgenden angegebenen Struktur dennoch bedeutend abweichen, und einzelne Formulierungen können im Detail anders lauten. Das liegt daran, dass es zwei verschiedene Faktoren gibt, die den Gottesdienst beeinflussen: Der Kalender und der Anlass. Verschiedene Daten haben ihre eigenen Texte, und bei Hochzeiten, Beerdigungen und anderen Feiern können Einschübe oder völlig anderslautende Teile vorkommen. Das liturgische Leben der katholischen Kirche ist so reich, dass der Zelebrant z. B. aus verschiedenen Hochgebeten (so bezeichnet man jene Texte, die zwischen Gabenbereitung und Vaterunser teils nur von den Zelebranten, teils im Dialog mit der Gemeinde gesprochen werden) und vielem mehr auswählen kann.

Messbuch (MB): Allgemeine Einführung

Der konkrete Ablauf von Gottesdiensten wird in der katholischen Kirche durch die „liturgischen Bücher" vorgegeben, die durch die Bischofskonferenz für ein Land oder einen Großraum beschlossen werden und deren Basis die römische Gottesdienstordnung ist. Die wichtigsten sind das Messbuch (*Missale*) und die Bücher mit Lesungs- und Evangelientexten (*Lektionar* bzw. *Evangeliar*). Während das Messbuch immer dasselbe bleibt, also die Texte für alle Zeitpunkte und Anlässe enthält, gibt es drei Lektionare und Evangeliare – aus dem einfachen Grund, weil in einem Zeitraum von drei Jahren die meisten Texte vorgetragen werden sollten und es daher einen Lesezyklus von drei Jahren gibt (Lesejahr A, B und C). Darüber hinaus gibt es natürlich Bücher für jede sakramentale Feier und das Buch der Segnungsfeiern (*Benediktionale*), in dem sich von der Feier einer Glockenweihe bis zur Segnung einer Almhütte oder eines Gemeindeamtes fast alles findet.

In der Bischofskonferenz sind alle Bischöfe einer Kirchenprovinz versammelt und beschließen Weichenstellungen für ihre Teilkirche

Im folgenden Ablauf sind jene Teile, die exklusiv zur Eucharistiefeier gehören, grau unterlegt – wenn man sie wegdenkt, hat man zugleich eine tragfähige Struktur für Wortgottesdienste. Aber Vorsicht: Für Wortgottesdienste ist die Gestaltungsfreiheit nochmals deutlich größer als für Eucharistiefeiern, sodass die Abweichungen noch stärker sein können.

	Worte des Zelebranten	Gesten und Antworten der Gemeinde
Einzug	Musik/Gesang – Die Gemeinde bzw. die besonderen Dienste ziehen in den Gottesdienstraum ein.	Stehen oder Gehen
Begrüßung	„Im Namen des Vaters, des Sohnes und des Heiligen Geistes!“	Kreuzzeichen „Amen!“
	„Der Herr sei mit euch!“	„Und mit deinem Geiste!“
	Kurze Grußworte, ggf. Einleitungstext	
Schuldbekenntnis („Kyrie“)	Bitte um Vergebung für alle Anwesenden; endet mit „Herr, erbarme dich unser!“ – „Christus, erbarme dich unser!“ – „Herr, erbarme dich unser!“ „Der allmächtige Gott erbarme sich unser. Er lasse uns die Sünden nach und führe uns zum ewigen Leben!“	Alle wiederholen den jeweiligen Satz: „Herr, erbarme dich ... “ usw. Kreuzzeichen, „Amen!“
Gloria (entfällt in der Advent- und Fastenzeit)	„Ehre sei Gott in der Höhe!“, gemeinsame Musik / gemeinsamer Gesang	
Tagesgebet	*Zum Anlass oder Tag*, endet mit „... darum bitten wir durch Christus, unseren Herrn!“	„Amen!“ Nach dem Tagesgebet setzt sich die Gemeinde.
Lesung(en)	Lektorin oder Lektor, die Lesung endet mit der Schlussformel „Wort des lebendigen Gottes!“	Die Schriftlesung wird sitzend angehört. Alle antworten mit „Dank sei Gott!“
	Musik / Gesang, ggf. Psalm – Halleluja-Ruf	Beim Halleluja erhebt sich die Gemeinde.
Evangelium	„Der Herr sei mit euch!“	Das Evangelium wird stehend angehört. „Und mit deinem Geiste!“
	„Aus dem Heiligen Evangelium nach ...!“	Kleines Kreuzzeichen „Ehre sei dir, oh Herr!“
	Der Der Diakon (wenn kein Diakon mitfeiert, der Priester) verliest das Evangelium und schließt mit den Worten: „Evangelium unseres Herrn Jesus Christus!“	„Lob sei dir, Christus!“ Die Gemeinde setzt sich.

Predigt	Ansprache zu den Schriftstellen bzw. zum Tagesanlass	
Glaubensbekenntnis	Alle	Das Glaubensbekenntnis wird im Stehen gesprochen. Anschließend setzt sich die Gemeinde wieder.
Fürbitten	Lektorin oder Lektor, die Fürbitten werden durch den Zelebranten eingeleitet und abgeschlossen, üblicherweise mit „… darum bitten wir durch Christus, unseren Herrn!“	Jede Fürbitte wird beantwortet mit „Wir bitten dich, erhöre uns!“ „Amen.“
Gabenbereitung	Musik / Gesang – Die Altardienste bringen die Gaben zum Altar, die Kollekte wird eingesammelt. Der Zelebrant nimmt die Gaben entgegen und spricht die Segensgebete leise oder für alle hörbar.	
Gabengebet	Der Zelebrant spricht das Gabengebet zum Tag bzw. zum Anlass.	
Präfation	„Der Herr sei mit euch!“ „Erhebet die Herzen!“ „Lasset uns danken dem Herrn, unserem Gott!“ *Gebetstext vom Tag, endet mit* „…und singen vereint mit ihnen das Lob deiner Herrlichkeit.“	Die Gemeinde erhebt sich. „Und mit deinem Geiste.“ „Wir haben sie beim Herrn!“ „Das ist würdig und recht!“
Sanctus	Alle sprechen oder singen das Sanctus, das dreifache „Heilig“	
Wandlung	„In Wahrheit ist es würdig und recht …“ *Einsetzungsworte*: „Denn am Abend …“ Erhebung der Hostie und des Kelches „Geheimnis des Glaubens!“	Bei den Worten „… sende deinen Geist auf diese Gaben herab …“ (Glockenzeichen) kniet die Gemeinde. „Deinen Tod, o Herr, verkünden wir, und deine Auferstehung preisen wir, bis du kommst in Herrlichkeit!“
Gedächtnisgebet	In der sogenannten „Anamnese“ wird ausdrücklich des Heilshandelns Gottes in Jesus Christus gedacht und der Aufruf „Tut dies zu meinem Gedächtnis“, der sich schon in 1 Kor 11,24 findet, realisiert. Es folgen Fürbitten für die Kirche, die Lebenden und die Verstorbenen (hier werden ggf. Messintentionen genannt - vgl. auch S. 93).	

Doxologie	„Durch ihn und mit ihm und in ihm ist dir, Gott, allmächtiger Vater, in der Einheit des Heiligen Geistes alle Herrlichkeit und Ehre, jetzt und in Ewigkeit!“	„Amen.“
Vaterunser	Alle	Das Vaterunser wird stehend gebetet
Friedensgruß	„Der Friede des Herrn sei allezeit mit euch!“ „Reicht euch die Hand zum Zeichen des Friedens!“	„Und mit deinem Geiste!“ Den unmittelbaren Nachbarn wird die Hand gereicht, bei kleineren Gruppen ggf. auch allen Anwesenden, dazu wird ein passendes Wort wie „Friede sei mit dir“ gesagt.
Agnus dei	„Lamm Gottes, du nimmst hinweg die Sünde der Welt.“ (3x) „Seht, das Lamm Gottes! Es nimmt hinweg die Sünden der Welt!“	„Erbarme dich unser.“ (2x) „Gib uns deinen Frieden.“ (Glockenzeichen) Die Gemeinde kniet. „Herr, ich bin nicht würdig, dass du eingehst unter mein Dach. Aber sprich nur ein Wort, so wird meine Seele gesund!“
Kommunion	„Selig, die geladen sind zum Tisch des Herrn!“ Stille / Musik / Gesang Beim Überreichen der Kommunion zeigt der Spender dem Empfänger die Hostie und sprich dazu: „Leib Christi!“ Wenn auch die Kelchkommunion gereicht wird: „Blut Christi!“	Die Gemeinde setzt sich bzw. tritt vor, um die Kommunion zu empfangen. „Amen!“ „Amen!“
Schlussgebet	Schlussgebet zum Anlass oder Tag	„Amen!“
Dankesworte	An dieser Stelle werden meist persönliche Dankesworte oder allgemeine Verlautbarungen ausgesprochen	
Segen	Zelebrant: „Der Herr sei mit euch!“	„Und mit deinem Geiste!“
	Zelebrant: „Es segne euch der Vater, der Sohn und der Heilige Geist!“	„Amen!“
	Zelebrant: „Gehet hin in Frieden!“	„Dank sei Gott!“
	Musik	

Was man selbst einbringen und gestalten kann

Diese Struktur bildet das Grundgerüst aller Gottesdienste und wird je nach Anlass ausgebaut oder vereinfacht. Grundsätzlich gilt: je privater die Feier, desto mehr Gestaltungsfreiheit besteht. Bei einem Gottesdienst für eine kleine Gruppe von Jugendlichen ist deutlich mehr möglich als beim Weihnachtshochamt der Gemeinde, bei dem von den im Messbuch vorgegebenen Abläufen und Texten nicht abgewichen werden darf.

Als ebenso verbindlich sind die für Anlass oder Tag vorgesehenen Schrifttexte zu betrachten. Man darf nicht ohne weiteres den Lesungstext gegen einen anderen austauschen, ein anderes Evangelium als das vorgesehene auswählen oder ganze Teile des Gebetsablaufes verändern! Allerdings gilt hier die Regel des „pastoralen Augenmaßes“, nach der der Zelebrant abwägen muss, ob – vor allem außerhalb des regulären Gemeindegottesdienstes – in einzelnen Fällen eine Ausnahme möglich gemacht wird.

Textvorgaben der Ritualbücher gelten grundsätzlich als verbindlich

Aber keine Sorge: Es bleibt noch genug Gestaltungsspielraum! So kann man schon in der Auswahl der *Musik* den Gottesdienst massiv mitbeeinflussen. Dafür gilt die Regel, dass die Musikstücke dem Anlass entsprechen müssen und mit der christlichen Botschaft in Einklang zu bringen sind. Die Musik hat im Gottesdienst immer eine unterstreichende Funktion und ist daher auf den zentralen Inhalt hinzuordnen – solange allerdings die Kernbotschaft des Christentums mitvermittelt wird (und die ist nun mal Glaube, Hoffnung und Liebe), kann es ruhig auch was Rockig-Rhythmisches sein. Zwei Stellen sind auch textlich zu beachten, weil an diesen Stellen die Gemeinde mit Gesang auf eine Aufforderung des Zelebranten antwortet, und zwar beim Gloria und beim Sanctus. Beide sollen ausdrückliche Loblieder sein – und im Sanctus sollte auch das dreifache „Heilig“ vorkommen.

Bezüglich der Instrumentierung, die für die Musik verwendet wird, herrscht Freiheit. Ob mit Bass- und E-Gitarre oder mit Dudelsack und Drehleier gespielt wird, kann man sich mit dem Zelebranten absprechen. Die gute alte Pfeifenorgel wird zwar ausdrücklich als das vorzügliche Instrument für die gottesdienstliche Musik bezeichnet, aber wenn es ein „vorzügliches“ gibt, dann muss es ja auch andere geben dürfen. Musik, schlecht ausgewählt und schlecht gespielt, kann einen Gottesdienst allerdings auch ruinieren. Im Zweifelsfall sollte man besser gut schweigen als schlecht musizieren, und notfalls kann man sogar das Sanctus sprechen statt singen.

Konzilsdokument: Sacrosanctum Concilium 120

Es spricht nichts dagegen, wenn am Anfang des Gottesdienstes vor dem Schuldbekenntnis ein Text eingefügt wird, der die Besinnung der Feiernden einleitet und unterstützt. Ebenso kann man nach der Kommunion (vor dem Schlussgebet) einen zum Anlass passenden Text einfügen. Diese Texte müssen nicht notwendigerweise biblisch sein, ja nicht einmal ausdrücklich christlich. Viele der Texte von Khalil Gibran, die gerne verwendet werden, scheinen vordergründig betrachtet dem Islam nahezustehen, weil in ihnen so oft vom „Propheten" die Rede ist – dennoch werden sie mit Recht gerne in katholischen Gottesdiensten verwendet (Khalil Gibran selbst war übrigens maronitischer Christ). Und was ist mit zeitgenössischer Lyrik? Auch sie kann hier ihren Platz finden, ebenso wie ein qualitätsvoller selbst geschriebener Text.

Besonders in den Fürbitten können alle Dimensionen des Lebens Platz finden

Die Fürbitten, die vor der Gabenbereitung vorgebracht werden, können ebenfalls frei formuliert werden. Es sollten fünf bis sechs sein, und ihr Inhalt sollte „von innen nach außen" gehen, also vom Besonderen zum Allgemeinen, vom Anlass des konkreten Gottesdienstes zum weltweiten Anliegen. Eine Bitte für Verstorbene sollte die Fürbitten abschließen, um die Verbundenheit der Kirche mit ihrer eigenen Geschichte konkret zu machen. Jede Fürbitte wird von der Gemeinde beantwortet; auch diese Antwort kann sinnvoll frei formuliert werden.

Was wäre mit angemessener moderner Kunst im Kirchenraum?

Larcher, Annäherungsversuche

Soviel zu Musik und Texten. Aber es gibt noch mehr: Bildende Kunst ist ebenfalls etwas, was im Gottesdienst verstärkt eingesetzt werden könnte und sollte. Kunst ist auch Offenbarungsmedium! Bilder zeigen (als Dauerinstallation in der Kirche oder als Projektion), ihre Installation evtl. sogar in den Gottesdienst integrieren, das Aufstellen einer Skulptur, der Vollzug einer Tanzperformance – all das kann zum Verständnis und zum Begreifen der göttlichen Liebe beitragen, die sich im Gottesdienst ja manifestiert.

Für jedes Gestaltungselement der Liturgie trägt der Zelebrant die Hauptverantwortung (übrigens auch für die Ablehnung einzelner Elemente, die ihm vorgeschlagen werden!). Der Grad konkret realisierbarer Freiheit ist also auch personenabhängig und muss vor Ort in gemeinsamer Abstimmung gefunden werden.

Warum feiern Katholiken eine Firmung?

Zusammen mit der Taufe und der Eucharistie gehört die Firmung zu den Initiationsriten der katholischen Kirche. „Firmung“ leitet sich von lat. *confirmare* (bestärken) ab; schon aus dieser Bezeichnung geht hervor, dass dieser Ritus etwas vervollständigt, was schon vorhanden ist, nämlich das Geschenk der Gnade Gottes, das in der Taufe begründet wurde. Ursprünglich waren Firmung und Taufe eine Einheit; mit der Durchsetzung der Kindertaufe wurden daraus allerdings zwei verschiedene Feiern gemacht, weil sie einerseits je für sich Lebenswenden markieren (Beginn des Lebens und Übergang vom Kind zum Erwachsenen), andererseits den jungen Christinnen und Christen Gelegenheit dazu gegeben werden soll, die Entscheidung, die in der Taufe andere (Eltern und Paten) für sie getroffen haben, nun selbst zu bestätigen (oder eben auch nicht).

Die Firmung markiert eine Lebenswende

Ein historischer Hintergrund ist, dass in der frühen Kirche die Riten, die nach der unmittelbaren Taufspendung durchgeführt wurden (besonders die Salbung mit Chrisam) vom Bischof durchzuführen waren. Nun standen aber Bischöfe durch das Anwachsen der Gemeinden nicht mehr überall und immer zur Verfügung, wo getauft wurde – so entwickelte sich um 800 ein eigener Ritus der Salbung, der vom Bischof vollzogen wurde und sich von Rom aus in der Kirche verbreitete.

Im Unterschied zu Taufe und Eucharistie wird die Firmung in der Bibel nicht erwähnt. Sie gründet aber indirekt im Pfingstereignis, das in der Apostelgeschichte geschildert wird: Nach der Auferstehung Jesu, so wird dort berichtet, blieb er vierzig Tage im Kreise seiner Jünger, bis er ihren Blicken entzogen wurde. Zugleich wird seine Rückkehr verheißen, die die Jünger im Gebet erwarten. Kurze Zeit später – die Überlieferung spricht von zehn Tagen – wird ihnen der Heilige Geist gesandt. Er lässt sich in Form von Flammen auf den Jüngern nieder, stärkt sie, erfüllt sie mit Eifer und bewegt sie zum wirksamen öffentlichen Handeln.

Pfingsten: S. 144f

Was biblisch mit dem Bild der Flammen, die auf die Apostel herabkommen, und mit ihrer plötzlichen Sprachbegabung ausgedrückt wird, nimmt die Kirche symbolisch auf: Das Christsein des Einzelnen, die ganz persönliche „Jüngerschaft“, gründet zwar in der Taufe, aber bleibt durch sie allein noch unvollständig. Ebenfalls in der Apostelgeschichte wird berichtet, dass Petrus und Johannes, Jünger der ersten Stunde, bereits getauften Christen die Hände auflegten, damit sie auch noch den Heiligen Geist empfingen. Die Taufe ist also – katholisch betrachtet – keine „Vollautomatik“, sondern eigentlich der Beginn eines länger dauernden Prozesses, in dem der persönliche Glaube zur Reife gebracht

Apg 8,14–17; Hebr 6,2

werden muss; und diese Reife wird durch die Firmung bestätigt. Der mündige junge Erwachsene wird durch sie in seinem Glauben bestärkt, dazu befähigt, ihn auch weiterzugeben und ihn vorzuleben, also selbst zum Vorbild zu werden, anstatt ausschließlich eines Vorbildes zu bedürfen. Wie der Heilige Geist im Pfingstereignis die Apostel stärkt und sie für alle Zuhörer verständlich sprechen lässt, so stärkt er auch die Gefirmten zu wahrhaft christlichem Reden und Handeln. Entsprechend ist das Firmalter zwar nicht strikt genormt, aber doch an die Erlangung der persönlichen Entscheidungsfähigkeit und an eine gewisse Glaubensreife (wenigstens eine mittlere) gebunden.

CIC can. 891

Das funktioniert natürlich nicht von allein. Daher gibt es eine entsprechende Firmvorbereitung, die von der jeweiligen Wohnsitzpfarre organisiert wird. In dieser Vorbereitungszeit wird versucht, das Bewusstsein der Gottverbundenheit zu stärken und die Aufgaben eines mündigen Christen in der Gesellschaft von heute darzustellen. *Wie* diese Firmvorbereitung abläuft, obliegt der zuständigen Pfarre und kann völlig unterschiedlich gehandhabt werden.

CIC can. 759; 1033

Nach empfangener Firmung tritt der Christ voll in verschiedene Rechte ein (Verkündigungsrecht, Weihefähigkeit usw.).

Die Rolle der Paten

Wie bei der Taufe ist auch bei der Firmung ein Pate oder eine Patin vonnöten. Diese Patenschaft hat zusätzlich zur lebensbegleitenden Funktion, die der der Taufpaten entspricht, auch eine vorbereitende, das heißt: Die Patenschaft sollte schon geraume Zeit vor der Firmung festgelegt werden, damit die Zeit bis dahin schon durch gemeinsame Gespräche und Aktivitäten begleitet werden kann. Für die Firmpaten gilt dasselbe wie für die Taufpaten (er muss getauft, gefirmt und Mitglied der Kirche sein) – damit soll sichergestellt sein, dass sie ihre Vorbildrolle zumindest potenziell wahrnehmen können.

Die Wahl von Patin oder Paten sollte dem, der gefirmt wird, unbedingt freistehen. Es kann, muss aber nicht der Taufpate sein, der auch zur Firmung hinbegleitet (obwohl es allemal sinnvoll ist, weil dadurch der Zusammenhang von Taufe und Firmung noch deutlicher wird).

Was passiert im Rahmen der Firmung?

In der Taufe hat der Christ den Heiligen Geist zur Sündenvergebung empfangen. In der Firmung empfängt er ihn zur Bestärkung in seinem bereits bewussten und reflektierten Glauben: „Du empfängst den Heiligen Geist, weil du glaubst“, ist die Botschaft dahinter, „damit du selbst zum Zeugen Christi werden kannst“. Daher ist das zentrale Zeichen der Firmung die Handauflegung und die Salbung. Die Handauflegung ist eine Segensgeste und ein Symbol der Bitte um den Heiligen Geist. Die Salbung mit Chrisam lässt nach der Taufe nochmals und noch tiefer am Propheten-, Priester- und Königsamt Christi teilhaben. Der Gefirmte bekommt sozusagen die Kompetenz, öffentlich durch sein Reden und Handeln ein Glaubenszeugnis abzulegen. Und nicht zu vergessen: Er macht seine Teilhabe am allgemeinen Priestertum vollkommen. Folgerichtig ist der reguläre Spender der Firmung der Bischof der Diözese, in der der Firmkandidat wohnt, da der Bischof der reguläre Vertreter des kirchlichen Lehramtes und der Spender der Weihe ist. Und ebenso folgerichtig sollte der Firmkandidat aus genau diesem Grund vor der Firmung das Sakrament der Vergebung in Anspruch nehmen.

Buße: S. 91

Schon in einer nur mittelgroßen Diözese von 300 Pfarren kann der Bischof nicht alle Firmungen allein wahrnehmen. Daher delegiert er einen Teil der Firmspendungen an Priester seines Vertrauens.

Die „sieben Gaben des Heiligen Geistes“

Da die Firmung das klassische „Sakrament des Heiligen Geistes“ schlechthin ist, verbindet man mit ihr auch die sieben Gaben dieses Heiligen Geistes: Weisheit und Einsicht, Rat und Stärke, Erkenntnis und Gottesfurcht sowie Frömmigkeit. Um diese Charismen (Gnadengaben) betet die Gemeinde bei der Firmspendung für die Firmkandidatinnen und -kandidaten. Das heißt natürlich nicht, dass diese Eigenschaften sich bei allen Gefirmten automatisch und sofort einstellen. Vielmehr soll dadurch die Offenheit für diese Eigenschaften angedeutet und um die Fähigkeit gebetet werden, die je eigenen Charismen für das Reich Gottes zu entfalten.

Der Ablauf der Firmung

Die Firmung beginnt wie viele große Liturgien mit einem feierlichen Einzug in den Gottesdienstraum; daher treffen sich, wo auch immer das möglich ist, die Firmlinge und ihre Angehörigen vor der Kirche, um dann in feierlicher Prozession gemeinsam einzuziehen. Es hat sich – wie bei anderen hohen Anlässen, in denen sich viele sonst selten gesehene Gesichter in der Kirche einfinden – bewährt, auf das nötige Abschalten von Mobiltelefonen hinzuweisen und um Zurückhaltung beim Fotografieren zu bitten. Beides hat meistens nur beschränkt Erfolg, aber einen Versuch ist es wert. Es ist auch üblich und ein Gebot der Höflichkeit, dass der Firmspender anschließend öffentlich begrüßt und ihm für sein Kommen gedankt wird, worauf er die eigentliche Feier mit der liturgischen Eröffnung beginnt.

Der erste Teil der Liturgie entspricht dem normalen Ablauf des Wortgottesdienstes. Nach dem Evangelium folgt die Vorstellung der Firmkandidatinnen und -kandidaten, die mit ihrem Namen aufgerufen werden. Der Firmspender ruft nun den Ortspfarrer zum Bürgen dafür auf, dass die Firmlinge gut auf das Sakrament vorbereitet sind und predigt dann zu den Schriftstellen und zum Anlass.

Taufbekenntnis: S. 46

Nach der Predigt beginnt der eigentliche Firmritus mit der Erneuerung des Taufbekenntnisses, in das die ganze Gemeinde mit dem Glaubensbekenntnis einstimmt. Nach einer stillen Besinnung breitet der Firmspender die Hände aus und betet um den Heiligen Geist und seine Gaben. Anschließend treten die Firmlinge einzeln jeweils mit ihrem Paten vor den Firmspender, der sie mit ihrem Namen anspricht, ihnen die Hände auflegt und sie auf der Stirn mit Chrisam salbt. Dabei legt der Pate bzw. die Patin dem Firmling die Hand auf die Schulter zum Zeichen, dass er die Verantwortung, die ihm damit übertragen ist, nicht allein tragen muss. In der Anrede mit dem Namen wird ausgedrückt, dass Gott den betreffenden Menschen ganz persönlich meint und seiner gedenkt.

	Worte des Zelebranten	Antworten der Firmlinge
Taufbekenntnis	„Widersagt ihr dem Bösen und all seiner Verführung?“ „Glaubt ihr an Gott, den Vater, den Allmächtigen, den Schöpfer des Himmels und der Erde?“ „Glaubt ihr an Jesus Christus, seinen eingeborenen Sohn, unsern Herrn, der geboren ist von der Jungfrau Maria, der gelitten hat und begraben wurde, von den Toten auferstand und zur Rechten des Vaters sitzt?“ „Glaubt ihr an den Heiligen Geist, der Herr ist und lebendig macht, der, wie einst den Aposteln am Pfingstfest, so heute euch durch das Sakrament der Firmung in einzigartiger Weise geschenkt wird?“ „Glaubt ihr an die heilige katholische Kirche, die Gemeinschaft der Heiligen, die Vergebung der Sünden, die Auferstehung der Toten und das ewige Leben?“ „Das ist unser Glaube. der Glaube der Kirche, zu dem wir uns in Jesus Christus bekennen.“	*Stehend:* „Ich widersage!“ „Ich glaube!“ „Ich glaube!“ „Ich glaube!“ „Ich glaube!“
Glaubensbekenntnis	Alle erheben sich und sprechen das Apostolische Glaubensbekenntnis.	
Segensgebet	Der Zelebrant spricht das Segensgebet: „Allmächtiger Gott, Vater unseres Herrn Jesus Christus, du hast diese jungen Christen, unsere Brüder und Schwestern, in der Taufe von der Schuld Adams befreit. Du hast ihnen aus dem Wasser und dem Heiligen Geist neues Leben geschenkt. Wir bitten dich, Herr, sende ihnen den Heiligen Geist, den Beistand. Gib ihnen den Geist der Weisheit und der Einsicht, des Rates, der Erkenntnis und der Stärke, den Geist der Frömmigkeit und der Gottesfurcht. Durch Christus, unsern Herrn!“	„Amen!“
Firmspendung	Die Firmlinge treten einzeln, begleitet von ihren Paten, vor den Zelebranten. Der Zelebrant zeichnet ihnen mit Chrisam ein Kreuz auf die Stirn und spricht: „[Name], sei besiegelt durch die Gabe Gottes, den Heiligen Geist!“ Der Zelebrant reicht ihnen die Hand: „Der Friede sei mit dir!“	„Amen!“ „Friede sei mit dir!“
Wenn der Firmungsritus beendet ist (der Firmspender reinigt seine Hände), wird der Gottesdienst mit den Fürbitten und der Eucharistiefeier normal fortgesetzt.		

Was man selbst gestalten kann

In wenigen sakramentalen Feiern sind die Gestaltungsmöglichkeiten größer als bei der Firmung. Schon in der Zeit der Firmvorbereitung sollte die Liturgie eine Rolle spielen: Einerseits ist diese Vorbereitungszeit eine gute Gelegenheit, eventuell schon einmal mit einer Kleingruppe einen Gottesdienst zu gestalten; andererseits sollte der eigentliche Firmgottesdienst umsichtig und mit Einbeziehung der Firmkandidatinnen und -kandidaten vorbereitet werden. Dabei ist es sinnvoll, jedem von ihnen die Möglichkeit zu bieten, sich aktiv an der Gestaltung zu beteiligen – die Möglichkeiten sind mannigfaltig. Im Rahmen der Firmvorbereitung sollten auch Texte zum Bußteil, zu den Kyrierufen, ein Besinnungstext nach der Kommunionspendung und Dankesworte an den Firmspender vorbereitet werden, die dann jeweils von Firmlingen (evtl. mit verteilten Rollen) vorgetragen werden können. Aus pastoralen Gründen ist es denkbar, dass der Text der Lesung ebenfalls selbst ausgesucht wird. All diese Schritte und die Einteilung der Ausführenden sind bereits gute Gestaltungsmöglichkeiten für den „Endspurt" der Firmvorbereitung. Allerdings sollte dabei nicht übersehen werden, dass die Feier auch eine Feier der Gemeinde ist und keine geschlossene Veranstaltung – es ist daher auch wichtig, dass Vertreterinnen und Vertreter der Gemeinde ihren sichtbaren Anteil daran haben.

Faustregel: Jeden etwas tun lassen, der etwas tun möchte und auch kann!

Die Feier ist je nach Gruppengröße mitunter bis zu zwei Stunden lang. Entsprechend sollte die Auswahl der Musik so getroffen werden, dass ein guter Kompromiss zwischen der Würde des Anlasses und dem Geschmack der jungen Menschen getroffen wird. Sie sind die Hauptpersonen an diesem Tag; wenn sie sinnvolle musikalische Vorschläge haben, die liturgisch vertretbar sind, sollte man dies wenn möglich respektieren. Dabei gilt: Je dynamischer der jeweilige Teil des Gottesdienstes ist, desto dynamischer kann die Musik sein; je ruhiger die zu gestaltende Passage ist, desto dezenter soll auch die Musik sein. Je mehr gemeinsam gesungen werden kann, desto besser!

Jugendgerechte Gestaltung des Gottesdienstes ist wichtig

Die öffentliche Begrüßung des Firmspenders im Gottesdienst sollte ein Vertreter der örtlichen Gemeinde vornehmen. Das kann auch ein Firmling sein; besser aber sollte diesen Teil eine offizielle Person, evtl. der oder die Vorsitzende des Pfarrgemeinderates oder die Leiterin der Firmvorbereitung, übernehmen.

Firmkandidatinnen und -kandidaten tragen nun den Text zum Bußteil bzw. die einzelnen Kyrierufe vor. Zum Zeichen dafür, dass sie nun die volle Mitgestaltungsvollmacht in der Kirche haben, kann eine oder einer von ihnen den Schrifttext zur Lesung zu Gehör bringen (dabei sollte in der Vorbereitung beachtet werden, dass Eröffnung und Schluss – „Lesung aus ….“ / „Wort des lebendigen Gottes“ – geübt werden).

Die Antworten auf die Glaubensfragen im Taufbekenntnis sollten laut und entschieden erfolgen (es kann nicht schaden, auch das zu üben, denn gerade anlässlich der Firmung nimmt sich unspezifisches Gemurmel an dieser Stelle eher peinlich aus).

Nach der Firmspendung können die Firmlinge die (selbst formulierten) Fürbitten vortragen und die Gaben zum Altar bringen – dabei bietet sich eine regelrechte Gabenprozession von einem Seitenaltar oder einer ähnlichen Örtlichkeit aus an.

Nach der Kommunion kann der vorbereitete Besinnungstext im Sinne eines Dankgebetes von einer Neugefirmten vorgetragen werden, während der Zelebrant und seine Assistenz ihre Plätze einnehmen. An dieser Stelle bietet sich auch etwas an, was an anderen Stellen dieser Feier nur wenig Raum hatte: Stille.

Warum trauen sich Christen?

Es gibt nur wenige Herausforderungen im Alltagsleben, die größer sind, als eine funktionierende Partnerschaft zu erhalten. Von der Nervosität des ersten Kennenlernens über die Verliebtheit einiger Monate und Jahre bis hin zu den Routinen des Alltags mit seinen Spannungen und seiner manchmal zermürbenden Regelmäßigkeit erlebt man alle möglichen Stimmungen und Stadien. Und jede langjährige Beziehung kommt irgendwann in die Phase des grundsätzlichen Überdenkens, aus der die Partner entweder gestärkt oder getrennt hervorgehen. Eine manchmal durchaus anstrengende Sache also, Partnerin oder Partner zu sein. Da stellt sich die Frage: Warum heiraten Christen?

Auch (gerade?) für Christen ist das Leben in einer Partnerschaft eine Herausforderung

Es kommt nicht mehr so häufig vor wie früher, als kirchliche Moralvorstellungen noch den Bereich des Zusammenlebens von Mann und Frau dominierten, aber es passiert durchaus noch, insbesondere im Mai: Zwei Personen verschiedenen Geschlechts feiern unter mehr oder weniger großer Beteiligung ihrer Familien und ihres Freundeskreises und mit mehr oder weniger großer Prachtentfaltung Hochzeit. In einer Gesellschaft, in der sich die Beziehungskultur innerhalb eines vergleichsweise kurzen Zeitraumes radikal verändert hat, in der mehr von Lebensabschnittspartnern und weniger von Lebenspartnern die Rede ist und in der nicht zuletzt das Bild des Beziehungsverhältnisses zwischen Mann und Frau im Umbruch ist, ist auch der „klassische" Modus der kirchlichen Ehe nicht mehr die automatische Norm, sondern beinahe die Ausnahme. Dennoch betrachtet die Kirche diese Form nach wie vor als Ideal, und das mit durchaus einleuchtenden Gründen.

Dass die Verbindung zwischen Mann und Frau etwas Besonderes ist, ist menschheitsgeschichtliches Allgemeingut. Sie beruhte meist auf klaren gesetzlichen Grundlagen und wurde von entsprechenden Zeremonien begleitet. Im Judentum wurde die Ehe, soweit die Überlieferung zurückreicht, als heilig betrachtet. Sie ist von Gott vermittelt; entsprechend wird die Eheschließung dort auch als *Kidduschin* (hebr. für „Heiligung") bezeichnet. Der Auftrag Gottes an die Menschen „Seid fruchtbar, vermehrt euch und bevölkert die Erde" wird in der Ehe umgesetzt. Dabei ging es nicht unbedingt um eine Liebesbeziehung, sondern um die Erfüllung des Gesetzes und der gesellschaftlichen Erwartungen sowie um wirtschaftliche Überlegungen – deshalb ist im Alten Testament verschiedentlich die Rede von einem „Brautpreis", also dem materiellen Wert, den der Bräutigam an den Vater der Braut entrichten muss. Dass es daneben auch die tief emotionale und leidenschaftliche Liebesbeziehung gegeben hat, ist unbestreitbar – das Hohelied des Alten Testamentes ist ein wundervolles Beispiel der Liebeslyrik.

Gen 1,28

Ex 22,16; 2 Sam 3,14

Hld

Im Judentum zur Zeit Jesu wurde die Ehe von zwei Schriftstücken bestimmt: der *ketuba*, dem Ehevertrag, in dem Pflichten und Rechte des Ehemannes bestimmt werden, und dem *get*, dem Scheidebrief, mit der der Mann (und nur er) die Ehe beenden konnte. Insbesondere der Ehevertrag war ein Schutzmechanismus für die Ehefrau, die durch die darin enthaltenen Bestimmungen nicht mehr einer undefinierten Machtausübung ausgesetzt war. Die Scheidung dagegen wurde erst viel später (um 1000) auch für Frauen wenigstens indirekt zugänglich, indem verfügt wurde, dass der Mann zwar nicht von der Frau, aber auf deren Verlangen hin von der religiösen Autorität in bestimmten Fällen zur Scheidung gezwungen werden kann. Zur Zeit Jesu war die Scheidung noch ein Objekt der männlichen Entscheidungswillkür – ein Mitgrund für die Sicht der Ehe, die Jesus selbst verfolgte.

Gen 1,28; Kolatch, Jüdische Welt verstehen, S. 34–58

Jesus greift die jüdische Tradition auf und radikalisiert sie, indem er die Scheidung, die im Judentum zwar nicht gern gesehen, aber immerhin erlaubt war, völlig untersagt und herausstreicht, dass sie ein Merkmal der Hartherzigkeit sei. Seine Einstellung spiegelt sich wohl recht klar in folgender Passage:

Mt 19,3–12

> *Da kamen Pharisäer zu ihm, die ihm eine Falle stellen wollten, und fragten: Darf man seine Frau aus jedem beliebigen Grund aus der Ehe entlassen? Er antwortete: Habt ihr nicht gelesen, dass der Schöpfer die Menschen am Anfang als Mann und Frau geschaffen hat und dass er gesagt hat: Darum wird der Mann Vater und Mutter verlassen und sich an seine Frau binden und die zwei werden ein Fleisch sein? Sie sind also nicht mehr zwei, sondern eins. Was aber Gott verbunden hat, das darf der Mensch nicht trennen. Da sagten sie zu ihm: Wozu hat dann Mose vorgeschrieben, dass man (der Frau) eine Scheidungsurkunde geben muss, wenn man sich trennen will? Er antwortete: Nur weil ihr so hartherzig seid, hat Mose euch erlaubt, eure Frauen aus der Ehe zu entlassen. Am Anfang war das nicht so. Ich sage euch: Wer seine Frau entlässt, obwohl kein Fall von Unzucht vorliegt, und eine andere heiratet, der begeht Ehebruch. Da sagten die Jünger zu ihm: Wenn das die Stellung des Mannes in der Ehe ist, dann ist es nicht gut zu heiraten. Jesus sagte zu ihnen: Nicht alle können dieses Wort erfassen, sondern nur die, denen es gegeben ist. Denn es ist so: Manche sind von Geburt an zur Ehe unfähig, manche sind von den Menschen dazu gemacht und manche haben sich selbst dazu gemacht – um des Himmelreiches willen. Wer das erfassen kann, der erfasse es.*

Eine gute Ehe ist das Abbild der Beziehung Gottes mit dem Menschen

Hinzu kommt ein Aspekt, den schon die Propheten des Alten Testamentes kannten und aufgriffen: Die menschliche Beziehung der Ehe wurde als Bild der Beziehung Gottes zu seinem auserwählten Volk betrachtet. Ebenso wie die Ehepartner einen Bund miteinander geschlossen haben, hat Gott mit dem Menschen einen Bund geschlossen und vielfach erneuert; er verhält sich zum Menschen wie jemand, der seinen Ehepartner über alles liebt und ihm sogar wiederholte Ehebrüche vergibt. Eines der wunderbarsten Beispiele für diese Interpretation sei hier zitiert. Darin spricht der Prophet Hosea im Namen Jahwes dem Volk Israel, das von ihm abgefallen ist und einer anderen Gottheit huldigt, Folgendes zu:

Hos 2,18–22

> *An jenem Tag - Spruch des Herrn - wirst du zu mir sagen: Mein Mann!, und nicht mehr: Mein Baal! Ich lasse die Namen der Baale aus ihrem Mund verschwinden, sodass niemand mehr ihre Namen anruft. Ich schließe für Israel an jenem Tag einen Bund mit den Tieren des Feldes und den Vögeln des Himmels und mit allem, was auf dem Erdboden kriecht. Ich zerbreche Bogen und Schwert, es gibt keinen Krieg mehr im Land, ich lasse sie Ruhe und Sicherheit finden. Ich traue dich mir an auf ewig; ich traue dich mir an um den Brautpreis von Gerechtigkeit und Recht, von Liebe und Erbarmen, ich traue dich mir an um den Brautpreis meiner Treue: Dann wirst du den Herrn erkennen.*

Die Ehe (im Sinne einer geregelten Partnerschaft von Mann und Frau) ist daher – auch wenn sie „nur“ standesamtlich geschlossen wurde – nie *Mt 19,6; Mk 10,9* bloßes menschliches Handeln. Die intakte Ehe wird vielmehr zum Bild des intakten Bundes zwischen Gott und seinem Volk; unter dieser Bedingung kann sich der göttliche Friede und der Wohlstand entwickeln. Die Bindung, die durch Gott entstanden ist, kann vom Menschen nicht *1 Kor 7,10* aufgelöst werden. Daher muss die Ehe für Jesus notwendigerweise unauflöslich sein, denn auch der Bund Gottes mit dem Menschen ist unauflöslich.

Dass er einer Verehelichung prinzipiell positiv gegenüberstand, zeigt sein not-wendendes Eingreifen durch das Wunder anlässlich der *Joh 2, 1–12* Hochzeit zu Kana. Die Verwandlung von Wasser zu Wein hätte vom Evangelisten durchaus auch in eine andere Feier eingebettet werden können: Dass der Rahmen einer Hochzeitsfeier für diese Macht- und Fülledemonstration gewählt wird, ist kein Zufall, sondern kann durchaus als Signal verstanden werden – Jesus ist für den Verfasser als ein beschenkender und begnadender (Gast) bei einer Hochzeit durchaus vorstellbar. Er äußert sich an anderen Stellen positiv zu Ehe und Elternschaft und hat ein herzliches, lebendiges Verhältnis zu Kindern, die er mitunter als Beispiele für rechtes Verhalten heranzieht. All dies deutet darauf hin, dass er die Lebensform der Ehe schätzte und weit davon entfernt war, im Sinne einer apokalyptischen Naherwartung den Sinn einer ehelichen Verbindung grundsätzlich in Frage zu stellen. Auch macht er *Mt 16,18* unter seinen Jüngern keinen Unterschied zwischen Verheirateten und Unverheirateten; ja, die Zusage, auf ihn die Kirche zu bauen geht an einen soliden Ehemann (an anderer Stelle wird ausdrücklich von der

Heilung der Schwiegermutter des Petrus berichtet). Man kann davon ausgehen, dass Jesus als Verkünder des authentischen und reinen Willens Gottes auftritt, den Menschen als Mann und Frau in einer idealen Verbindung zu sehen. Doch er tritt nicht als Gesetzgeber auf – in vielen Stellen ist seine immer wieder erfolgende Hinwendung zur menschlichen Realität zu sehen; und immer wieder werden prinzipielle Kritik am Gesetz und am Rigorismus durch Erbarmen und Barmherzigkeit mit konkreten Personen plastisch ergänzt. In der Briefliteratur des Neuen Testaments sind Ehe und Familie ohnehin selbstverständlich.

Mt 8,14

Vgl. Lk 7,36–50 oder Joh 4; bes. Bauer, Die heißen Eisen, 43.

Eph 5,21–6,4; Kol 3,18–21; 1 Tim 2,15; 3,4.12; 5,14; Tit 1,6.

Diese Betrachtungsweise bleibt kirchlich verbindlich, auch wenn die pastorale Praxis zeigt, dass andere Formen der Beziehung – auch gleichgeschlechtliche – einen Platz in der Gesellschaft erobert haben. Sie bleiben, so ehrlich und tiefempfunden die Liebesbeziehung im Einzelfall auch ist, ein unvollkommenes Abbild der göttlichen Liebe. Wobei: Nachdem auch keine reale Ehe eine vollkommene ist, sondern immer auch von schwereren Stunden heimgesucht wird, ist „vollkommenes Abbild“ ohnehin ein eher theoretischer Anspruch.

Theologisch betrachtet ist die Ehe idealerweise auch ein Bild für das innere Verhältnis der Trinität: Wie Gott trotz seiner drei Personen einer ist, so ist das Ehepaar ebenso zu einem neuen Wesen (einem beziehungshaften Sein) geworden. Und insofern Gottes Einstellung dem Menschen gegenüber die Liebe ist, diese aber erst in der persönlichen Gemeinschaft mit Gott am Ende der Tage voll erfahren werden kann, ist die Liebe zwischen Ehepartnern ein Vorgeschmack dieses Erlebnisses. Daher sind aus kirchlicher Sicht die wichtigsten Werte der Ehe jene, die am deutlichsten das Verhältnis Gottes zum Menschen abbilden: die gegenseitige Liebe und Zuwendung der Partner; die Bereitschaft zur bedingungslosen körperlichen wie seelischen Treue und die Offenheit dafür, dass aus dem körperlichen Vollzug der Ehe auch Kinder hervorgehen können.

Gen 2,24

Konzilsdokument: Gaudium et Spes 48

Was passiert im Rahmen einer Eheschließung?

Die Trauung ist das einzige Sakrament, bei dem Spender und Empfänger in eins fallen: Die Brautleute spenden sich das Sakrament gegenseitig, der kirchliche Amtsträger ist als Zeuge im Namen der Weltkirche anwesend und verbürgt die formale Korrektheit der Eheschließung. Ein im Notfall bei völliger Unerreichbarkeit eines Klerikers nur durch die Eheleute selbst abgegebenes Eheversprechen wird als voll gültig angesehen – so zentral ist für die Kirche die Tatsache, dass es ein wechselseitiger Entschluss ist, der in dieser Zeremonie feierlich besiegelt wird.

KKK 1649

Wie jedes andere Sakrament kann auch dieses nicht durch irgendwelche äußeren Umstände unwirksam werden. Ebenso wie man einen Menschen nicht „untaufen" oder „unweihen" kann, kann man die sakramentale Ehe auslöschen (sie ist, sofern sie gültig geschlossen und vollzogen ist, unauflöslich). Das hat natürlich etwas sehr Romantisches: Es setzt voraus, dass Menschen, die kirchlich heiraten wollen, ihr weiteres Leben unter das Vorzeichen dieser Bindung setzen, egal, wie sie weiterhin verlaufen wird. Es hat aber angesichts der veränderten Lebensumstände des Menschen in der säkularen Gesellschaft des 21. Jh. auch etwas Utopisches. Das macht nichts – ein wenig utopisch kann das Christentum ruhig sein. Andererseits ist es ausdrücklich erlaubt, sich zu trennen, wenn schwerwiegende Gründe vorliegen. Das hebt allerdings die gültige Ehe nicht auf, und da diese ja unauflöslich ist und zu ihrer Anerkennung durch die Kirche nicht zwingend der Trauungszeremonie bedarf, ist klar, dass jede neue Eheschließung – auch die standesamtliche – streng genommen einen Ehebruch darstellt. Wer also bezüglich seiner Ehe zu der Erkenntnis kommt, dass sie nicht haltbar ist, sich von seinem Partner trennt und eine neue Verbindung eingehen will, dem bleibt nur die folgende Möglichkeit: Er oder sie kann in einem Verfahren am zuständigen kirchlichen Ehegericht (üblicherweise am Ordinariat des Diözesanbischofs) darlegen, dass diese Ehe nicht gültig zustande gekommen ist und / oder nicht vollzogen wurde. In der Praxis wird das unterschiedlich strikt gehandhabt; und es stimmt auch traurig, dass es notwendig sein soll, einen zweifellos prägenden Abschnitt des eigenen Lebens plötzlich in der Substanz anzuzweifeln. In den Ostkirchen wird das völlig anders gehandhabt.

Wessely: Gekommen, um zu dienen, S. 186–204

Eine Ehe muss gültig zustande kommen, das heißt: sie muss aus freiem Willen und unter Kenntnis der mit ihr verbundenen Rechte und Pflichten eingegangen werden. Dafür gibt es genau geregelte kirchenrechtliche Voraussetzungen; es ist wichtig, diese einzuhalten, damit die Gültigkeit der Ehe nicht im Nachhinein beeinsprucht werden kann. Freilich sind viele der in den entsprechenden Regelungen genannten Voraussetzungen nur schwer überprüfbar; umso wichtiger ist es, dass alle Beteiligten – die zukünftigen Ehepartner, die Zeugen und die Assistenz – nach bestem Wissen und sorgfältig handeln. Die Eheschließung ist formal mit dem Vollzug, d. h. mit dem körperlichen Liebesakt, vollkommen abgeschlossen; bis dahin bleibt sie eigentlich unvollständig.

Ein „Ehevorbereitungstag" und ein Trauungsgespräch sind obligatorisch

Zu den Voraussetzungen für Kenntnis der Sachlage gehört auch eine der Eheschließung vorangehende Informationsveranstaltung für die künftigen Eheleute. Ebenso ist ein Gespräch mit dem Wohnsitzpfarrer vorgesehen, der in einem persönlichen Gespräch mit beiden Partnern eine von der Kirche verbindlich vorgesehene Befragung vorzunehmen hat. Beides hat nichts mit einem Unterschätzen der Fähigkeiten oder der Bereitschaft der Partner zu tun, sondern dient der Absicherung der kirchenrechtlichen Rechtmäßigkeit dieser Ehe: Die Menschen sollen wissen, worauf sie sich einlassen und wozu sie ihre Zustimmung erklären. Entsprechend wird in der „Ehevorbereitung" (der Informationsveranstaltung) die kirchliche Position zur Einschätzung der Ehe und zu allen Fragen, die damit zusammenhängen, diskutiert; in der Befragung durch den Pfarrer werden die Formalvoraussetzungen überprüft, z. B. ob schon eine vorhergehende Ehe vorliegt, ob die Partner beide getauft sind usw.

Die Lebensentscheidung Ehe erfordert gründliche Vorbereitung

Gerade letzteres ist nicht so selbstverständlich, wie man meinen möchte; noch häufiger sind die Fälle, in denen einer der Partner seine Mitgliedschaft in der Kirche zurückgelegt hat. Da aber die Kirche die Ehe als Institution so hoch schätzt, gibt es für alle diese Fälle Lösungen, wenn zumindest einer der Partner getauft ist. Für alle Möglichkeiten gibt es eigene Riten (der zuständige Pfarrer ist hier gern behilflich); aus Platzgründen wird hier nur der reguläre Ritus der Eheschließung zwischen zwei Getauften beschrieben.

Das zentrale Zeichen der Ehe ist der Ring, der – auch das kommt aus der jüdischen Tradition – ein schlichter Goldreif sein soll. Die Symbolik dahinter ist eine zweifache: Kein Stein und keine aufwändige Dekoration lenkt vom Wesentlichen ab, ebenso soll man sich in der Ehe auf das Wesentliche (die Liebe) konzentrieren und nicht von bloßer Dekoration ablenken lassen; und wie auch der einfache Ring kein Ende hat, so hat die Liebe Gottes und damit die Liebe der Ehepartner kein Ende. Der Ehering wird immer am Ringfinger getragen; allerdings gibt es keine einheitliche Vorgabe, an welcher Hand – das ist nicht nur von Land zu Land, sondern sogar von Tal zu Tal bzw. von Stadt zu Stadt unterschiedlich.

Die „Assistenz"

Wie schon erwähnt, spenden sich die Brautleute das Ehesakrament gegenseitig. Dennoch ist in der Regel auch hier ein offizieller Vertreter der Weltkirche zugegen, der den Ehebund im Namen der Weltkirche bestätigen kann, er „assistiert" aber nur.

In der Regel ist das der Wohnsitzpfarrer oder -diakon der Braut oder, wenn das Paar schon zusammenlebt, der von beiden. Natürlich kann – ebenso wie bei der Taufe – ein Priester oder Diakon zugezogen werden, zu dem man eine besondere Beziehung hat. In jedem Fall ist aber der eigene Wohnsitzpfarrer zu verständigen, da dieser die Eheschließung in das Standesbuch eintragen muss und daher seine „Trauungserlaubnis" vorzuliegen hat, ein reiner Formalakt, der in der Regel völlig unkompli-

Eintragung in das Trauungsbuch / Unterzeichnen des Protokolles

ziert abgewickelt werden kann. Das vom Wohnsitzpfarrer ausgestellte Trauungsprotokoll muss unmittelbar nach der Trauung von Assistenz und Trauzeugen unterzeichnet werden.

Als „Hoffnungsperspektive": die Ehejubiläen

In einer Zeit, in der eine lebenslange Ehe alles andere als selbstverständlich ist, gewinnt eine lang andauernde Partnerschaft den Charakter von etwas ganz Besonderem. Entsprechend werden in vielen Gegenden „runde" Hochzeitstage auch mit Dankgottesdiensten begangen. Es gibt dafür eigene Riten, obwohl es keine kirchlichen Feiern im engeren Sinne sind:

Silberne Hochzeit
- 25 Ehejahre: Silberhochzeit

Goldene Hochzeit
- 50 Ehejahre: Goldene Hochzeit

Diamantene Hochzeit
- 60 Ehejahre: Diamantene (auch: Eiserne) Hochzeit

Gnadenhochzeit
- 70 Ehejahre: Gnadenhochzeit

Der Ablauf der Trauung

Die kirchliche Eheschließung ist eine öffentliche Feier

Die eigentliche Trauungszeremonie ist zumindest in einen Wortgottesdienst, ideal in eine volle Eucharistiefeier eingebettet, um die Verbundenheit des Brautpaares und ihrer Gäste mit der Weltkirche zu zeigen. Deswegen ist der Ort der Trauung in der Regel auch eine Kirche oder Kapelle, also der Versammlungsraum einer Gemeinde. Wenn Katholiken ein Sakrament feiern, ist es immer auch symbolisch eine Handlung der Weltkirche – deshalb ist eine Ausnahme von dieser Regel auch an die Erlaubnis des zuständigen Bischofs geknüpft.

Wie bei anderen Feiern geht auch dem Trauungsgottesdienst ein feierlicher Einzug voran: Der Zelebrant empfängt das Brautpaar am Portal der Kirche und geleitet es zu seinen Plätzen. In vielen Gegenden ist es üblich, dass sich das Wesen der Trauung – die „Zusammenführung" von Mann und Frau – auch schon im Einzug symbolisch wiederspiegelt, und zwar in folgender Prozessionsordnung: Der Zelebrant führt den Bräutigam mit den Trauzeugen vom Portal zu seinem Platz vor dem Altar; die Gäste folgen und bilden eine Gasse, durch die als letztes die Braut von ihrem Vater nach vorne geführt wird. Darin drücken sich zwei Gedanken aus: der nicht mehr ganz zeitgemäße, dass die junge Frau aus der Obhut der Familie in die Obhut des Ehemannes übergeben wird, und der spirituelle, dass es der „Vater im Himmel" ist, der die Eheleute zusammengeführt hat. Dann wird der Gottesdienst normal eröffnet und läuft bis zum Evangelium und zur Predigt nach der regulären Form ab.

	Worte des Zelebranten	Gesten und Antworten der Gemeinde
Frage nach der Bereitschaft	Unmittelbar nach der Predigt fragt der Zelebrant das Brautpaar einzeln nach seiner Bereitschaft, eine christliche Ehe zu schließen: „[Name], ich frage Sie: Sind Sie hierhergekommen, um nach reiflicher Überlegung und aus freiem Entschluss mit Ihrer Braut/Ihrem Bräutigam [Name] den Bund der Ehe zu schließen?“ „Wollen Sie Ihre Frau lieben und achten und ihr die Treue halten alle Tage Ihres Lebens?“ „Sind Sie beide bereit, die Kinder anzunehmen, die Gott Ihnen schenken will, und sie im Geist Christi und seiner Kirche zu erziehen?“ „Sind Sie beide bereit, als christliche Eheleute Mitverantwortung in der Kirche und in der Welt zu übernehmen?“	„Ja.“ „Ja.“ „Ja.“ „Ja.“
Ringsegnung	Die Ringe werden herbeigebracht und vom Zelebranten gesegnet; das Segensgebet schließt mit *„Darum bitten wir durch Christus, unseren Herrn.“*	„Amen.“
Vermählung	Für die Vermählung gibt es die Möglichkeit, sich für den Vermählungsspruch oder das Ja-Wort zu entscheiden (s.u.).	
	Vermählungsspruch: Der Zelebrant leitet die Vermählung ein; anschließend sprechen die Partner einzeln diesen Text:	„[Name], vor Gottes Angesicht nehme ich dich an als meine Frau (meinen Mann). Ich verspreche dir die Treue in guten und bösen Tagen, in Gesundheit und Krankheit, bis der Tod uns scheidet. Ich will dich lieben, achten und ehren alle Tage meines Lebens. [Anstecken des Ringes] Trag diesen Ring als Zeichen unserer Liebe und Treue: Im Namen des Vaters und des Sohnes und des Heiligen Geistes.“

	Worte des Zelebranten	**Gesten und Antworten der Gemeinde**
	Ja-Wort: Der Zelebrant leitet die Vermählung ein, anschließend fragt er die Partner einzeln: „[Name], ich frage Sie vor Gottes Angesicht: Nehmen Sie Ihre Braut/Ihren Bräutigam [Name] an als Ihre Frau und versprechen Sie, ihr die Treue zu halten in guten und bösen Tagen, in Gesundheit und Krankheit, und sie zu lieben, zu achten und zu ehren, bis der Tod euch scheidet? Nehmen Sie den Ring, das Zeichen eurer Liebe und Treue, stecken Sie ihn an die Hand Ihrer Braut und sprechen Sie: ‚Im Namen des Vaters und des Sohnes und des Heiligen Geistes.'"	„Ja." [Anstecken des Ringes] „Im Namen des Vaters, des Sohnes und des Heiligen Geistes!"
Bestätigung	Die Eheleute reichen sich die rechte Hand, der Zelebrant legt seine Stola darauf und bestätigt die Ehe im Namen der Weltkirche.	
Entzünden der Hochzeitskerze	Es ist kein offizieller Bestandteil der Feier, aber ein verbreiteter und sinnvoller Brauch: Die erste gemeinsame Handlung der Eheleute ist, dass sie ihre Hochzeitskerze an der brennenden Osterkerze entzünden als Zeichen dafür, dass das Licht des Glaubens auch ihre Ehe erleuchten soll. Dazu kann ein passendes Musikstück gespielt werden.	Die Partner entzünden die Hochzeitskerze, die für den weiteren Verlauf der Feier am Altar stehen bleibt.
Trauungssegen	Der Zelebrant bittet die Eheleute, sich niederzuknien und spricht den Trauungssegen über ihnen; endet mit *„… der in der Einheit des Heiligen Geistes mit dir lebt und herrscht in alle Ewigkeit."*	Alle: „Amen."
	Damit endet die eigentliche Trauung und der Gottesdienst wird fortgesetzt. Nach dem Ende der Feier werden die Trauungsdokumente unterzeichnet.	

Mancherorts ist es üblich, dass am Ende der Feier noch Wein gesegnet wird und alle Anwesenden mit dem jungen Ehepaar anstoßen; auch die Überreichung symbolischer Geschenke durch die Wohnsitzpfarre (Brot, Salz, Kerzen und eine Bibel) ist ein schönes und sinnvolles Zeichen, das der oder die Vorsitzende des Pfarrgemeinderates setzen kann.

Die Trauzeugen

Wie bei jedem lebensprägenden Sakrament ist es der Kirche auch bei der Trauung wichtig, dass „alles mit rechten Dingen zugeht". Daher schreibt die Kirche für die Eheschließung die Anwesenheit von zwei Zeugen vor, die die Rechtmäßigkeit der heiligen Handlung bestätigen können. Diese Zeugen müssen (im Gegensatz zu Tauf- und Firmpaten) nicht selbst katholisch sein – es ist natürlich wünschenswert, dass sie der Kirche angehören, wird aber nicht zwingend vorausgesetzt (wodurch sich ergibt, dass z. B. auch ein Jude in einer katholischen Trauung zum Zeugen werden kann). Sie haben in diesem Sakrament ja keine Begleitungs-, sondern „nur" eine Bestätigungsfunktion, wofür die allgemein menschliche Eignung der Reife ausreicht – natürlich zusammen mit der Bereitschaft, die Feier an sich ernst zu nehmen. Sie müssen nach dem Ende der Feier die Trauungsdokumente unterzeichnen.

Was man selbst gestalten kann

Im Rahmen der Ehevorbereitungsgespräche wird der Wohnsitzpfarrer üblicherweise auch auf die Möglichkeit hinweisen, die Feier zu einem sehr großen Teil selbst zu gestalten. Gerade bei dieser Feier kann eine individuelle Gestaltung des Gottesdienstes dazu beitragen, den Tag im besten Sinne unvergesslich zu machen! Kirchlicherseits ist die Mitwirkung des Brautpaares in folgenden Bereichen sehr erwünscht:

Der Schmuck des Gottesdienstraumes sollte durch das Brautpaar erfolgen. Hier einen Mittelweg zwischen Prunk und zu großer Zurückhaltung zu finden ist oft nicht ganz leicht und hängt auch von den örtlichen Gegebenheiten ab; generell gilt, dass Blumen, Dekoration, Sitzkarten oder ähnliches die Feier aufwerten und nicht von ihr ablenken sollen. In Absprache mit dem Ortspfarrer und den örtlichen Kirchenverantwortlichen ist hier immer eine gute Lösung zu finden – eventuell können Blumen und Deko ja in der Kirche verbleiben und auch die Besucher der folgenden Gottesdienste erfreuen.

Eine besondere Rolle kann der Bußakt am Anfang des Gottesdienstes spielen. Die Partner sollten sich in der Vorbereitungsphase mit dem Zelebranten austauschen, der persönliche Gedanken zum bisherigen Leben und den Widerfahrnissen des Brautpaares in die Kyrierufe einflechten kann und soll. Je offener und versöhnter mit ihrer eigenen Geschichte und mit Gott die beiden in die Eheschließung gehen, desto besser sind die Aussichten auf den Bestand des gemeinsamen Glücks!

Die Auswahl der Texte kann – wenn die Trauung nicht im Rahmen eines Gemeindegottesdienstes, sondern als Einzelfeier stattfindet – relativ frei erfolgen. Das ist auch ein guter Anlass, sich schon einmal eine Bibel für den gemeinsamen Haushalt zu kaufen und die passenden Stellen gemeinsam herauszusuchen! Die beliebte „Standardlesung" für Trauungen, das „Hohelied der Liebe" aus dem 1. Korintherbrief, ist natürlich wunderschön, aber das verwendet fast jeder ... wie wäre es mit Hos 2,18–24, mit Spr 31,10–31 oder Hld 5, 1–16? Und als Evangelium bietet sich unter anderem Joh 2,1–11 oder Mt 22,2–14 (letzteres erfordert natürlich eine gut vorbereitete Predigt danach). Ein individueller Abschlusstext vor dem Schlusssegen ist eine Bereicherung; bei Lesung und diesem Abschlusstext gilt es auch darüber nachzudenken, wer sie vortragen kann. Vertraute Freunde oder Angehörige des Brautpaares bieten sich hier an. Ebenso ist es eine schöne Geste, wenn Freunde und Familienmitglieder die Fürbitten vorbereiten und sprechen! All diese Textbeiträge sollten mit dem Zelebranten vor der Feier abgesprochen werden, damit er auch auf sie Bezug nehmen kann und die Trauung nicht wie ein Puzzle, sondern wie aus einem Guss erscheint. Spontanänderungen – also das kurzfristige Einschieben neuer oder das „Umwerfen" bereits vereinbarter Teile – sollten vermieden werden; aber das gilt ja für alle rituellen Feiern.

Vermählungsspruch oder Ja-Wort?

Das Brautpaar muss sich auch entscheiden, ob es im Rahmen der Feier die Vermählung durch den Vermählungsspruch oder durch das Ja-Wort wünscht. Der Vermählungsspruch ist ein Text, den jeder Partner spricht und der alle nötigen Formeln enthält; beim Ja-Wort spricht der Zelebrant die Formeln und die Eheleute bestätigen mit einem deutlichen Ja ihr Einverständnis. Beide Formen sind gleichwertig; man kann also danach entscheiden, ob man sich zutraut, in der Situation einen längeren Text deutlich genug zu sprechen. Für den Text gibt es selbstverständlich Vordrucke – man muss ihn nicht unbedingt auswendig lernen!

Eine besondere Rolle spielt die Musik. Die Auswahl der Stücke und der Musiker bzw. der Band sowie die Qualität der Darbietung beeinflussen die Feier massiv – auch hier hat das Brautpaar große Gestaltungsfreiheit, muss sich aber dennoch mit dem Zelebranten abstimmen, damit die ausgewählten Lieder an der richtigen Stelle und mit inhaltlichem Zusammenhang gesungen werden. Einspielen der Musik von einer Konserve ist die drittbeste Lösung – da ist es schon vernünftiger, selbst zusammen zu singen, egal, wie das Ergebnis klingt.

Selten geübt, aber möglich ist die Auswahl eines eigenen Gebetstextes, mit dem das Brautpaar den Gottesdienst eröffnet. Dieser kann auch selbst formuliert sein und ist ein Zeichen dafür, dass die Partner die folgende Feier als das sehen, was sie ist: als gemeinsame Bitte um den Segen Gottes, damit das große gemeinsame Unternehmen „Partnerschaft mit lebenslanger Perspektive" auch gelingen kann.

Exkurs: Warum weihen Christen ihre Priester?

Die Sakramente von Ehe und Weihe sind Mittel einer lebenslangen Bindung

Ich möchte an dieser Stelle das Sakrament der Weihe als Exkurs einfügen – es passt sachlich, weil es ebenso wie das Sakrament der Ehe ein Eingehen einer lebenslangen Bindung bedeutet. Wer der Berufung zum Diakon oder Priester folgt, der ist bereit, den Rest seines Lebens unter das Vorzeichen der Liebe Gottes zu stellen, die er mit seiner Existenz bezeugt (woraus umgekehrt folgt: ein Priester oder Diakon, der dies nicht tut, wird seiner Berufung nicht gerecht). Ähnliches gilt natürlich auch für die Bischöfe, mit dem Unterschied, dass man sich dazu nicht von vornherein entscheidet, sondern auf päpstlichen Entschluss ernannt und dann geweiht wird, sofern man die Ernennung akzeptiert. Die Feier des Weihesakramentes gehört zu den komplexesten Riten, die es in der Kirche gibt – daher verzichte ich hier auf die Darstellung eines Ablaufes und beschränke mich auf die notwendigsten Grundinformationen.

Warum gibt es eigentlich Priester?

Konzilsdokument: Lumen Gentium 10f

Die Kirche lehrt, dass jeder Katholik und jede Katholikin aufgrund der Taufe priesterliche Aufgaben wahrnimmt. Warum gibt es dann eigentlich ein „Weihepriestertum"?

Lev 3,5–45

Schon im Alten Testament gibt es Priester, die dem Tempeldienst „geweiht" sind: Es sind die „Leviten", die aufgrund ihrer familiären Herkunft (Zugehörigkeit zum Stamm Levi) von Jahwe selbst zum Heiligungsdienst berufen sind, und unter ihnen nochmals die „Kohaniten", denen der Tempeldienst im Allerheiligsten anvertraut war. Diese sakrale Rolle des Stammes endete erst mit der Zerstörung des Tempels durch die Römer im Jahr 70; aber die Sonderstellung hat sich im Alltag des Judentums bis heute erhalten. Jesus dehnt nun die Heilserwartung über das Gottesvolk der Juden hinaus auf alle anderen Völker aus. Er stiftet nicht ausdrücklich ein neues Priestertum, legt aber den Grundstein für eine Deutung, die insbesondere im Hebräerbrief ausgefaltet ist: Christus selbst gilt als der Hohepriester, der sein Opfer (sich selbst) ein für allemal und endgültig dargebracht hat – im Unterschied zum Tempelopfer, das immer neu vollzogen werden muss. Dieses Opfer wird durch das sakramentale Zeichen des gemeinsamen Mahles (der Eucharistie) vergegenwärtigt, dessen immer wieder neues Vollziehen Jesus ausdrück-

Hebr 9

lich angeordnet hat. Ebenso wie alle anderen rituellen Zeichenhandlungen wird auch und insbesondere diese zunächst von den Aposteln selbst geübt, die später Mitarbeiter und Nachfolger auswählen. Für die Einsetzung dieser Männer gibt es eine eigene Handlung: Die Apostel legten ihnen unter Gebet die Hände auf. So ist die Handauflegung und das Gebet noch heute das zentrale Zeichen der Weihe.

Die ursprüngliche Hauskirche, in der der Hausvater Vorsitzender beim gemeinsamen Mahl - auch beim Herrenmahl - war, wurde durch die rege Missionstätigkeit vor allem des Paulus in eine Ortskirche übergeführt. Wo mehrere Hauskirchen gleichberechtigt zusammentrafen, um gemeinsam das Mahl zu feiern, musste ein gemeinsamer Vorsitz gefunden werden. Spätestens zu diesem Zeitpunkt begann sich die Leitung bei der Eucharistie zu institutionalisieren, einfach der Notwendigkeit folgend, die Einheit innerhalb dieser beginnenden bunten Gesellschaft von kleinen Teilkirchen zu wahren. Diese Leiter wurden durch die Gemeinde gewählt und danach geweiht. Ein spätes Echo dieser Wahl der Amtsträger findet sich noch heute in den Feiern für die Weihe der Bischöfe, Priester und Diakone.
Aus diesem Grund ist auch eine Rückwendung zu einer legitimen Eucharistie in einer Hauskirche ohne „amtliche" Leitung undenkbar, es sei denn, man wollte den Anspruch der „Katholizität" aufgeben: Das Amt - besser gesagt: der anerkannte und institutionalisierte Dienst des Vorsitzes bei der Eucharistie - stellt sicher, dass es sich bei der Liturgie um keinen „Inselvollzug", sondern um eine Handlung im Rahmen und im Namen der Gesamtkirche handelt. Andererseits wird dadurch recht deutlich, dass das Amt dem Wesen nach ein *Dienst* und *keine Herrschaft* ist - das ist in verschiedenen Phasen der Kirchengeschichte und von verschiedenen konkreten Personen immer wieder missverstanden worden.

Nachdem seit der frühesten bekannten Tradition der Kirche immer nur selbst Geweihte eine Weihe vornehmen können, gibt es eine ununterbrochene Kette von Handauflegung und Weihegebet von den Aposteln bis zu den heutigen Amtsträgern der katholischen Kirche (woraus sich ergibt, dass von der Urkirche bis zu den heutigen Dienenden in einem Weiheamt eine „Distanz" von nur ca. 100 Handauflegungen besteht). Diese Überlieferungsform nennt man auch „apostolische Sukzession".
Credo: S. 123f
Das ist mit ein Grund, warum die Kirche sich im Credo als „apostolische Kirche" bekennt: Sie geht direkt auf die Apostel zurück; sie ist aber zugleich auch selbst gesendet (der „Apostel" ist der Gesendete) und daher ständig auf dem Weg.

Warum gibt es keine weiblichen Priester in der katholischen Kirche?

Die katholische Kirche lehrt, dass nur Männer das Sakrament der Weihe empfangen können. Über die Möglichkeit eines Weiheamtes im strengen Sinne für Frauen wird derzeit kirchlich nicht nachgedacht (zumindest nicht offiziell); in der Theologie ist es durchaus ein Thema. Denn der Alltag des kirchlichen Lebens macht deutlich: Die Kirche ist weiblich. Frauen stellen nicht nur den Großteil der Kirchenbesucher, sondern tragen auch einen Gutteil der Seelsorge und halten so etwas wie „Hauskirche" am Leben. Sie sind es auch, die oft dafür sorgen, dass der Rest des Haushaltes nicht „aus der Kirche austritt". Dennoch: Sie können das Weihesakrament nicht empfangen und damit keinen Anteil an der in diesem Abschnitt beschriebenen Sonderform der Repräsentation Christi nehmen. Warum?

CIC can. 1024

Zunächst: Das Weihesakrament kann gültig nur ein getaufter Mann empfangen. Diese Einschränkung ist klar und nicht diskutierbar, sie ist aber „nur" ein Rechtssatz und damit das kleinste Problem. Schwerwiegender sind die traditionellen und die theologischen Argumente. Das traditionelle besagt, kurz gefasst: Das war schon immer so. In der Tat gab es in der Geschichte der katholischen Kirche (wie auch der orthodoxen sowie auch einiger evangelikaler Kirchen) keinen Zeitpunkt, an dem Frauen zu einem Priesteramt geweiht wurden. Dass es sowohl in der katholischen als auch in der orthodoxen Kirche Diakoninnen gegeben hat, relativiert dieses Argument allerdings. Man müsste dann davon ausgehen, dass das, was z. B. in Röm 16,1 oder in der Literatur der Kirchenväter an zahlreichen Orten als „Diakonin" bezeichnet wird, substanziell von dem zu unterscheiden ist, was den Diakonat nach heutigem Verständnis ausmacht, und das ist problematisch, denn dasselbe gilt natürlich auch für alle anderen Amts- und Rangbezeichnungen, die sich in der Bibel und in der frühchristlichen Kirchenlehre finden. Das theologische Argument besagt, ebenso kurz gefasst, dass Jesus Christus nur den Jüngern seine Sendungsautorität überträgt und dass unter diesen keine Frauen gewesen seien. Das wird zwar nirgends ausdrücklich so gesagt, aber Frauen sind – aus welchen Gründen auch immer – in der Tat z. B. in Joh 20,19–23 oder Mk 16,14–20 usw. nicht erwähnt. Allerdings berichten die Evangelisten übereinstimmend davon, dass es gerade die Frauen sind, die das leere Grab vorfinden, die die Nachricht von der Auferweckung zu den Jüngern bringen und die den Mut hatten, in der Stunde der absoluten Gottverlassenheit beim Kreuz auszuharren. Weiters hat Jesus, so die Argumentation, nur zwölf Männer als Apostel berufen. Das ist unbestreitbar, zumal diese auch namentlich überliefert sind; es handelt sich dabei allerdings um eine Zeichenhandlung – Jesus sammelt die zwölf Stämme Israels um sich, die in der konkreten geschichtlichen Situation von Männern repräsentiert werden mussten, um gesellschaftlich akzeptabel zu sein. Ob er auch heute nur männliche Repräsentanten berufen würde, ist eine interessante Spekulation.

Joh 19,25

Bauer: Die heißen Eisen, 74–80

> Zuletzt ist das Argument der Realpräsenz anzuführen: In Ausübung seines Amtes repräsentiert nach kirchlicher Lehre der Träger eines Weiheamtes Christus in personaler Gegenwart. Da Christus nun unzweifelhaft ein Mann war, ist auch nur eine männliche Repräsentation seiner Person angemessen, wenn es um eine öffentliche und sakrale Handlung geht. Dieses Argument stützt sich natürlich massiv auf gesellschaftliche Konventionen (die zu einem erheblichen Teil nicht mehr zeitgemäß sind) sowie auf eine nicht sachgerechte Behandlung der Genderfrage; es müsste daher noch zusätzlich geklärt und untermauert werden. Was dann noch übrig ist, kann man als Argument weiterverwenden.

Konzilsdokument: Lumen Gentium 18–29

Die Weihe wird grundsätzlich von Bischöfen vorgenommen – Diakone und Priester werden vom zuständigen Ortsbischof, Bischöfe im Auftrag des Papstes von mindestens drei anderen Bischöfen geweiht. Diese drei Ämter sind „Ausfaltungen" des einen Weihesakramentes, das sich im Bischof in vollem Umfang, anteilig im Priester und wieder in anderer Weise im Diakon manifestiert. Für alle drei gilt: Wenn sie in Ausübung ihres Amtes handeln, dann handeln kraft der sakramentalen Gnade der Weihe zugleich Jesus Christus selbst und die ganze Weltkirche in ihnen. Die öffentlichen und sakramentalen Vollzüge der Kirche sind ihnen zugeordnet, vor allem aber – und das hebt sie über bloße „Vollzugsbeamte" hinaus – wird in ihrem sakramentalen Handeln das Grundsakrament der Kirche als Leib Christi sichtbar. Die Mission Christi, das heil machende Reich Gottes den Menschen zu verkünden, wird in ihnen sicht- und spürbar gemacht.

Wie wird man Diakon oder Priester?

Amt in der Kirche: S. 204f

Zunächst: Es sind zwei grundsätzlich unterschiedliche Zugänge, zwei unterschiedliche Berufungen und auch zwei verschiedene Ausbildungsgänge. Obwohl nach wie vor noch jeder Priester zuvor zum Diakon geweiht wird, ist doch die Berufung zum Priester eine andere als zum ständigen Diakon.

Theologische Ausbildung und spirituelle Reife sind für Priester unabdingbar

Wer sich zum Priestertum berufen fühlt, nimmt in erster Linie Kontakt mit dem zuständigen Ortsbischof bzw. seinem Büro auf. Nach der Klärung der Vorfragen wird er sich – soweit das nicht schon geschehen ist – einer universitären oder einer gleichwertigen theologischen Ausbildung unterziehen (in der Regel ist das ein Vollstudium der Fachtheologie). Parallel dazu erfolgt die kirchliche Ausbildung in einem Priesterseminar, die die „hard facts" der Wissenschaft um die notwendigen „soft skills" ergänzt und in eine priesterliche Spiritualität und Gebetskultur einübt. Weiters sind ganz praxisbezogene Bereiche, wie die praktische Arbeit in einer Pfarre, Bestandteil der Ausbildung, die in der Regel fünf Jahre lang dauert. Anschließend erfolgt die Weihe zum Diakon und nach weiteren mindestens sechs Monaten die Priesterweihe, für die das Mindestalter von 25 Jahren vorgesehen ist. Der Neupriester wird anschließend nach den Erfordernissen der Diözese eingesetzt, meist zunächst als Kaplan (Priester ohne Leitungsverantwortung) in einer Pfarre, später nach einigen Erfahrungen als Pfarrer in einer anderen Pfarre der Diözese. Faustregel: Der Priester wird von der Diözese in eine Pfarre entsandt; und sowohl Aufnahme in die Ausbildung als auch Weihe sind kein Rechtsanspruch, sondern obliegen der freien Entscheidung des Bischofs (das gilt auch für die Diakone).

CIC can. 1008–1054

Wer den Diakonat anstrebt, wird das zunächst mit seiner Wohnsitzpfarre klären, denn die Diakone werden von konkreten Pfarren vorgeschlagen. Dann wird der Ausbildungsleiter für den Diakonat kontaktiert, mit dem die Vorstellungen abgeklärt und eine beiderseitige realistische Einschätzung vorgenommen wird. Wenn der Bischof entscheidet, den Kandidaten zu akzeptieren, wird er – soweit das nicht schon geschehen ist – ebenfalls eine theologische Fachausbildung in Angriff nehmen und anschließend in die Diakonatsausbildung der Kirche eintreten. Diese erfolgt in der Regel berufsbegleitend und wird je nach Diözese anders gehandhabt; meist dauert sie drei Jahre und besteht aus Wochenendseminaren und ganzen Ausbildungswochen in typischen Ferienzeiten. Zum Zeitpunkt der Weihe muss ein Diakon, sofern er verheiratet ist, zumindest 35 Jahre alt sein; ist er unverheiratet, kann er bereits mit 25 Jahren geweiht werden, unterliegt dann aber dem Zölibat.

Vgl. Apg 6,1–6

Es gibt – auch nach positivem Abschluss der Ausbildung – kein Anrecht auf die Weihe; der Bischof entscheidet vielmehr autonom

Weil Weihe und Ehe lebenslange Bindungssakramente sind, schließen sie einander kirchenrechtlich aus. Deshalb gilt für Geweihte grundsätzlich der Zölibat, also die Verpflichtung, sich einer ehelichen Beziehung zu enthalten. Eine Ausnahme davon betrifft die ständigen Diakone, die einem „bedingten" Zölibat unterliegen: Sie können zwar als verheiratete Männer geweiht werden, dürfen jedoch nach dem (Gott behüte!) Tod des Ehepartners nicht nochmals heiraten.

CIC can. 1040–1042

Es gibt immer wieder intensive Diskussionen um die Notwendigkeit des Zölibates, der ja grundsätzlich – da er „nur" rechtlich und aus der Tradition, nicht aber systematisch-theologisch begründbar ist – nicht unabänderlich ist. Das ist nachvollziehbar; auch das Zweite Vatikanische Konzil bezeichnet den Zölibat als „nicht vom Wesen des Priestertumes selbst gefordert" und als „Empfehlung". Doch das Kirchenrecht ist eine weltweit gültige Norm, daher kann auch eine Änderung nicht für eine Teilkirche, sondern nur weltweit einheitlich vorgenommen werden.

Konzilsdokument: Presbyterorum Ordinis 16, vgl. 1 Tim 3,1–13

Vor einer solchen Überlegung ist allerdings abzuwägen: Eine lange Tradition ist für sich gesehen schon ein Wert, den man nicht ohne weiteres über Bord werfen wird (unter anderem, weil das all jene brüskiert, die sich unter großen Schwierigkeiten ihr Leben lang daran gehalten haben). Darüber hinaus ist die Berufung des Priesters mehr als ein Beruf; sie nimmt ihn fallweise rund um die Uhr in Anspruch – kein Priester kann sich verweigern, der (sei es auch um 2 Uhr früh) zu einem Sterbenden gerufen wird oder in einer Krisensituation beistehen muss. Eine Familie könnte hier Schaden leiden. Zuletzt noch ein Argument, das vor allem in der Kirche in Lateinamerika und Afrika, zunehmend auch im Fernen Osten von Bedeutung ist: Ein Priester mit Familie ist erpressbar und kann dazu gezwungen werden, sich wider besseren Wissens mit den Mächtigen statt mit den Armen zu solidarisieren. All dem gegenüber steht der Anspruch des Menschen auf Beziehung und (durchaus auch körperliche) Zuwendung, die er ersehnt und auch geben möchte und in der er sein Menschsein ganz verwirklichen kann. Es ist durchaus glaubhaft, dass Priester, die in intakten Beziehungen leben, ihren Dienst genauso gut und vielleicht noch freudiger wahrnehmen könnten. Aus diesem Grund wird der allgemeine Pflichtzölibat auch in naher Zukunft ein Diskussionsthema bleiben. Vor einem Irrtum muss allerdings unbedingt gewarnt werden: Eine Aufhebung oder Bedingtsetzung des Zölibates würde kein plötzliches Ende des Priestermangels in der europäischen Kirche bewirken.

Sind Familie und Priestertum kompatibel?

Der Zölibat ist nicht der einzige Grund des Priestermangels (wohl aber ein wichtiger)

Nach der Weihe übt der Diakon sein Amt in seiner Heimatgemeinde aus. Faustregel: Der Diakon wächst *aus einer konkreten Gemeinde* heraus und kehrt *in diese konkrete Gemeinde* zurück. Der Diakon soll im Unterschied zum Priester ein konstanter persönlicher Kristallisationspunkt der Reich-Gottes-Botschaft sein; eine möglichst hohe Anzahl von qualifizierten Diakonen in jeweils relativ kleinen Gemeindeteilen wäre daher anzustreben.

Das Zweite Vatikanische Konzil hat die Aufgaben des Diakons wesentlich schärfer umrissen als die von Bischof und Priester: Seine Aufgabe ist es,

Konzilsdokument: Lumen Gentium 29

> *... je nach Weisung der zuständigen Autorität, feierlich die Taufe zu spenden, die Eucharistie zu verwahren und auszuteilen, der Eheschließung im Namen der Kirche zu assistieren und sie zu segnen, die Wegzehrung den Sterbenden zu überbringen, vor den Gläubigen die Heilige Schrift zu lesen, das Volk zu lehren und zu ermahnen, dem Gottesdienst und dem Gebet der Gläubigen vorzustehen, Sakramentalien zu spenden und den Beerdigungsritus zu leiten.*

Diese Aufzählung ist allerdings nicht vollständig, sondern kann im konkreten Weihedekret durch den Ortsbischof auch adaptiert werden.

Warum feiern Christen ein „Sakrament der Buße"?

Alle Menschen teilen eine Erfahrung der Schuldfähigkeit miteinander. Ich erfahre im Lauf meines Lebens nur allzu oft, dass ich andere Menschen physisch oder seelisch verletze; ich breche Vereinbarungen und Regeln, die mein Zusammenleben mit anderen betreffen; ich verhalte mich mir selbst gegenüber alles andere als optimal. Besonders schmerzhaft, auch für mich selbst, ist es, wenn ich eine Person verletze, die mir lieb ist; und ebenso schmerzhaft ist es zu sehen, wenn die von mir geliebte Person sich so verhält (ob mir oder anderen gegenüber, ist dabei sekundär).

Die Sünde verletzt das Verhältnis zu Gott

Für Christen kommt noch eine zusätzliche Dimension hinzu: Da auch Gott als Person angesehen wird, mit der man in einer liebevollen Beziehung steht, die aber nicht nur mein individueller Gott, sondern einer aller Menschen ist, wird durch mein schuldhaftes Verhalten *anderen und ihm gegenüber* meine Beziehung zu Gott beeinträchtigt bzw. verletzt. Erfolgt diese Verletzung im (falschen) Gebrauch meiner menschlichen Freiheit, so gilt sie als Sünde. Die wesentlichsten Voraussetzungen für Sünde sind demnach: die Liebesbeziehung Gottes zum Menschen, dessen Kenntnis vom Willen Gottes mit seiner Schöpfung und dessen freies Handeln gegen diesen Willen. Diese Sündfähigkeit gehört nach christlicher Anschauung schon von Anfang an zum menschlichen Sein – in der Schöpfungsgeschichte entscheiden sich Adam und Eva ohne Notwendigkeit, in Kenntnis des göttlichen Willens und in völliger Entscheidungsfreiheit, gegen diesen Willen zu handeln (und handeln sich und ihren Nachkommen damit das ein, was Augustinus später in der Lehre von der Erbschuld ausfalten wird). Die Tatsache, dass jede Sünde das Verhältnis zwischen Gott und Mensch verletzt, äußert sich biblisch besonders deutlich in den Umkehrrufen der Propheten, von Johannes dem Täufer und von Jesus selbst. „Umkehr" ist einer der wichtigsten Begriffe im Alten und Neuen Testament – die Sünde wird mit einem Gehen in eine falsche Richtung verglichen; wer sündigt, hat sich verirrt und muss umkehren, um wieder auf den Weg Jahwes zu gelangen.

Vgl. dazu auch S. 157

z. B. Jes 10,21; Ez 33,11; Jona 3; Sach 1,3

Mt 3,1f; Lk 3,3

Mk 1,14f; Lk 15,10

Konzilsdokument: Lumen Gentium I,8; II,9; II,17

Insofern die Kirche sich als „Volk Gottes", „Leib Christi" und „Tempel des Heiligen Geistes" betrachtet, ist durch die Sünde automatisch auch das Verhältnis des Menschen zu ihr als Gemeinschaft verletzt und bedarf der Wiederherstellung. In der frühen Kirche wurden Gemeindemitglieder, die sich schuldig gemacht hatten, nicht mehr zu den Gottesdiensten zugelassen, bis sie sich durch einen Akt der Reue mit Gott und der Gemeinde versöhnt hatten – heute wäre das aufgrund der schieren Größe der Gemeinden ein Ding der Unmöglichkeit. Denn während in den Anfängen eine Gemeinschaft aus einigen Dutzend Mitgliedern bestand und jeder jeden kannte, ist heute einem einzelnen Priester nicht selten eine Pfarre oder ein „Pfarrverband" mit zehntausend Personen anvertraut. Dazu kommt natürlich das veränderte Verständnis von Öffentlichkeit und Privatheit – daher gibt es zwar nach wie vor die kirchenrechtliche „Tatstrafe" der Exkommunikation bei bestimmten Vergehen, aber sie wird kaum noch ausdrücklich ausgesprochen.

Exkommunikation: Jemand hat sich selbst von der „Communio", der Gemeinschaft, entfernt

CIC Can. 1367; 1388 §1; 1398

Als Exkommunikation bezeichnet man die *Folge einer Handlung*, durch die eine einzelne Person zeigt, dass er oder sie sich als nicht mehr zur Kirche gehörig betrachtet bzw. nicht gewillt ist, eine grundlegende Glaubenswahrheit anzuerkennen. Die Exkommunikation wird entweder ausdrücklich seitens der Kirche erklärt (es ist kein Urteil, sondern eine Tatsachenfeststellung, fast wie eine Schiedsrichterentscheidung) oder sie tritt durch eine definierte Handlung ein. Eine solche Handlung ist z. B. die Entweihung der eucharistischen Gaben, die Verletzung des Beichtgeheimnisses oder das Vornehmen einer Abtreibung. In der Praxis bedeutet das z. B., dass jemand, der (ungeborenes) Leben tötet, so eklatant gegen die Lehre der Kirche vom Wert des menschlichen Lebens verstoßen hat, dass er bzw. sie sich selbst ins Out gestellt hat. Das Verhältnis zwischen dem Einzelnen und der Kirche ist also zutiefst verletzt und bedarf der Wiederherstellung. Das ist eine der Funktionen der sakramentalen Beichte. Bis die Sache wieder in Ordnung gebracht ist, darf der Exkommunizierte zwar an Gottesdiensten teilnehmen, jedoch in diesen keinen liturgischen Dienst versehen, selbst weder Sakramente spenden noch empfangen usw.

Die Kirche unterscheidet in der Tradition der Bibel zwischen schwerer und lässlicher Sünde. *Schwer* ist eine Sünde dann, wenn sie in einer schwerwiegenden Angelegenheit bei vollem Bewusstsein, in freier Entscheidung und in Kenntnis des Willens Gottes erfolgt. Dabei ist jeweils die Gesamtsituation der Verfehlung zu betrachten – um welche Sache geht es (Mord ist schwerwiegender als Lüge), welche Personen sind betroffen (eine oder mehrere, Nahestehende oder Fremde), liegt tatsächlich Entscheidungsfreiheit vor und ist die Person, die sich verfehlt hat, zum Vernunftgebrauch fähig und daher in Kenntnis des Willens Gottes? Von einer *lässlichen* Sünde spricht man, wenn eine dieser Voraussetzungen nicht zutrifft – das heißt aber nicht, dass man diese Verfehlung unter den Tisch fallen lassen darf, denn auch sie ist eine Verletzung der Liebe zu Gott und zum Nächsten und sollte geheilt werden. Die Sünde „mindert […] den Menschen selbst, weil sie ihn hindert, seine Erfüllung [Anm.: die Teilhabe am Reich Gottes] zu erlangen."

KKK 1854–1863

Konzilsdokument: Lumen Gentium 13

Die Folge der Sünde ist der Tod, nicht der körperliche, sondern der geistliche; im Hier und Jetzt der Verlust der inneren Verbindung zu Gott und zur Kirche, in der Perspektive der Endzeit (des „Jenseits“) ein Zustand der Gottesferne. Da jede Sünde das Verhältnis des Menschen zu Gott beeinträchtigt, ist für keinen Menschen im Augenblick seines Todes gewiss, in welchem Zustand er sich danach befinden wird. Das ist einzig und allein von seinem Stand in der Gnade Gottes abhängig. Reste von Sünden, die man „mit hinüber“ nimmt, führen nach der Lehre der katholischen Kirche dazu, dass man nach dem Tod nicht in den Zustand der unmittelbaren Gottesnähe gelangt, sondern in das Purgatorium (volkstümlich „Fegefeuer“, ein Zwischenzustand, in dem die Seele von Sünden gereinigt wird, bevor sie die Nähe Gottes erfahren darf). Im *Ablass* vereinigt die Kirche ihre Bitte um die Vergebung der Sünden des Einzelnen mit dessen Bekenntnis- und Bußakt; dieser ist also letztlich ein Akt der Solidarität der ganzen Gemeinde mit der Sünderin bzw. dem Sünder. Dahinter steht natürlich das Bewusstsein, dass die Kirche als Ganze zwar heilig, aber in allen ihren Gliedern sündhaft und begrenzt ist. Vereinfacht gesagt: In der Beichte werden die Sünden getilgt; im Ablass ihre Folgen gemildert oder völlig abgewendet. Der Ablass wird in der Regel als Reaktion auf Gebete, gute Werke, fromme Verrichtungen (Wallfahrten, Ausrichten von Messstipendien usw.) gewährt. Er kann für die eigene Person oder für andere Personen (auch Verstorbene) erreicht werden.

Röm 6,23

Vgl. S. 104f

Der „Ablass“ ist eine gemeinsame Bitte um die Gnade Gottes

Vgl. S. 201ff

Aufgrund dieser Vielfältigkeit ist es vernünftig, das Angebot der individuellen Sündenvergebung im *Sakrament der Buße, der Beichte,* anzunehmen, das die Kirche bietet. Dieser Vergebungsakt ist der Kirche sogar ausdrücklich aufgetragen und wird in der heutigen Form seit ca. 850 n. Chr. geübt. In der Frühzeit der Kirche war das oben angeführte öffentliche Bekenntnis der eigenen Verfehlungen vor der versammelten Gemeinde üblich, denn eine schwere Verfehlung hatte den Ausschluss aus dieser zur Folge – und um wieder die Einheit zu erlangen, musste der dornige Weg der Reue, der Buße und der Bitte um Wiederaufnahme vor aller Augen und Ohren gegangen werden. Entsprechend gibt es auch heute ergänzend zur Beichte die allgemeine und öffentliche Feier der Versöhnung.

Mt 16,19; 18,18; Joh 20,21–23

Die Bußfeier

Wenn die Sünde nicht ausgeräumt und das Verhältnis zu Gott nicht wieder hergestellt ist, dann ist jeder Gottesdienst relativiert, vielleicht sogar sinnlos. Jesus Christus lehrt:

Mit Groll im Herzen in die Messe zu gehen bringt nicht viel ...

> *Wenn du deine Opfergabe zum Altar bringst und dir dabei einfällt, dass dein Bruder etwas gegen dich hat, so lass deine Gabe dort*

Mt 5,23f

vor dem Altar liegen; geh und versöhne dich zuerst mit deinem Bruder, dann komm und opfere deine Gabe.

Vgl. S. 60, der Bußakt im Gottesdienst

Dementsprechend ist in den ersten Teil jedes katholischen Gottesdienstes ein Bußteil integriert: In der Bitte um das Erbarmen Gottes und im allgemeinen Schuldbekenntnis wird die Erlösungsbedürftigkeit der Gemeinde artikuliert, und in der folgenden Vergebungsbitte, die vom Priester vorgetragen wird, soll die rechte Gottesbeziehung wieder hergestellt werden, damit die Eucharistiefeier (die ja nicht umsonst auch „Messopfer" genannt wird) unbeeinträchtigt erfolgen kann. Der Priester selbst muss sich vor der Eucharistiefeier symbolisch die Hände „in Unschuld waschen": Am Ende der Gabenbereitung gießen ihm die Ministranten einige Tropfen Wasser über die Hände, während er das Gebet spricht: „Wasche ab meine Schuld, von meinen Sünden mach mich rein." Dadurch soll gezeigt werden, dass der Akt der Eucharistie in einem Zustand der Versöhntheit mit Gott erfolgen muss – auch für den Priester.

Es kann auch ein ganzer Gottesdienst als Bußfeier aufgesetzt werden – insbesondere am Anfang der adventlichen und der österlichen Fastenzeit ist das eine sinnvolle und oft geübte Praxis. Texte, Gebete und Lieder sind in diesen Feiern auf die Bußfertigkeit der Menschen abgestimmt, die ihre Reue und ihren Willen zur Umkehr in ihrer Teilnahme kundtun – denn diese Faktoren sind notwendige Voraussetzungen jeder Sündenvergebung. Nur wer zum Bewusstsein der Unangemessenheit seiner Handlungen kommt und sie bereut, wer durch seine Schuld entstandene Schäden wieder gutzumachen versucht und wer sich entschließt, in Zukunft keine derartigen Verfehlungen mehr zu begehen, der erlangt volle Vergebung. Ob diese Vorsätze freilich auch halten, ist eine andere Frage – viele Sünden stellen auch eine große Versuchung dar, der man sich nur schwer entziehen kann.

Für die wirksame Vergebung sind Bekenntnis, Reue, Wiedergutmachung und Umkehr nötig

Allerdings ersetzt keine Bußfeier und kein Bußakt am Anfang eines Gottesdienstes einen individuellen und sakramentalen Akt der Vergebung, wie er im Fall der Beichte möglich gemacht wird.

Die Beichte

In den letzten Jahren wenig geübt, ist das Beichten scheinbar außer Mode gekommen. Mit dafür verantwortlich sind viele Faktoren – das Selbstverständnis des modernen Menschen, der Individualitätsbegriff, Missverständnisse in der Lehre von Sünde und Vergebung, mangelndes Wissen um die Wichtigkeit dieses Vollzuges für ein christliches Leben sind nur einige davon. Faktum aber ist: Nach katholischem Verständnis ist die Beichte das Mittel der Wahl, wenn Flecken – auch sehr dunkle und schwer zu entfernende – aus dem Leben des Menschen getilgt wer-

Beichte: die verbindliche Zusage der Vergebung

den können, und zwar *mit Sicherheit*, während die Sündenvergebung im Rahmen eines (gemeinsamen) Bußgottesdienstes eine *Hoffnung* bleibt, einfach, weil der Kommunikationsakt zwischen Gott und dem Menschen in diesem gemeinschaftlichen Bußakt ein unsicherer ist – wer kann, wenn seine Gottesbeziehung durch Sünden massiv beeinträchtigt ist, von sich mit Sicherheit behaupten, dass seine Kommunikation mit Gott ohne Hilfe gelingt? Und genau diese Hilfe ist die persönliche Beichte.

Viele Menschen scheuen davor zurück, weil sie Angst haben, ihre Verfehlungen einer Person gegenüber zu artikulieren. Dazu trägt unsere Medienwelt einiges bei – wir werden mit der größten Selbstverständlichkeit in den diversen Talkshows mit der öffentlichen Aufarbeitung von Sachverhalten konfrontiert, die klassischen „Sündenregistern" entsprechen würden; und die unkontrollierte Vermehrung, Allgegenwart und -verfügbarkeit von persönlichsten Daten im Internet lässt den Eindruck entstehen, dass keine Information mehr irgendwo sicher ist. Dem kann man entgegenhalten: Das Beichtgeheimnis ist eines der stärksten Tabus der Kirche. Nicht wenige Priester haben sich lieber töten lassen, als es preiszugeben, denn auf die Verletzung der Geheimhaltung dessen, was ihnen in der Beichte anvertraut wird, steht nach wie vor noch die sofort eintretende Exkommunikation. Dass eine solche Verletzung natürlich auch als schwere Sünde gelten würde, ist klar. Weiters ist dem Priester, der die Beichte entgegennimmt, jegliche Nutzung des erlangten Wissens strengstens verboten – er muss es behandeln, als hätte er es nie erfahren, ausgenommen in einem weiteren Beichtgespräch mit derselben Person.

CIC Can. 983 §1 und Can. 1388 §1

CIC Can. 984

Außerdem muss man, wenn das noch nicht Sicherheit genug bietet, ja nicht unbedingt zum eigenen Heimatpfarrer gehen, um zu beichten. An vielen Orten, vor allem in Wallfahrtskirchen, wird noch regelmäßig eine Beichtgelegenheit geboten, und die Beichtstühle, die zugunsten einer „diskursiven Aussprache" in einem Beichtzimmer o. ä. aus der Mode gekommen sind, verweisen ebenfalls auf die Rolle der Anonymität in Sündenbekenntnis und -vergebung. Nebenbei bemerkt: Zumindest theoretisch sollte nach wie vor der Beichtstuhl der Ort der Beichte sein.

CIC Can. 964 §3

Der so genannte „Beichtvater", also der Priester, bei dem man die Beichte ablegt, kann natürlich auch immer derselbe sein. Das hat den Vorteil, dass man dabei ein Vertrauensverhältnis aufbaut und nicht nur situationsbezogen, sondern im Blick auf das ganze eigene Leben Hilfe erhalten kann – nicht wenige Priester haben zusätzlich eine Ausbildung als Psychotherapeuten, sodass man im Idealfall auch therapeutische Aspekte von der Beichte mit nach Hause nimmt. Wenn man einen verständnisvollen und geduldigen (und eventuell therapeutisch geschulten) „Beichtvater“ gefunden hat, sollte man ihn beibehalten.

Man kann sich also, technisch betrachtet, ruhig entschließen, die Beichte in Anspruch zu nehmen – aber oft sind die wahren Gründe der Beichtscheue eher die Angst davor, seine eigenen Verfehlungen zur Sprache bringen (und dadurch erkennen) zu müssen und die Notwendigkeit, danach eventuell sein Leben zu ändern – aber dazu gleich mehr. Diese Berührungsängste sollte man überwinden, denn auch wenn es nicht sehr lustig ist, zur Beichte zu gehen: Das Gefühl nachher ist mehr als angenehm.

Der Ablauf der Beichte

Es ist nötig, sich vor der Beichte etwas Zeit zu nehmen, um das zu machen, was früher so treffend als „Gewissenserforschung“ bezeichnet wurde – nachdenken über alles, was das Leben im Moment belastet und schwierig macht. Man kann dem Priester gegenüber alles zur Sprache bringen; er ist nicht nur dazu da, Sünden anzuhören, sondern auch dazu, beim Blick auf die eigene Situation zu begleiten.

Der eigentliche Ablauf ist nur wenig formalisiert – grob umrissen geht es um die einzelnen Stationen Begrüßung, Äußerung des Beichtwunsches, Bekenntnis, Lossprechung („Absolution“), Entlassung und ggf. Verrichtung einer auferlegten Buße. Wirksam wird die Beichte nur, wenn die Voraussetzungen des umfassenden Bekenntnisses, der Reue und des Entschlusses zur Umkehr vorliegen – ein rein technisches „Abbeichten“ eines bestimmten Sündenkontingentes im Vertrauen darauf, nun wieder frisch drauflos sündigen zu können, funktioniert natürlich nicht.

	Worte des Zelebranten	**Gesten und Antworten des Beichtenden**
Eröffnung	„Amen!“ „Gott, der unser Herz erleuchtet, schenke dir wahre Erkenntnis deiner Sünden und seiner Barmherzigkeit!“	Kreuzzeichen: „Im Namen des Vaters, des Sohnes und des Heiligen Geistes, Amen!“ „Amen!“
Bekenntnis	Der Zelebrant kann den Beichtenden mit eigenen Worten bei Sammlung und Bekenntnis helfen.	Der Beichtende bekennt, was er auf dem Herzen hat.
Reuegebet		„Ich bereue, was ich Gutes unterlassen und Böses getan habe.“
Gespräch und Erteilung der Buße	Der Zelebrant spricht mit dem Beichtenden, bringt ihm die Position der Kirche nahe, beauftragt ihn nötigenfalls mit einer Wiedergutmachung und erlegt ihm ggf. eine Buße auf, die üblicherweise ein Gebet oder ein Zeichen der dauernden Umkehr ist.	Der Beichtende erklärt sich zur Wiedergutmachung und zur Übernahme der Buße bereit.
Lossprechung	„Gott, der barmherzige Vater, hat durch den Tod und die Auferstehung seines Sohnes die Welt mit sich versöhnt und den Heiligen Geist gesandt zur Vergebung der Sünden. Durch den Dienst der Kirche schenke er dir Verzeihung und Frieden. So spreche ich dich los von deinen Sünden. Im Namen des Vaters und des Sohnes und des Heiligen Geistes.“	„Amen!“
Entlassung	„Gehe hin in Frieden!“	„Dank sei Gott, dem Herrn!“

Nach der Beichte sollte man sich noch eine Zeit der Stille gönnen, die Gebete sprechen, die der Priester aufgetragen hat und anschließend die eventuell notwendige Wiedergutmachung tätigen.

Die Lossprechung in der Beichte ist sofort wirksam. Nach der Lehre der katholischen Kirche versöhnt sie, wenn alle genannten Voraussetzungen erfüllt sind, umfassend mit Gott.

Die „Laienbeichte"

Neben der sakramentalen gibt es noch die sogenannte „Laienbeichte". Damit wird die Praxis bezeichnet, einer vertrauenswürdigen Person gegenüber, die nicht Priester, aber im Glauben fest verankert ist, ein Bekenntnis seiner Sünden abzulegen und mit dieser Person gemeinsam um Vergebung zu beten. Da es dabei nicht um einen Akt der sakramentalen Absolution geht, ist die Bezeichnung Laien-„Beichte" etwas unglücklich; es ist eher eine Aussprache mit anschließender Vergebungsbitte, die – ebenso wie eine öffentliche Bußfeier – zwar die berechtigte Hoffnung auf Vergebung trägt, diese aber nicht wie die Beichte selbst verbürgen kann.

Vergebung durch Liebe

Im ersten Petrusbrief des Neuen Testamentes findet sich ein wichtiger Grundsatz des christlichen Umgehens mit Schuld und Sünde:

1 Petr 4,8

Vor allem haltet fest an der Liebe zueinander; denn die Liebe deckt viele Sünden zu.

Der Verfasser des Petrusbriefes sieht – nicht ungewöhnlich für die Abfassungszeit – das Weltgericht vor der Türe stehen und ruft daher zu Besonnenheit, Nüchternheit und Gebet auf. Aber nicht davon erhofft er, dass um ihretwillen Sünden übersehen würden, sondern er schreibt diese Wirkung der Liebe zu. Man kann natürlich nicht sagen: Wer ausreichend tätige Nächstenliebe betreibt (nachweislich viel spendet?), hat ein „Guthaben" auf seinem Sündenkonto. So ist das Gott sei Dank nicht – aber die Vergebung, die der Mensch anderen gegenüber übt, wird auch ihm selbst zuteil werden.

Mt 18,21–35

Im Vaterunser beten Christen regelmäßig: „Vergib uns unsere Schuld, wie auch wir denen vergeben, die an uns schuldig geworden sind." Dieses Gebet hat Jesus Christus selbst seiner Kirche mitgegeben; es drückt die zentralsten (und zugleich einfachsten) Wahrheiten aus. Zum Thema Vergebung sagt es nicht mehr und nicht weniger als dies: Wir machen uns schuldig. Jeder von uns, das gehört zum Menschsein und ist nicht zu ändern. Wir machen Fehler, sagen unüberlegte Dinge, handeln überstürzt und flüchtig, konzentrieren uns nur auf uns selbst und übersehen die Standpunkte anderer Menschen – durch all das schränken wir andere ein, verletzen und kränken sie, beeinträchtigen ihr Leben oder reduzieren ihre Möglichkeiten. Darum kann jeder diesen Satz ruhig mitsprechen: Nicht schuldig werden geht im Laufe eines normalen Lebens nicht. Das klingt erst mal eher deprimierend.

Aber nicht umsonst heißt das, was Jesus Christus vom Reich Gottes gelehrt hat, *Frohe* Botschaft. Sie ist deshalb froh, weil sie uns zeigt, dass trotz aller unserer menschlichen Unzulänglichkeit Gottes deutliches JA zu unserem Leben ein für allemal gesprochen ist. Gott ist auch einer, der Schuld vergibt: Genau darum bitten wir ihn im Vaterunser. Und im Vaterunser ist diese Vergebung nun *nicht* daran gekoppelt, ob der von uns gekränkte Mensch uns vergeben hat, sondern ob *wir* bereit sind, jenen zu vergeben, durch die *wir* Kränkungen erfahren haben! Ein bisschen erinnert das Ganze an ein Umlageverfahren. Die Kirche hat es in ihrer Lehre noch präzisiert: Natürlich ist der erste Schritt ein Versuch einer Wiedergutmachung. Der ist notwendig, und es ist nur gerecht, wenn jemand, der einen anderen Menschen verletzt, ihm auch in die Augen sieht und ihn um Vergebung bittet. Aber, und das ist das Neue: Wir sind nicht davon abhängig, ob diese Vergebung auch gewährt wird, sondern ob wir selbst auch Vergebung gewähren. Denn sonst könnte es ja sein, dass jemand in seinem verletzten Stolz darauf beharrt, eine Kränkung nicht zu verzeihen – dann stünden wir auch mit der ehrlichsten Reue schön da. Nein, es geht darum, dass man nach diesem Versuch der Wiedergutmachung selbst überlegt: Bin ich bereit zu vergeben? Bin ich bereit, jemandem seine Verfehlungen an mir nicht nachzutragen? Bin ich bereit, eine ehrlich gemeinte Bitte um Verzeihung zu akzeptieren? Das ist der Schlüssel zum Frieden mit Gott, den Christus uns anbietet und den uns die Kirche im Sakrament der Versöhnung bietet: Der Dreischritt Bekenntnis, Wiedergutmachung oder Entschuldigung und die Bereitschaft, selbst zu vergeben, zieht die Vergebung für den Schuldigen nach sich.

Wenn wir vergeben, wird auch uns vergeben werden

Es ist aus meiner Sicht einer der großen Vorteile des Christentums, dass es den Menschen einen liebenden und vergebenden Gott und keinen strengen, strafenden Richter nahebringt. Hier wird wirklich der Wille von Jesus Christus in die Tat umgesetzt: Er hat das Leben und sogar den Tod am Kreuz auf sich genommen, damit „jeder, der an ihn glaubt, nicht verloren gehe, sondern ewiges Leben habe." Und den Menschen wird damit eine wahrhaft göttliche Aufgabe zuteil: zu vergeben, damit auch uns vergeben wird. Schwierig? Schwierig. Sehr sogar. Aber lohnend!

Joh 3,16

Exkurs: Warum salben Christen ihre Kranken?

Wer krank ist, hat nicht nur ein gesundheitliches Problem. Eine Krankheit hat auch seelische, soziale und wirtschaftliche Folgen; insbesondere chronisch Kranke fühlen sich auch aus dem Sozialleben ausgeschlossen. Im Alten Testament finden wir Passagen, in denen sich das Volk Israel darum bemüht, diese Abgeschlossenheit nicht ausufern zu lassen – es gibt Fürsorgeregeln, das Volk betet für die Kranken, und es gibt einen eigenen Ritus für die Salbung für schwer Erkrankte. Krankheit wurde im Zusammenhang mit Sünde gesehen: Gesundheit und Wohlergehen ist der Lohn dessen, der gottgefällig lebt; Krankheit und Sorge das Schicksal dessen, der sich gegen Jahwe vergeht.

Lev 14,10–31

Ex 15,26; 23,25; Dtn 28,35–61 usw.

Jesus bricht den ursächlichen Zusammenhang zwischen Sünde und Krankheit auf. Er nimmt zwar für sich in Anspruch, aus der Kraft Gottes zu heilen (die Heilung ist ein Zeichen der Ankunft des Messias), aber er unterstellt nicht jedem Kranken automatisch ein bestimmtes Sündenvolumen. Er nimmt ihn vielmehr als leidenden Menschen wahr, der „jetzt und hier" der Hilfe bedarf. Jesus heilt durch Taten und Worte: Er macht nicht nur den Blinden sehend, sondern lässt ihn auch das Licht der Welt schauen; er lässt nicht nur den Lahmen wieder gehen, sondern ermöglicht ihm auch Nachfolge; er macht nicht nur Aussätzige rein, sondern reinigt auch ihr Herz.

Insofern die Kirche Christus gegenwärtig machen muss, muss sie natürlich auch den heilenden Christus gegenwärtig machen. In der sakramentalen Salbung wird die Verbindung des Kranken mit Christus erneuert: „Durch die heilige Krankensalbung und das Gebet der Priester empfiehlt die ganze Kirche die Kranken dem leidenden und verherrlichten Herrn, daß er sie aufrichte und rette". Dieses „Retten" bezieht sich nicht nur auf eine mögliche Heilung (die Krankensalbung ist keine magische Handlung, die eine körperliche Gesundung herbeiführen muss), sondern auf eine Heilung der Gottesbeziehung: In einer Situation, die der Mensch existenziell bedrohlich erlebt und sich verlassen (auch gottverlassen) fühlt, wird ihm die Gegenwart Gottes zugesagt. Und in dieser neu erlebbaren Gegenwart kann der Kranke Hoffnung fassen – auf ein erneuertes Leben in dieser, aber auch auf ein vollendetes Leben in der kommenden Welt.

Konzilsdokument: Lumen Gentium 11; Jak 5,14f

Da mit der Krankensalbung auch die Vergebung der Sünden einhergeht (Jak 5,15), ist der Spender der Krankensalbung der Priester (im Unterschied zur Krankenkommunion, die auch vom Diakon oder einem Kommunionspender überbracht werden kann). Die Krankensalbung kann, da sie ein Sakrament, also ein aus sich wirksames Zeichen ist, auch einem Bewusstlosen gespendet werden, wenn begründet angenommen wird, dass er dies wünschen würde; besser ist es freilich, wenn der Kranke die Feier bei vollem Bewusstsein mitvollziehen kann.

Als Salböl wird das *Krankenöl* verwendet, dabei handelt es sich um reines Olivenöl, das im Rahmen der Chrisammesse in der Karwoche vom Bischof geweiht wurde. Im Notfall darf der Zelebrant das Krankenöl selbst vor Ort weihen; ein übrigbleibender Rest darf dann allerdings weder entsorgt noch anderweitig verwendet werden, sondern ist zu verbrennen.

Das Sakrament ist keine „letzte Ölung“ (so wurde es früher umgangssprachlich oft bezeichnet), denn es ist eine heilende und keine abschließende Handlung und kann auch, wenn erforderlich, öfters gespendet werden.

Die Feier selbst ist ein einfacher Wortgottesdienst, in den die Salbung nach dem Vorlesen der passenden Schriftstelle eingebettet wird. Es ist wünschenswert, dass die Anwesenden aktiv mitbeten und die Antworten mitsprechen, weil dadurch gezeigt wird, dass der Kranke nach wie vor Teil der Gemeinde und diese mit ihm solidarisch ist.

	Worte des Zelebranten	Gesten und Antworten des Kranken bzw. der Anwesenden
Anrufungen	Der Zelebrant leitet die Anrufungen ein, die die Gebete der Versammelten um das Wohl des Kranken enthalten. Nach jeder Anrufung antworten die Anwesenden:	„Wir bitten dich, erhöre uns!“
	Der Zelebrant legt dem Kranken schweigend die Hände auf.	
Salbung	Der Zelebrant salbt die Stirn des Kranken mit Krankenöl und spricht: „Durch diese heilige Salbung helfe dir der Herr in seinem reichen Erbarmen, er stehe dir bei mit der Kraft des Heiligen Geistes!“ Der Zelebrant salbt die Handflächen des Kranken mit Krankenöl und spricht: „Der Herr, der dich von Sünden befreit, rette dich, in seiner Gnade richte er dich auf!“	„Amen.“ „Amen.“
Gebet	Nach der Salbung spricht der Zelebrant je nach der Verfassung des Kranken ein passendes Gebet; es endet mit „… der du lebst und herrschest in alle Ewigkeit.“	„Amen.“
Anschließend wird die Feier mit dem Vaterunser, ggf. der Krankenkommunion und dem Segen fortgesetzt und beendet.		

Warum beerdigen Christen ihre Toten feierlich?

Begräbnisriten verweisen auf eine Hoffnung „darüber hinaus“

Dass Menschen schon in der Frühzeit ihrer Geschichte auf eine bestimmte Art religiös waren, wissen wir vor allem, weil Gräber aus dieser Zeit gefunden wurden. Die Toten wurden in bestimmten Stellungen und einer bestimmten Ausrichtung begraben; ihre Gesichter wurden mit Rötel eingefärbt; sie erhielten Grabbeigaben; die Gräber wurden auf eine bestimmte Art gestaltet, um sie wieder auffindbar zu machen bzw. um das Andenken an den dort bestatteten Menschen zu erhalten. Wir kennen Sippengräber, die den Lebenden den fortlaufenden Kontakt mit den Toten ermöglichen sollen, ebenso wie Einzelbestattungen oder den Brauch, die Ahnen in mumifizierter Form in der eigenen Wohnstätte zu beherbergen; wir kennen ungeheure Steingebirge, die über Grabkammern errichtet wurden, ebenso wie regelrechte Totenstädte; wir kennen die Idee, dass das Wesen eines Menschen nur solange fortdauern kann wie sein (mumifizierter) Körper, ebenso wie die Ansicht, dass dieses Wesen nur so lange weiterexistiert, wie die Nachkommen seiner gedenken.

Hier spielen freilich verschiedenste Vorstellungen eine Rolle, aber allen gemeinsam ist eines: Es ist unbegreiflich, dass ein Mensch, der gerade noch geatmet hat, gelacht hat, geweint hat, mit dem man streiten und mit dem man sich freuen konnte und den man vielleicht auch geliebt hat, nicht mehr ist, oder bessergesagt: nicht mehr so ist, wie man ihn erwarten würde. Denn er ist ja noch sichtbar und spürbar, aber er ist doch ganz anders – nur noch Leichnam und nicht mehr lebendiger Mensch. Etwas fehlt ihm, eine Qualität, die er vorher noch hatte, und obwohl sich rein materiell betrachtet gar nichts geändert hat, ist seine Rolle für uns und für die Gesellschaft bis hin zur Gesetzgebung nun eine andere: Er ist tot.

Der Tod als unwiderrufliche Veränderung, die jeden Menschen gleichermaßen betrifft, gibt also heute noch ebenso zu denken wie vor 20.000 Jahren. Alle Kulturen gehen mit ihren Toten auf irgendeine besondere Weise um. Sie werden nicht einfach liegengelassen oder nur aus hygienischen Gründen verscharrt oder verbrannt, sondern man verabschiedet sie aus der Gesellschaft, indem man mit ihnen ein Ritual vollzieht, das in den meisten Fällen auch die Hoffnung ausdrückt, dass die verschwundene Qualität „Leben“ nicht ein für alle Mal verloren ist, sondern in einer anderen Form, eventuell an einem anderen Ort, weiterbesteht.

Für Christen ist diese Hoffnung sehr konkret. Zunächst ist ja der Gott, zu dem sie sich bekennen, der Urgrund des Lebens, sowohl abstrakt für alles Leben schlechthin als auch sehr konkret für jedes einzelne individuelle Leben, hier und jetzt. Von ihm kommt der Mensch, und zu ihm kehrt er auch zurück. Er ist aber kein übermächtiger, ferner und fremdartiger Gott, der auf einer Wolke sitzt und vielleicht interessiert und amüsiert, aber immer auch ein wenig unbeteiligt das Leben auf der Erde lenkt, sondern er ist der Gott, der dem Menschen unübertreffbar nahe gekommen ist – und zwar in Jesus Christus. Und es ist dieser Jesus Christus, der das Leben eines Menschen geführt hat und der den Tod eines Menschen gestorben ist, darum wissen die Christen: In Jesus Christus ist Gott selbst mit dem Menschen sogar solidarisch in den Tod gegangen und hat sich ihnen dadurch so weit genähert, wie das von keiner anderen Gottheit in der Religionsgeschichte der Welt behauptet werden könnte.

Der Gott Jesu Christi ist ein Gott des Lebens

Die Christen wissen aber auch: In Jesus Christus, den Gott von den Toten auferweckt hat, ist der Tod für den Menschen endgültig überwunden. So wie Jesus Christus als ganze Person am dritten Tag das Grab verließ und den Jüngerinnen und Jüngern (in dieser Reihenfolge!) erschien, wird auch jeder Mensch als ganze Person nicht dem Untergang überlassen, sondern von Gott auferweckt werden. In welcher Form genau das geschieht und vor allem wann, darüber gibt es unterschiedliche Meinungen: Nach der griechischen Philosophie, genauer gesagt, aus der Tradition nach Platon, ist die Seele des Menschen – sein innerster Wesenskern – unsterblich; sie verlässt unmittelbar nach dem Tod den Leib und hat ein eigenes, individuelles Schicksal, das sich nach ihrem irdischen Leben gestaltet. Nach der jüdischen Tradition steht am Ende der Weltgeschichte der Tag des Gerichts, der „jüngste Tag", an dem Gott die Schöpfung vollendet, die Verstorbenen auferweckt und ihr weiteres Schicksal bestimmt. In die christliche Tradition haben beide Anschauungen Eingang gefunden; und im Glaubensbekenntnis von Nikaia, das die christlichen Kirchen fast wörtlich teilen, finden sich zwei konkrete Aussagen über „[Jesus Christus], der kommen wird zu richten die Lebenden und die Toten" sowie „[Ich glaube an] die Auferstehung der Toten und das ewige Leben".

Im kirchlichen Verständnis des „Ewigen Lebens" fließen griechische und semitische Traditionen zusammen

Credo: S. 123f

So lehrt die katholische Kirche, dass die Seelen der Verstorbenen unmittelbar in die ewige Seligkeit eingehen können, sofern sie keine unvergebenen Sünden auf sich geladen haben. Diese ewige Seligkeit besteht in der bewussten und dauernden Nähe zu Gott, der „Gottesschau". Wenn die Seele nicht so ganz auf Hochglanz poliert und vielleicht unter Mitnahme unvergebener Sünden aus dem Körper geschieden ist, dann kann sie nicht unmittelbar in dieselbe Gottesnähe gelangen, sondern muss einige Zeit in Distanz zu Gott verharren, bis sie zur Einsicht ihrer Fehler und zur völligen Annahme des Willens Gottes gelangt. Dabei

Buße: S. 91ff

können noch Lebende durch Gebet und gute Werke Hilfe leisten (aus dieser Auffassung ist der katholische Brauch erklärlich, für Verstorbene „Seelenmessen“ lesen zu lassen). Dieses „distanzierte Verhältnis auf Zeit“ wird *Purgatorium*, volkstümlich *Fegefeuer*, genannt. Sollte der Mensch gar im Zustand schwerer Sünde, also in bewusster vollkommener Abwendung von der Liebe Gottes, aus dem Leben geschieden sein, kann er auch in die Hölle kommen, den Zustand vollkommener und dauernder Gottesferne.

Vgl. S. 104ff

Am Tage des Gerichtes aber werden auch die Leiber wieder auferweckt und die Seelen mit ihnen vereinigt. Dann fällt Christus als Weltenrichter sein Urteil über jeden Einzelnen und lädt ihn oder sie ein, als ganze Person in das Reich Gottes, seines Vaters, einzugehen.

Die „Auferstehung der Toten“ schließt alle Aspekte der Person ein

Der Aussagekern dieser kirchlichen Lehre ist: Christen vertrauen darauf, dass sie aufgrund des Todes und der Auferstehung Jesu Christi nicht vollkommen vergänglich sind oder nur als freischwebendes, mehr oder weniger unbewusstes Energiefeld weiterexistieren. Sie sind sich vielmehr sicher, dass sie letztlich als ganze Person, mit allen Erinnerungen, Eindrücken, ihrer ganzen Lebensgeschichte, allen Mühen und Schmerzen, aber auch allen Freuden und ekstatischen Momenten, weiterexistieren werden, und zwar außerhalb der „Weltzeit“ (die ja auch durch den in vielen Milliarden Jahren zu erwartenden Wärmetod des Universums absolut begrenzt ist) in dem zeitenthobenen Sein, das Gott als dem Ewigen zugeschrieben wird. Sie sind sich auch sicher, dass sie dann in Gottes Nähe sein dürfen, der alle ihrer offenen Fragen, all ihre Unvollkommenheit, ihre Schmerzen und ihre Klage mit seiner absoluten Hinwendung und Liebe beantworten wird – wenn sie sich nicht selbst und bewusst davon abwenden.

Gott: S. 19f; S. 163ff

vgl. S. 185ff

Ist es nicht großartig, das glauben zu dürfen? Und sollte man da nicht wirklich „erlöster“ aussehen?

Was passiert im Rahmen einer Beerdigung?

Bei aller Zuversicht und christlichen Hoffnung ist eine Beerdigungs- oder Verabschiedungsfeier für die Hinterbliebenen meist die zeichenhafte Ausformung eines sehr schmerzhaften Prozesses, selbst wenn der Tod einen langen Leidensweg beendet hat oder der bzw. die Verstorbene ein hohes, wahrhaft „biblisches“ Alter erlangt hat.

Natürlich ist der Tod in unserer Konsum- und Werbungsgesellschaft kein gern gesehener Gast, es sei denn in den Medien, wenn entweder in einem actiongeladenen Unterhaltungsfilm ästhetisch und verdient bzw. aufopfernd gestorben wird oder wenn Nachrichten ihre Faszination in Berichten über fernliegende Unglücksfälle entfalten. Aber Alter, körperlicher Niedergang, der Verlust von Fähigkeiten und zunehmende

Einschränkungen im täglichen Leben werden zunehmend verdrängt – sie eignen sich nicht für das großflächige Affichieren auf Plakatwänden und auch nicht zum Ankurbeln von Konsum. In der Werbung hat auch das Alter dynamisch und gestylt zu sein.

Heute ist der Sterbeprozess in vielen Fällen aus dem Familienkreis in eine Institution ausgelagert, in ein Krankenhaus, ein Pflege- oder Altersheim oder eine Hospizeinrichtung. Das ist einerseits verständlich, weil die Wohn-, Lebens- und Arbeitsbedingungen der heutigen Zeit kaum mehr jemandem erlauben, Angehörige in der letzten Lebensphase zu Hause zu pflegen und ihnen die notwendige Aufmerksamkeit zukommen zu lassen. Andererseits ist es zutiefst bedauerlich, dass Menschen genötigt sind, ihre letzten Stunden in einer unvertrauten und oft sterilen Umgebung zu verbringen, in der sie häufig nicht einmal Menschen aus ihrem engsten Familienkreis um sich haben können. Und auch wenn diese Institutionen zum größten Teil Großartiges leisten: Sie sind in diesen wichtigen letzten Stunden kein Ersatz für Umgebung und Kontakte eines Lebens.

Zu Hause sterben dürfen: Eine Gnade für den Sterbenden, ein wichtiger Lernprozess für die Angehörigen

Für Christen ist es bedeutsam, dass dieser Gott, den Jesus Christus verkündet hat, nicht nur ein Gott der Reichen, Mächtigen, Starken und Schönen ist. Er ist der, der sich auch des Letzten und Kleinsten, des Schwächsten und Ärmsten annimmt, der sich nicht durch oberflächliche Glitzer- und Farbwelten blenden lässt, sondern durch diese Oberfläche hindurch blickt und jeden einzelnen Menschen annimmt, so wie dieser ist. Der Tod ist damit nicht nur abruptes und tragisches Ende, sondern zugleich Vollendung des menschlichen Lebens, weil es wieder zu dem Gott zurückgefunden hat, von dem es letztlich gekommen ist.

Der Tod ist Bestandteil des Lebens und führt zu Gott zurück

Dieser Glaube prägt auch die Begräbnisfeier der Christen, in der der oder die Verstorbene zum letzten Mal in dieser Weltzeit am gemeinsamen Gottesdienst der Kirche teilnimmt. Die Begräbnisfeier hat daher drei Hauptausrichtungen: die auf den Verstorbenen, der aus der Mitte der Gemeinde verabschiedet wird; die auf die Hinterbliebenen, denen Trost und Zuversicht vermittelt werden sollen und die die Gelegenheit haben, sich vom Verstorbenen nochmals rituell zu verabschieden; und die auf die Gemeinde und die ganze Kirche, die in dem Bewusstsein weiterlebt, dass jemand aus ihrer Mitte zu Gott vorausgegangen ist und damit sein menschliches Schicksal vollendet hat.
Dementsprechend besteht die Feier in der Regel aus folgenden Teilen:

Die feierliche Übernahme des Verstorbenen

Je nach örtlichem Brauch und Gegebenheiten kann dieser erste Teil in einem dazu bestimmten Raum, etwa einer Friedhofskapelle oder Aufbahrungshalle, manchmal bereits in der Kirche, seltener auch noch im

Trauerhaus stattfinden. Der Sarg wird mit Weihwasser besprengt, wodurch daran erinnert wird, dass das christliche Leben des Verstorbenen mit dem Wasser der Taufe begonnen wurde und nun vollendet ist. Die dabei gesprochenen Gebete, die im Wechsel mit der Gemeinde gesprochen werden, richten sich an den erbarmenden, liebenden und verzeihenden Gott, weil die menschliche Erfahrung zeigt, dass niemand, auch nicht der scheinbar gerechteste Mensch, völlig ohne Fehler und Sünden ist und daher letztlich jeder auf dieses Erbarmen und diese Verzeihung angewiesen ist. Anschließend wird der Sarg in die Kirche begleitet – ein Symbol für den Weg aus dieser Welt in eine andere Wirklichkeit.

Weihwasser: vgl. S. 39

Buße und Vergebung: vgl. S. 91ff

Der gemeinsame Gottesdienst

Je nach örtlicher Gepflogenheit folgt eine Eucharistiefeier oder ein Wortgottesdienst. In diese Feier sind an bestimmten Schlüsselstellen, zum Beispiel im Hochgebet, besondere Texte eingefügt, in die die Verstorbenen namentlich einbezogen werden. Die Verkündigungstexte aus der Heiligen Schrift sind dem Anlass entsprechend ausgewählt und stellen eine Beziehung zwischen dem Tod des einzelnen Menschen und dem Tod und der Auferstehung von Jesus Christus her. Der Ablauf, die Gesten und Antworten der Gemeinde entsprechen dem der normalen Gemeindemesse.

Die Feier der Messe: vgl.S. 52ff

Die Verabschiedung

Unmittelbar nach dem Gottesdienst wird in einer kurzen Abschiedszeremonie, nachdem der Sarg nochmals unter Gebeten mit Weihwasser besprengt und mit Weihrauch umschritten wird, darauf hingewiesen, dass der eigentlich bleibende Ort des Menschen nicht diese irdische, vergängliche Welt, sondern die zukünftige, himmlische ist. Anschließend wird der Verstorbene entweder feierlich zum Friedhof begleitet oder, falls er sich für eine Einäscherung entschieden hat, dem Bestattungsunternehmen übergeben, das für das Weitere sorgt.

Weihrauch: vgl. S. 39

Die Beerdigung

Entweder unmittelbar nach dem Begräbnisgottesdienst oder, im Fall einer Urnenbestattung, zeitlich verzögert, werden die sterblichen Überreste des Menschen am Friedhof bestattet. Für Urnenbestattungen gibt es dazu je nach örtlicher Gesetzeslage Ausnahmen, die auch andere Orte der Beisetzung zulassen, etwa in einer Hauskapelle. Auch im Rahmen dieses letzten Teiles der Feier stehen die Riten um Tod und Auferstehung im Mittelpunkt: Ein letztes Mal wird der Sarg mit Weihwasser besprengt; zum Zeichen des Ursprungs und Zieles des sterblichen Körpers wird Erde auf den Sarg gestreut; und zum Zeichen der unvergänglichen Heilshoffnung wird das Kreuz, das zugleich Zeichen für Tod und

Man kann unter bestimmten Voraussetzungen auch „zu Hause“ beigesetzt werden

Auferstehung ist, über dem Grab aufgerichtet. Mit einem allgemeinen Gebet und einer Segensbitte schließt die Feier.

Insbesondere im städtischen Umfeld ist der gemeinsame Gottesdienst im Rahmen der Begräbnisfeier öfters ein verkürzter Wortgottesdienst. Dann findet die eucharistische Totenmesse (das sogenannte Requiem) zu einem späteren Zeitpunkt statt.

Die Feier der Messe: vgl. S. 52ff

An vielen Orten ist es auch üblich, die Spenden, die im Rahmen des Begräbnisgottesdienstes gegeben werden, als Messstipendien für den Verstorbenen zu verwenden. Damit werden die sogenannten „Seelenmessen" gelesen, die nach der Lehre der katholischen Kirche dem Verstorbenen dabei hilft, die aus einer vielleicht ungesühnten Schuld erwachsene Distanz zu Gott zu überwinden.

Der Ablauf der Begräbnisfeier

Nach dem oben skizzierten Ablauf erfolgt die Feier des Begräbnisses in folgender Weise:

a) Die feierliche Übernahme des Verstorbenen

Wie jeder Gottesdienst der katholischen Kirche beginnt auch dieser mit der Eröffnungsformel:

Worte des Zelebranten	**Antwort der Gemeinde**
Im Namen des Vaters, des Sohnes und des Heiligen Geistes!	Amen.
Der Herr sei mit euch!	Und mit deinem Geiste!

Es folgt ein kurzes Besinnen auf den Zweck der Feier, gefolgt von der Bitte um die Vergebung der Sünden nicht nur des Verstorbenen, sondern aller Anwesenden. Dazu wird in der Regel ein Gesang aus dem Alten Testament rezitiert oder idealerweise gesungen; der Antwortruf der Gemeinde ist ein „Kehrvers", d. h. er bleibt gleich, während der Text des Zelebranten sich ändert:

Ein „Kehrvers" ist ein „immer wiederkehrender" Textteil eines Gesanges

Worte des Zelebranten	**Antwort der Gemeinde (Kehrvers)**
Beim Herrn ist Barmherzigkeit und reiche Erlösung!	Beim Herrn ist Barmherzigkeit und reiche Erlösung!

Anschließend folgt meist die Bitte um das Erbarmen Gottes, das von einem individuellen Text eingeleitet wird, den nur der Leiter der Feier vorträgt. Die Gemeinde wiederholt jeweils den Abschlussruf:

Worte des Zelebranten	**Antwort der Gemeinde**
[Text] Herr, erbarme dich unser!	Herr, erbarme dich unser!

[Text] Christus, erbarme dich unser!	Christus, erbarme dich unser!
[Text] Herr, erbarme dich unser!	Herr, erbarme dich unser!

Nach einem abschließenden Gebet des Gottesdienstleiters zieht die Gemeinde mit dem Verstorbenen in die Kirche ein (sofern sie nicht schon drin ist – das ist orts- und brauchtumsabhängig). Der Sarg wird üblicherweise an den Ehrenplatz vor den Altar gebracht. Es folgt eine

b) Gemeinsame Gottesdienstfeier

in Form eines Wortgottesdienstes oder einer Eucharistie, die mit dem Segen, aber ohne die Entlassungsformel „Gehet hin in Frieden" endet. Meist werden an diesem Punkt Abschiedsansprachen von Kollegen, Standesvertretungen oder Funktionären gehalten, soweit dies angebracht und sinnvoll ist.

Die Ansprachen sollten der Zahl und der Länge nach beschränkt werden

c) Die Verabschiedung

erfolgt nach dem Ende der Ansprachen und beginnt mit einem Erinnerungswort an die Auferstehung, einer Minute des stillen Gedenkens und dem Umschreiten des Sarges durch den Zelebranten, wobei Weihwasser und Weihrauch verwendet werden. Währenddessen betet die Gemeinde das Vaterunser. Es folgt eine Reihe von sechs Anrufungen, die die Gemeinde jeweils beantwortet:

Worte des Zelebranten	**Antwort der Gemeinde**
6 x [Text]	Erlöse sie / ihn, o Herr!

Ein Schlussgebet leitet zum letzten Teil der Begräbnisfeier über, zur eigentlichen Beerdigung. Wenn der bzw. die Verstorbene eingeäschert wird, wird der Sarg an dieser Stelle feierlich aus der Kirche geleitet und dem beauftragten Bestattungsunternehmen übergeben; die Beisetzung der Urne erfolgt dann zeitlich getrennt und meistens im engen Familienkreis, aber nach einem ähnlichen Ritus wie die Beerdigung.

Bis ins 20. Jh. war die Feuerbestattung für Katholiken verpönt – der Grund dafür waren Zweifel über die Möglichkeit der „leiblichen Auferstehung" (s. o.)

d) Die Beerdigung

In ländlichen Gebieten ist es noch üblich, den Sarg von der Kirche zu begleiten. In diesem Trauerzug (Kondukt) gilt normalerweise folgende Ordnung: Ein Ministrant trägt dem Zug ein Kruzifix voraus, zum Zeichen dafür, dass alle gemeinsam mit dem Verstorbenen Christus nachfolgen. Dann reihen sich – wenn vorhanden – Musikkapelle, Vereine, Verbände, der Kirchenchor sowie der Zelebrant mit den restlichen Ministranten ein. Es folgen das Grabkreuz und der Sarg und unmittelbar hinter diesem die Angehörigen des Verstorbenen nach absteigendem

Die Prozessionsordnung für den Trauerzug

Bei großen Trauerzügen: Polizei informieren (Verkehrsregelung!)

Verwandtschaftsgrad. Den Schluss des Trauerzuges bilden die übrigen Trauergäste. Im Stadtgebiet trifft sich die Gemeinde je nach örtlicher Gepflogenheit am Eingang des Friedhofes oder direkt in der Nähe des Grabes.

Am Friedhof sollten Zelebrant und Ministranten direkt am offenen Grab, die nächsten Angehörigen in unmittelbarer Nähe Aufstellung nehmen. Der Sarg wird mit Hilfe von Stützen über dem offenen Grab platziert. Nach einem einleitenden Gebet wird der Sarg in das Grab gesenkt. Der Zelebrant besprengt ihn mit Weihwasser, das an die Taufe erinnern soll, streut eine Handvoll Erde auf den Sarg, um an die Herkunft und das Schicksal aller Menschen zu erinnern und richtet das Grabkreuz über dem Grab auf, um die Hoffnung auf die Auferstehung zu zeigen. Anschließend folgen mehrere Fürbitten für die verstorbene Person, für die Angehörigen und für die gesamte Gemeinde:

In allen Teilen des Begräbnisritus wird die Verbindung des Verstorbenen zu Christus betont

Worte des Zelebranten	Antwort der Gemeinde
[mehrmalige Bitte]	Wir bitten dich, erhöre uns!

Gemeinsam wird nun das Vaterunser gebetet. Mit einem Schlussgebet des Zelebranten und einem Segen endet die Feier:

Worte des Zelebranten	Antwort der Gemeinde
Herr, gib ihr / ihm und allen Verstorbenen die ewige Ruhe!	Und das ewige Licht leuchte ihnen!
Lass sie ruhen in Frieden!	Amen.
Im Namen des Vaters, des Sohnes und des Heiligen Geistes!	Amen.
Gelobt sei Jesus Christus!	In Ewigkeit, Amen!

Was man selbst einbringen und gestalten kann

Innerhalb der Begräbnisfeierlichkeiten gibt es zahlreiche Möglichkeiten, mit denen sich die Gemeinde, insbesondere Angehörige der Trauerfamilie, an den Riten beteiligen kann. Dies stellt eine gute Gelegenheit dar, auch selbst feierlich Abschied zu nehmen und dieses Ereignis als das zu begreifen, was es ist: als zwar zeitlichen Abschied, aber nicht ewigen Verlust. Allerdings ist es nicht einfach, in einer derartigen emotionalen Grenzsituation gefasst und ruhig eine „öffentliche" Aufgabe zu übernehmen; die Spannung zwischen dem Abschiednehmen vor der Gemeinde z. B. durch das Vorlesen eines Textes und dem Recht auf ganz persönliche ungestörte Trauer ist groß und sollte geachtet werden. Es ist daher sinnvoll, sich im Vorfeld mit der Leiterin bzw. dem Leiter

Gerade in einer Trauersituation ist es nicht einfach, die Balance zwischen nötiger und möglicher Beteiligung zu finden

des Begräbnisgottesdienstes abzusprechen und sich nach deren Erfahrungen zu richten.

Auch wenn man im Feiern von Gottesdiensten unerfahren ist, braucht man keine Scheu vor einer Mitwirkung zu haben: Die Leiterinnen oder Leiter freuen sich über Beteiligung und helfen auch während der Feier jederzeit weiter, sodass die Größe des Zeichens, das man setzen kann, jedenfalls jede Unsicherheit überwiegt.

Das Tragen des Begräbniskreuzes

Verstorbene Christen werden von einem einfachen Holzkreuz, das nur ihren Namen und das Datum des Begräbnistages trägt, durch die ganze Begräbnisfeier begleitet. Während der Feier selbst wird es sichtbar am Sarg aufgestellt; doch während der Wege zwischen den einzelnen Stationen wird es von einer Person dem Sarg vorangetragen. Diese einfache Aufgabe, die doch von tiefer Verbundenheit mit dem Verstorbenen zeugt, kann von Angehörigen – auch von Kindern – wahrgenommen werden.

Das Grabkreuz wird in der Regel nach einer gewissen Zeit durch ein dauerhaftes Grabdenkmal ersetzt

Das Tragen des Sarges

Insbesondere im Alpenraum ist es üblich, dass anstelle anonymer Mitarbeiter von Bestattungsunternehmen Freunde, Arbeitskollegen oder entferntere Verwandte den Sarg begleiten. In der Regel wird dieser auf einem Wagen gezogen, seltener buchstäblich getragen – bis auf die letzten Meter bis zum offenen Grab. Die sollte man aber tunlichst dem Beerdigungsunternehmen überlassen, die emotional nicht so involviert sind und daran gewöhnt sind, eine durchaus beachtliche Last auf unsicherem Untergrund zu transportieren … Wenn das örtliche Bestattungsunternehmen dies zulässt, ist das Tragen des Sarges ein tiefes Zeichen von Respekt und Ehrfurcht; es ist auch ein Zeichen der persönlichen Größe und eventuell des Glaubens derer, die diesen Dienst freiwillig übernehmen, ist es doch eher ein Tabu, einen Sarg zu berühren. Allerdings gilt es hier einige Regeln zu beachten: Man sollte über ein gewisses Maß an Körperkraft verfügen, denn je nach Gewicht von Verstorbenem und Sarg sowie nach Anzahl der Träger sind es oft 25–30 Kilogramm, die man bewegen muss; unbedingt erforderlich sind Schuhe mit tiefen Profilsohlen, da es sich auf Friedhofswegen nicht vermeiden lässt, dass man auf feuchter und entsprechend glitschiger Erde zu stehen kommt.

Das Vortragen von Texten

Im Rahmen des Gottesdienstes und der eigentlichen Beerdigung werden jeweils Fürbitten vorgetragen. Diese können von Personen aus der Gemeinde vorgelesen, eventuell sogar formuliert werden. Der Gottes-

Zur Messfeier vgl. S. 52ff

dienst selbst ist stark durch Verkündigungstexte geprägt; während einer davon durch Priester oder Diakon verlesen werden muss und aus einem der Evangelien entnommen ist, kann der andere, ein Text aus den anderen neutestamentlichen Schriften oder aus dem Alten Testament, von einem Mitglied der Gemeinde oder der Trauerfamilie vorgetragen werden. In Absprache mit der Leiterin bzw. dem Leiter der Begräbnisfeier ist es auch möglich, diesen Lesungstext selbst auszusuchen. An anderen Stellen der Gottesdienstfeier – konkret am Anfang nach der Begrüßung und dem Kreuzzeichen, nach der Kommunion oder am Ende der Feier – ist es denkbar, Texte aus anderen Quellen oder auch selbst formulierte Passagen vorzulesen, vorausgesetzt, dass sie der Würde des Anlasses nicht widersprechen. Dies sollte mit der Trauerfamilie abgesprochen werden; die Letztentscheidung darüber obliegt der Leiterin bzw. dem Leiter der Begräbnisfeier.

Die musikalische Gestaltung

Eine Begräbnisfeier braucht Musik. Musik kann die unaussprechlichen Dimensionen von Trauer und Hoffnung unmittelbar erfahrbar machen und öffnet der Gemeinde vielleicht tiefer und eingehender das Herz als allzu viele abgelesene Formeln. Dabei ist es nicht so wichtig, ob die Musik von einem professionellen Kirchenchor oder von Amateuren gemacht wird oder ob sie gar von einem Tonträger abgespielt wird: wichtig ist ihre Auswahl und ihre zur Feier stimmige Aussage. Ebenso wie bei der Textauswahl gilt hier, dass auf Wunsch der Trauerfamilie alles möglich ist, was der Würde des Anlasses nicht widerspricht; dasselbe gilt auch für Musikbeiträge, die gerne aus der Gemeinde kommen können. Und die musikalische Gestaltung eines Begräbnisses sollte nicht nur Trauer ausdrücken, sondern durchaus auch die Freude der Auferstehung anklingen lassen – so ist es mancherorts üblich, als letztes Lied im Rahmen des Gottesdienstes einen österlichen Auferstehungshymnus anzustimmen. Warum auch nicht? Schließlich haben Christen ja letztlich die besten Aussichten.

Das letzte Lied im Rahmen des Ritus sollte ein Osterlied sein (z. B. „Freu dich, erlöste Christenheit")

Warum beten Christen?

Einfach gesagt: Weil Jesus Christus es ihnen aufgetragen und vorgelebt hat. Komplexer gesagt: Weil das Verhältnis der Christen zu ihrem Gott ein lebendiges Verhältnis ist, das wie jede Beziehung der Pflege bedarf. Ich kann mich auch in einer menschlichen Beziehung der Kommunikation entziehen und die Antwort auf einen Gruß, den Dank für eine empfangene gute Tat, die Anerkennung für eine gelungene Leistung verweigern. All das ist – so lernt man in jedem Kommunikationstraining – grobes Fehlverhalten, das den anderen verletzt und ein Zusammensein mit ihm oder ihr schwerer macht. Ähnlich ist es mit dem Gebet: Gott redet den Menschen an; und wenn dieser Mensch die Grundentscheidung getroffen hat, zu glauben, dann ist es ein Fehlverhalten, seine Seite der Kommunikation zu vernachlässigen. Man könnte sagen: Wer nicht betet, bleibt Gott etwas schuldig, ohne ihn in seiner Fülle zu beeinträchtigen.

Gott ist nicht auf das Gebet des Menschen angewiesen

Das heißt: Gott ist in keiner Weise auf das Gebet des Menschen angewiesen – es steigert weder sein Wohlbefinden noch seine Machtfülle, noch würde er wegen „Gebetsmangel" dem Menschen seine Heilszusage entziehen. Aber der Glaubende ist auf das Gebet angewiesen, weil er im Gebet die Position einnimmt, die ihm zukommt: Antwortender zu sein auf eine liebevolle Anrede.

Jedes Gebet richtet sich an Gott

Jedes Gebet richtet sich an Gott. In keiner christlichen Konfession werden Gebete an andere Personen, und seien sie noch so heilig, gerichtet, auch wenn das im Volksmund ab und zu so bezeichnet wird: Es ist keine Anbetung, sondern Anrufung und Verehrung, die den Heiligen zuteil wird. Dahinter steht die Überzeugung, dass das Schicksal des Menschen mit seinem Tod nicht beendet ist, sondern dass er diesen Tod überdauert und bei Gott aufgehoben sein darf. Im Fall von Heiligen, also Menschen, von denen die Kirche bezeugt, dass sie Gottes Willen in ganz besonderer Weise verwirklicht haben, wird diese Gottesnähe als sicher angenommen.

In Dutzenden Stellen der Evangelien wird Jesus als Betender geschildert, der sich in verschiedensten Lebenssituationen an Gott, seinen „himmlischen Vater", wendet. Er preist ihn als denjenigen, der seine *Lk 10,21*
Wahrheit offenbart, wem er will, ohne Ansehen von Bildung oder gesellschaftlichem Stand. Er dankt Gott dafür, dass sein Gebet erhört wur- *Joh 11,41; 17,9*
de. Er bittet für andere, die in Bedrängnis sind; er bittet aber auch für *Mt 26,39*
sich selbst.

Jesus fordert aber seine Jüngerinnen und Jünger nachdrücklich zum Gebet auf, und zwar zum Gebet nicht nur für eigene Belange, sondern auch für andere und (scheinbar paradox) sogar für jene, die sie selbst

Mk 11,24; Lk 6,28 verfluchen. An dieser Handlung zeigt sich der Hintergrund des Gebotes der Nächsten- und Feindesliebe: Als haltbar erweist sie sich nicht nur durch reziprokes Handeln (ich gebe dem anderen, was ich auch von ihm erwarten kann), sondern durch paradoxes Handeln – ich tue für den anderen, was ich von ihm keinesfalls erwarten kann. Für Christen heißt das: Wer betet, betet mit Jesus im Heiligen Geist zum Vater und hat so Anteil an der existenziellen Hinwendung dieses Jesus Christus zu Gott. Vor allem: Jesus sagt den Menschen, wie sie beten sollen:

Mt 6,5–8 par.

> *Wenn ihr betet, macht es nicht wie die Heuchler. Sie stellen sich beim Gebet gern in die Synagogen und an die Straßenecken, damit sie von den Leuten gesehen werden. Amen, das sage ich euch: Sie haben ihren Lohn bereits erhalten. Du aber geh in deine Kammer, wenn du betest, und schließ die Tür zu; dann bete zu deinem Vater, der im Verborgenen ist. Dein Vater, der auch das Verborgene sieht, wird es dir vergelten. Wenn ihr betet, sollt ihr nicht plappern wie die Heiden, die meinen, sie werden nur erhört, wenn sie viele Worte machen. Macht es nicht wie sie; denn euer Vater weiß, was ihr braucht, noch ehe ihr ihn bittet.*

Beten heißt auch: Gott in seinem Leben Raum geben

Beten heißt: für eine bestimmte Zeit Gott in die Mitte des eigenen Denkens zu stellen. Wer sein Beten zur Schau stellt, der handelt egoistisch, weil er stattdessen sich selbst zum Mittelpunkt macht. Es geht hier also nicht um das prinzipielle Verbot jedes öffentlichen Gebetes (dann würde ja auch Liturgie keinen Sinn machen!), sondern darum, dieses Gebet in den richtigen Rahmen zu stellen. Gebet ist – gerade durch die Verbundenheit mit Christus – immer ein allgemeines Handeln: Die Kirche als ganze solidarisiert sich mit dem einzelnen Betenden; der einzelne Betende solidarisiert sich mit der Kirche, indem er auch für andere betet (stellvertretend oder für deren Anliegen).

Wie beten Christen?

Nach christlicher Auffassung ist – wie schon wiederholt gesagt – das Verhältnis zwischen Gott und Mensch eines des „Gespräches" im weitesten Sinne: ein Kommunikationsverhältnis (schon wieder die „Communio" – ein hartnäckiges Wort, das uns durch das ganze Christsein verfolgt!).

Gott redet den Menschen von sich aus an

Dieses Verhältnis wird von der Seite Gottes her begründet und eingeleitet durch den ursprünglichsten aller Offenbarungsakte, durch die Schöpfung. Denn dass es überhaupt etwas gibt und nicht etwa nichts, ist nach wie vor eine Tatsache, die höchst erstaunlich ist. Philosophen der verschiedensten Ausrichtungen und Zeiten wie Leibniz, Schelling oder Heidegger hat diese Frage zum Nachdenken angeregt, und sie ist nach wie vor noch keine, die man leichthin vom Tisch wischen könnte. Dass es aber nun tatsächlich etwas gibt, unter anderem auch Sie oder mich, das ist aus christlicher Sicht nicht das Ergebnis eines blinden Zufalls, sondern göttlichen Handelns.

Die meisten Religionen haben eine Gebetskultur. Eine besonders reiche hat allerdings nach wie vor das Judentum, das die Quelle für das christliche und das muslimische Beten ist, da es sich mit Abraham in bedingungslosem Vertrauen an den einen Gott wendet, der der Welt das Sein und seinem Volk eine Heilszusage geschenkt hat. Aus diesem Erbe schöpft auch Jesus Christus, der als gläubiger und praktizierender Jude mit großer Selbstverständlichkeit die Riten und Gebete seines Volkes mitvollzieht. Er ruft in einem Umfeld, das von politischer Fremdherrschaft und religiöser Erstarrung geprägt ist, dazu auf, Gottes- und Nächstenliebe wieder auszuüben. Im „Ausüben" steckt aber das „Üben" – das Tun, das nicht immer lustig ist, aber notwendig, um eine bestimmte Fertigkeit zu erlangen oder auch zu erhalten. Wir kennen das vom Erlernen eines Musikinstrumentes ebenso wie von der Handhabung eines Werkzeuges: Übung, heißt es, macht den Meister. Mit einer Beziehung ist es ebenso. Jeder, der mit einem Partner oder einer Partnerin zusammenlebt und dieses Paarsein ernst nimmt, macht die Erfahrung, dass es mitunter mühevoll ist, die Beziehung aufrechtzuerhalten und zu nähren. Nicht umsonst spricht man auch von „Beziehungsarbeit"! Wenn der Umgang miteinander nicht täglich aufs Neue eingeübt und ausgeübt wird, ist das Zusammensein nicht leicht.

Auch beten will gelernt und geübt sein

Auch im Islam ist das fünfmalige tägliche Gebet eine Selbstverständlichkeit für alle Gläubigen. Wer dieser Gebetspflicht nicht nachkommt, der vernachlässigt eine der fünf Säulen des Islam, seine Gottesbeziehung ist in Unordnung. Dabei ist eine bestimmte Richtung, die „Qibla", vorgeschrieben – sie stellt sicher, dass der Gläubige sich in Richtung Mekka wendet, wenn er seiner Pflicht nachkommt. Darüber hinaus kennt der Islam ebenso wie Judentum und Christentum bestimmte Haltungen und bestimmte Formelgebete.

Für den gläubigen Moslem ist das täglich fünfmalige Gebet eine Selbstverständlichkeit ... und für Christen?

Mit der Beziehung zwischen Gott und Mensch ist es ebenso. Wer nicht nur dem Taufschein nach Christ ist, wer nicht nur nach dem Maßstab des Kirchenbeitrages katholisch ist, der ist dazu aufgerufen, sich Gott sprechend zuzuwenden, und zwar auf eine bestimmte Art und Weise: auf die, die Jesus Christus beispielhaft vorgegeben hat. Im Neuen Testament wird oft davon berichtet, dass der Kreis der Jüngerinnen und Jünger Jesu zwar weitgehend aus armen, ungebildeten und einfachen Menschen bestand, dass sie aber fest in ihrem Glauben verankert waren und die jüdischen Gebote kannten und weitgehend befolgten. Gerade dieser fromme und enge Kreis um Jesus bittet ihn nun aber: „Herr, lehre

Lk 11,1 uns beten!". Dabei ist noch ein erheblicher Teil dessen, was im Christentum noch heute gebetet wird, auch Teil des jüdischen Erbes und tief geprägt von der ursprünglichen Gottesbeziehung des Volkes Israel – nicht nur die Psalmen, die als Bestandteil des Alten Testamentes fest zum alltäglichen Gebet der Kirche gehören, sondern auch die neutestamentlichen Gesänge wie das „Magnificat", das „Benedictus" oder das „Nunc dimittis" sind zutiefst von dieser Gebetskultur inspiriert. Was also ist das Neue, das Unterscheidende dieses Betens?

Das Gebet Jesu wurzelt im Judentum und weist zugleich darüber hinaus

Jesus richtet sich – ganz im Sinne seiner Botschaft vom angebrochenen Reich Gottes – direkt an Gott und spricht ihn als liebevollen Vater an. Gerade weil das Gottesreich, von dem er spricht, nichts zeitlich Fernes und vor allem nichts Fernliegendes ist, kann er diese Unmittelbarkeit der Anrede wählen: Gott ist, das zeigt Jesus in seiner Antwort auf die Frage der Jünger, jemand, der nicht so sehr auf festgelegte Riten oder starre Formen Wert legt, sondern einer, der direkt angeredet werden kann und soll. Wer so betet, wie Jesus gebetet hat, schließt sich seinem Beten an und erfährt die Anrede und Antwort Gottes. Das setzt allerdings voraus, dass man auch zum Hören bereit ist – ein ungewöhnlicher Anspruch, wo das Gebet doch so oft als Sprechakt, also als ein *Reden*, wahrgenommen wird. Für Christinnen und Christen wird das Gebet aber regelmäßig auch Stille, Sammlung und Schweigen beinhalten müssen; in diesem Schweigen kann Gottes Anrede erfahren und aus diesem Schweigen heraus kann ihm betend geantwortet werden.

„Freies Gebet" und „Formelgebet"

Wenn es aber um direkte Anrede eher geht als um starre Formen – wozu dann Formelgebete? Aus zwei Gründen:

Erstens versagt besonders in existenziellen Grenzsituationen oft die Sprache. Verzweiflung und Entsetzen angesichts eines Todesfalles können einem Menschen ebenso wie übergroße Freude buchstäblich „die
vgl. Mt 26,39 Sprache verschlagen", und das nicht nur den direkt Betroffenen, sondern auch ihren Vertrauten. Dann ist es gut, sichere Formen zu haben, an denen man sich festhalten kann und die auch ganz buchstäblich Halt geben.

Zweitens: Nur wenn der Umgang mit Gebetssprache vertraut ist, wird man sie auch frei verwenden können. Die Grundfertigkeit des Sprechens im Modus des Gebetes, der so anders ist als die Modi unserer alltäglichen Sprache, will geübt sein, und dafür braucht man zunächst ritualisierte Gebete, nicht nur vom sprachlichen Ausdruck her, sondern auch vom zeitlichen Rhythmus: Gebet verlangt Regelmäßigkeit. Das ist mit ein Grund dafür, dass die katholische Kirche das sogenannte „Stundengebet" für Kleriker verbindlich vorschreibt und Laien empfiehlt.

Dieses Stundengebet heißt nicht so, weil es jedes Mal eine ganze Stunde dauern würde. Es wird vielmehr zu bestimmten Stunden des Tages gebetet. Die heute gängige Form des Stundengebetes mit Laudes, Vesper und Komplet bleibt freilich aus rein praktischen Gründen wenigen vorbehalten; zu groß ist der Druck des Alltages, um diese Gebetszeiten morgens, abends und vor dem Schlafengehen noch einhalten zu können. Aber ein kurzes Gebet zu diesen Zeiten ist jedem und jeder möglich, und bestehe es auch nur aus einem aus ehrlichem Herzen kommenden einzigen Satz: Die Regelmäßigkeit hängt nicht mit dem Umfang der „Gebetsleistung" zusammen, sondern ist ein Bild dafür, dass es nicht seltene Ereignisse der Gotteserfahrung sind, die ein Gebet buchstäblich hervorrufen, sondern dass es auch und gerade in der Normalität, im Alltag seinen Platz haben sollte. Hauptsächlich in Ordensgemeinschaften wird übrigens auch heute noch die Vollform des Stundengebetes praktiziert, die neben den genannten Gebetszeiten auch noch die Terz (um 9 Uhr), die Sext (um 12 Uhr) und die Non (um 15 Uhr) enthält. Für näher Interessierte: Neben dem großen „Brevier", das in einem mehr oder weniger prunkvollen Buch alle Stundengebete der Weltkirche enthält, gibt es kostengünstige „Taschenbreviere" für die Weihnachtszeit, für die Osterzeit und für den Rest des Kirchenjahres (in diesen finden sich auch gute Hinführungen zur Theologie dieser Gebetszeiten) sowie sehr gut ausgearbeitet Onlineausgaben für „normale" Webbrowser, iOS, Android und Windows Mobile.

Das Stundengebet (auch: „Brevier")

Link: Stundenbuch

Aus der Vertrautheit mit der Gebetssprache und aus der Regelmäßigkeit kann sich gut eine freie Ausdrucksform des Betens entwickeln. Unabhängig davon ist aber auch große Spontaneität aus einer konkreten Situation heraus möglich.

Das Gebet ist zugleich zutiefst persönlicher Akt, also Handeln zwischen mir und Gott, und allgemeiner Akt, also Handeln der Gemeinschaft der Glaubenden diesem Gott gegenüber. Auch im einzelnen betenden Menschen handelt Kirche, handelt die „Gemeinschaft der Heiligen": *Das Gebet heiligt.*

Wenn ein Mensch betet, handelt die ganze Kirche in ihm

Beten heißt auch: repräsentativ handeln, nämlich repräsentativ für das ganze eigene Leben. Gebet und Leben müssen aufeinander bezogen sein, sonst ist das Gebet wertlos: „Nicht jeder, der zu mir sagt ‚Herr, Herr!' wird in das Himmelreich kommen, sondern nur, wer den Willen meines Vaters tut." Letztlich ist Gebet dies: Eine Lebenshaltung Gott gegenüber, die sich auch in entsprechenden Worten ausdrückt.

Gebet ist „Lebenshaltung"

Was beten Christen?

Man kann zwischen formgebundenem und freiem Gebet unterscheiden. Das erstere ist ein vorgegebener Text, der aber nicht nur rezitiert oder

„abgearbeitet" wird, sondern der ganz bewusst gesprochen oder abgelesen werden muss. Das letztere ist ein formloses Hinwenden an Gott, das nicht einmal artikuliert sein muss: Gerade die Mühseligen und Beladenen, die Jesus zu sich einlädt, sind oft nicht in der Lage, ihre Last auszuformulieren. Gott achtet hier nicht auf elegantes Formulieren, sondern sieht auf die Absicht – *die* muss ernsthaft sein.

Das Gebet ist ein eigener Sprachmodus, der einen eigenen Wortschatz erfordert

Aber um frei beten zu können, sollte zuerst ein „Grundwortschatz" an feststehenden Gebeten beherrscht werden. Das Gebet ist nun einmal ein eigenwilliger Sprachmodus, den man erlernen und üben muss – aber wie bei einer Fremdsprache kommt auch hier irgendwann der Punkt, an dem man von den eingeübten Phrasen weg- und zu völlig eigenen Formulierungen übergehen kann.

Dem Gebet geht normalerweise eine Phase der Sammlung voraus. Man sollte nicht „so nebenbei" beten (das geht zwar, aber man versäumt viel dabei), sondern sich auf diesen Akt der Gemeinschaft zwischen Gott und dem eigenen Ich bewusst einlassen und ihn als eigene Zeit (eine Zeit der Gnade) wahrnehmen. Das geht natürlich nicht immer, aber wo es möglich ist, sollte diese Konzentrationsphase stattfinden.

Beginn und Ende des Gebetes werden von festen Formeln gebildet

Jedes christliche Gebet beginnt und endet – ebenso wie jeder Gottesdienst – mit dem Kreuzzeichen. Meist wird dazu der Eröffnungssatz gesprochen:

> *„Im Namen des Vaters, des Sohnes und des Heiligen Geistes, Amen."*

Beim gemeinsamen Gebet wird dabei zumindest mit dem „Amen" geantwortet. Dieser Satz ist mehr als eine einfache Einleitung: Er ist ein grundlegendes Bekenntnis zum einen, dreieinigen Gott der Christenheit. In einigen Fällen, so etwa beim Stundengebet, kann die Eröffnungsformel auch anders lauten. „O Gott, komm mir zu Hilfe, Herr, eile mir zu helfen!" oder „Herr, öffne meine Lippen, damit mein Mund dein Lob verkünde!" gehören zu den schönsten und eindringlichsten Eröffnungssätzen, insbesondere, wenn sie gesungen werden. Und nur wenige wissen, dass für Kleriker und Ministrantinnen bzw. Ministranten der Gottesdienst schon in der Sakristei beginnt, und zwar mit der Anrufung: „Unsere Hilfe ist im Namen des Herrn, der Himmel und Erde geschaffen hat!" Alle diese Sätze werden mit dem Kreuzzeichen begleitet.
Gottesdienst und Gebet enden entweder wiederum mit dem Satz

> *„Im Namen des Vaters, des Sohnes und des Heiligen Geistes, Amen",*

an den oft noch „Gelobt sei Jesus Christus in Ewigkeit! Amen" angeschlossen wird, oder aber mit dem Segen, der vom Gebets- oder Gottesdienstleiter ausgesprochen wird:

„Es segne euch Gott der Allmächtige, der Vater, der Sohn und der Heilige Geist."

Die Gemeinde antwortet darauf mit „Amen!".

Segen: Die gemeinsame Bitte um Gottes besondere Zuwendung

Was heißt denn nun das „Amen" eigentlich, von dem hier dauernd die Rede ist? Das Wort kommt aus dem Hebräischen und ist eine schon im Alten Testament bezeugte, verbindliche Zustimmungsformel. Aus dem Hebräischen hat es Eingang ins Griechische und ins Arabische genommen, sodass dieses Wort gemeinsamer Bestand des Gebetswortschatzes in Judentum, Christentum und Islam ist. Auch im heutigen Sprachgebrauch gibt es die Formulierung „zu etwas Ja und Amen sagen". Es bedeutet soviel wie: etwas Vorgetragenem rückhaltlos und in allen Konsequenzen zuzustimmen. Es ist kein unverbindliches „wahrscheinlich" oder „wenn nichts dazwischenkommt", es ist eine bindende Zusage (ganz im Sinne des Bundesgedankens des Alten Testamentes!). Insbesondere in der Zeit, in der ein Großteil der Gläubigen nicht lesen und nicht alle Gebete auswendig konnte, war diese Verbindlichkeit von Vorteil: Wer sich mit einem „Amen" dem Gesagten anschließt, hat es symbolisch mitgesprochen. Andererseits mahnt diese Geltungstiefe auch zur Vorsicht: Man soll halt nicht allzu schnell zu etwas „Ja und Amen" sagen ...

Amen heißt: Ich bezeuge dies!

Gebetsgesten

Gebete werden von Körperbewegungen begleitet. Das ist in anderen Religionen auffälliger als im Christentum, etwa im Islam, von dem der Wechsel von Stehen, aufrechtem Knien und tiefer Verbeugung wohlbekannt ist, oder auch im Judentum, wenn das rhythmische Wiegen des Oberkörpers das Gebet insbesondere an der Klagemauer in Jerusalem begleitet. Diese Bilder sind telegen und daher aus den Medien geläufig. Aber auch im Christentum gibt es zahlreiche Bewegungen, die mit dem Gebet zusammenhängen.

Harnoncourt, Gott feiern

Kreuzzeichen

Das Kreuz als Heilszeichen – zugleich Werkzeug der tiefsten Hingabe Gottes an den Menschen im Leiden und Tor zur Überwindung des Todes in der Auferstehung – ist das zentrale Zeichen des Christentums. Und nicht nur das materielle Kreuz aus Holz, Ton oder als Bild ist wichtig, sondern auch das Kreuzzeichen als Geste. Es ist zugleich Segens- und Erinnerungszeichen: Wer sich bekreuzigt, bittet Gott um seinen Segen, erinnert sich aber zugleich an sein eigenes Verhältnis zu diesem Gott und stellt die folgende Zeit unter das Vorzeichen dieses Verhältnisses. Deswegen *beginnt* und *endet* Gottesdienst und Gebet ja auch jeweils mit dem Kreuzzeichen: Das eröffnende Kreuzzeichen weist darauf hin, dass die folgenden Minuten ganz Gott gehören sollen; das schließende Kreuzzeichen eröffnet zugleich das folgende „alltägliche Leben" unter dem Vorzeichen des Glaubens. Das Bewusstsein von Gottes Gegenwart soll nicht nur auf den konkreten Gebetsvollzug beschränkt, sondern auch Bestandteil des alltäglichen Lebens sein.

Wie wird das Kreuzzeichen nun ausgeführt? Die entsprechende Körperhaltung dafür ist zunächst das aufrechte Stehen. Der christliche Gott ist als Gott der liebenden Zuwendung einer, der keine sklavische Unterwerfung will oder dem Menschen für die Begegnung mit ihm eine absolute Unterwerfungshaltung aufnötigt. Im Gegenteil: Gott ist es, der den Menschen frei macht, und in dieser Freiheit soll er ihm gegenübertreten; sie ist ein Geschenk Gottes. Der freie Mensch tritt vor Gott hin und „stellt sich ihm vor".

Gal 5,1

Das „große" Kreuzzeichen

Das *große Kreuzzeichen* besteht aus der Berührung von Stirn, Brustmitte, linker und rechter Schulter mit den Spitzen von Zeige- und Mittelfinger der rechten Hand, während die anderen Finger natürlich und locker mitgeführt werden. Eine besondere Fingerhaltung ist dafür nicht vorgesehen. Es bedeutet: Ich stelle meine ganze Person unter den Segen Gottes.

Das „kleine" Kreuzzeichen

Beim *kleinen Kreuzzeichen* werden mit dem Daumen der rechten Hand Stirn, Lippen und Brust mit einem kleinen Kreuz bezeichnet. Für die Fingerhaltung gilt dasselbe wie oben gesagt. Es bedeutet: Ich denke über die Botschaft Christi nach, spreche darüber und bewahre sie in meinem Herzen.

Für beide gilt, dass die linke Hand während der Geste flach auf die Körpermitte unterhalb des Brustbeins gelegt wird. Beide Varianten können je nach persönlicher Vorliebe gleichwertig verwendet werden; lediglich für das Kreuzzeichen vor dem Hören des Evangeliums in der Messfeier wird das *kleine Kreuzzeichen* empfohlen.

Verneigung und Kniebeuge

Wir verneigen uns durchaus auch im Alltag, manchmal beabsichtigt, manchmal impulsiv: wenn wir jemanden begrüßen, der höhergestellt, älter oder in einer anderen Hinsicht ehrwürdig ist. Es ist zwar nicht mehr ein Gebot der Höflichkeit, aber manchmal durchaus angebracht (und in Einzelfällen überkommt es einen sowieso). Die „Kniebeuge" ist die Steigerungsform dieser Geste der Verehrung; sie hat ihre Wurzeln im Mittelalter, ist aber auch heute noch fallweise angemessen!

Vgl. S. 14f.

Die Körperhaltung: stehen, sitzen, knien

Die Körperhaltung ist letztlich Teil des Gebetes, das ja nicht nur eine Ansammlung von Worten ist, sondern die Gesamtsituation des Menschen vor Gott wiedergibt. Die folgenden Überlegungen sind natürlich keine Vorschriften, sondern Anregungen – letztlich entscheidet jede und jeder selbst darüber, welche Haltung er bzw. sie im konkreten Moment des Betens für angemessen hält.

Wer *steht*, der „zeigt Haltung" – er ist stolz darauf, vor Gott stehen und ihn preisen zu dürfen. Der Modus des Lobpreises ist der erste und wichtigste: Indem man Gott lobt, preist man sich selbst glücklich, glauben zu dürfen. Man stellt die Beziehung zwischen dem, was das eigene Dasein bedingt und umfängt, in den richtigen Maßstab: Gott bedarf des menschlichen Lobes nicht. Aber indem der Mensch sich selbst und seine Ansprüche zurücknimmt und eine Geste der Demut vollbringt, vergewissert er sich seines eigenen, lebendigen Verhältnisses zu diesem Gott. Wer Gott nicht die Ehre gibt, die ihm gebührt, riskiert zwar nicht, dass er mit Liebesentzug rechnen müsste, aber dass er schuldig wird, indem er den ihm zukommenden Platz in der Schöpfungsordnung verlässt.

Harnoncourt, Gott feiern, S. 131

Die jeweilige Körperhaltung sagt auch etwas über das Gebet und die Betenden aus

Eng verwandt mit dem Lobpreis ist der Dank. Katholiken wissen, dass sie Gott buchstäblich alles verdanken. Das Wunder der schieren eigenen Existenz ist ihm zuzuschreiben, und das konkrete Gute, das sie im Hier und Jetzt erfahren, trägt ebenso seine Handschrift wie die großen Taten der Heilsgeschichte seit Anbeginn der jüdisch-christlichen Überlieferung. Zu stehen scheint dabei angemessen.

Das *Sitzen* entspricht der entspannten Haltung der Einkehr und der Reflexion. Im Sitzen vertieft man seine Gedanken und sammelt, was im eigenen Leben an Schönem und Belastendem, an Erfreulichem und Traurigem vorgefallen ist. All das legt man „vor Gott nieder" wie eine Opfergabe, man opfert sinnbildlich gesprochen das eigene Leben in seinem ganzen Geschehen – die in ländlichen Gebieten noch mitunter gebrauchte Redewendung von der „Aufopferung" eines Gebetes hängt damit zusammen.

Das *Knien* ist der Ausdruck der Klage und der Bitte. Der Gestus besagt: Ich mache mich klein vor dem Großen; d. h. ich werde mich meiner Rolle in diesem Verhältnis bewusst. Als Klagender bringt man vor Gott zur Sprache, dass die konkrete Alltagserfahrung von Schmerz und Leid (ob eigene oder andere) mit der Heilsverheißung dieses Gottes nicht übereinzustimmen scheint; als Bittender gesteht man ein, dass man sich angesichts eines bestimmten Zustandes selbst nicht zu helfen vermag.

Die Grundgebete

Das Vaterunser

Das „Vaterunser" ist das wichtigste Gebet der Christen. Es geht in sei-
Mt 6,9–13 nem Wortlaut auf Jesus selbst zurück, der sagt: „So sollt ihr beten":

Vater unser im Himmel,
geheiligt werde dein Name.
Dein Reich komme.
Dein Wille geschehe,
wie im Himmel so auf Erden.
Unser tägliches Brot gib uns heute.
Und vergib uns unsere Schuld,
wie auch wir vergeben unseren Schuldigern.
Und führe uns nicht in Versuchung,
sondern erlöse uns von dem Bösen.
Denn dein ist das Reich und die Kraft
und die Herrlichkeit in Ewigkeit.
Amen.

Das Ave Maria

Im alltäglichen Gebetsvollzug wird oft direkt an das Vaterunser das Ave Maria angeschlossen:

Gegrüßet seist du, Maria, voll der Gnade,
der Herr ist mit dir.
Du bist gebenedeit unter den Frauen,
und gebenedeit ist die Frucht deines Leibes, Jesus.
Heilige Maria, Mutter Gottes,
bitte für uns Sünder
jetzt und in der Stunde unseres Todes.
Amen.

Der Kern dieses Gebetes ist ebenso neutestamentlich wie das Vaterunser: Es sind die Worte, mit denen nach Lk 1,28 und 1,42 der Verkündigungsengel und Elisabet Maria begrüßen. Das besonders Berührende an diesen beiden Grußformeln ist die schlichte und dennoch eindringliche Form, die Maria ihren besonderen Platz in Gottes Heilsplan zuspricht: Du bist voll der Gnade, der Herr ist mit dir, und: Du bist gesegnet unter den Frauen, und gesegnet ist das Kind, das du bekommen wirst.

Der zweite Teil des Ave Maria, die Bitte um ihren Beistand in der Stunde des Todes, ist mittelalterlichen Ursprungs und stammt wohl aus der klösterlichen Gebetspraxis des ausgehenden 12. Jh. Durch sie wird das Verhältnis des betenden Menschen zu dieser Maria bestimmt: Nachdem sie selbst anders als andere Menschen nach der katholischen

Lehre nicht in die Sünde verstrickt war, und sie – als Mutter Jesu – zugleich als „Mutter (des Mensch gewordenen, inkarnierten) Gottes" gilt, geht man in Analogie von ihrer Mütterlichkeit dem Menschen schlechthin gegenüber aus. Aus der verbreiteten Lebenserfahrung heraus, dass mütterliche Liebe etwas von Grund auf Barmherziges und Vergebendes ist, wird der Appell formuliert: „Bitte für uns Sünder" – man erbittet also das „Mitbeten" Marias Gott gegenüber, weil man weiß, dass die eigene – sündige – Natur das fürbittenden Gebet braucht. *Vgl. S. 157f*

Das Glaubensbekenntnis

Das Glaubensbekenntnis, auch „Credo" (lat. „Ich glaube"), ist mehr als ein Gebet. Es ist zugleich so etwas wie die Verfassung der Kirche, weil es die zentralen und wichtigsten Glaubenssätze enthält. Wer das Glaubensbekenntnis aus vollem Herzen mitsprechen kann und sich der Bedeutung seiner Aussagen bewusst ist, kann sich schon einmal grundsätzlich als „katholisch" bezeichnen, denn es umreißt das feste Fundament. Alles andere sind Details.

Das gilt für die „große" Variante des Credo von Nicäa und Konstantinopel. In diesen beiden Konzilien hat sich die Kirche ihre Verfassung gegeben und sich von Irrlehren abgegrenzt. Aus praktischen Gründen wird im Gottesdienst meist das „kleine" Credo gebetet, das man auch „apostolisches" Credo nennt und das eine voll gültige Ersatzform ist. *DH 150*

Das apostolische Credo ist ein frühkirchliches Taufbekenntnis!

Das „große" („nicäo-konstantinopolitanische") Glaubensbekenntnis	**Das „kleine" („apostolische") Glaubensbekenntnis**
Wir glauben an den einen Gott, den Vater, den Allmächtigen, der alles geschaffen hat, Himmel und Erde, die sichtbare und die unsichtbare Welt.	Ich glaube an Gott, den Vater, den Allmächtigen, den Schöpfer des Himmels und der Erde,
Und an den einen Herrn Jesus Christus, Gottes eingeborenen Sohn, aus dem Vater geboren vor aller Zeit. Gott von Gott, Licht vom Licht, wahrer Gott vom wahren Gott, gezeugt, nicht geschaffen, eines Wesens mit dem Vater. Durch ihn ist alles geschaffen. Für uns Menschen und zu unserem Heil ist er vom Himmel gekommen, hat Fleisch angenommen durch den Heiligen Geist von der Jungfrau Maria und ist Mensch geworden. Er wurde für uns gekreuzigt unter Pontius Pilatus, hat gelitten und ist begraben worden,	und an Jesus Christus, seinen eingeborenen Sohn, unsern Herrn, empfangen durch den Heiligen Geist, geboren von der Jungfrau Maria, gelitten unter Pontius Pilatus, gekreuzigt, gestorben und begraben,

Der Vater ...

... der Sohn ...

... und der Heilige Geist sowie ...

... die vollendete (d. h. die ideale, nicht die aktuelle!) Kirche

ist am dritten Tage auferstanden nach der Schrift und aufgefahren in den Himmel. Er sitzt zur Rechten des Vaters und wird wiederkommen in Herrlichkeit, zu richten die Lebenden und die Toten; seiner Herrschaft wird kein Ende sein.	hinabgestiegen in das Reich des Todes, am dritten Tag auferstanden von den Toten, aufgefahren in den Himmel; er sitzt zur Rechten Gottes, des allmächtigen Vaters; von dort wird er kommen, zu richten die Lebenden und die Toten.
Wir glauben an den Heiligen Geist, der Herr ist und lebendig macht, der aus dem Vater (und dem Sohn) hervorgeht, der mit dem Vater und dem Sohn angebetet und verherrlicht wird, der gesprochen hat durch die Propheten, und die eine, heilige, katholische und apostolische Kirche. Wir bekennen die eine Taufe zur Vergebung der Sünden. Wir erwarten die Auferstehung der Toten und das Leben in der kommenden Welt. Amen!	Ich glaube an den Heiligen Geist, die heilige katholische Kirche, Gemeinschaft der Heiligen, Vergebung der Sünden, Auferstehung der Toten und das ewige Leben. Amen!

Das Credo entbindet den einzelnen Christen nicht davon, im Einzelfall und persönlich seiner Pflicht zur Beachtung des eigenen Gewissens nachzukommen; es stellt aber den verbindlichen Rahmen für das öffentliche und gemeinsame Handeln als Kirche dar.

Der Rosenkranz

Aus Kreuzzeichen, Credo, Vaterunser und Ave Maria ist das Rosenkranzgebet aufgebaut. Entgegen landläufigem Verständnis ist der Rosenkranz kein Marien-, sondern ein Christusgebet: Im Rosenkranz wendet sich der Christ bzw. die Christin mit Maria an Gott. Der Aufbau des Gebetes ist relativ komplex und wird am besten durch den nebenstehenden Ablaufplan erläutert.

Die wechselnden Einschübe heißen nicht „Geheimnisse“, weil sie nicht weitergesagt werden dürfen, sondern weil sie Glaubenswahrheiten ausdrücken, die sich nach der Lehre der Kirche dem rationalen Verstehen entziehen und daher Mysterien bleiben, die zu akzeptieren sind.

Der „Rosenkranz“: Das „Mantra der Katholiken“

Das Rosenkranzgebet ist ideal für Situationen, in denen ein meditatives Gebet angemessen ist. Es dauert in etwa eine halbe Stunde und hat durch seine Balance zwischen Wiederholung des Gleichen und Einfügen des Neuen ein beachtliches Potential der Versenkung und Kontemplation. Außerdem ist es insbesondere in existenziellen Grenzsitua-

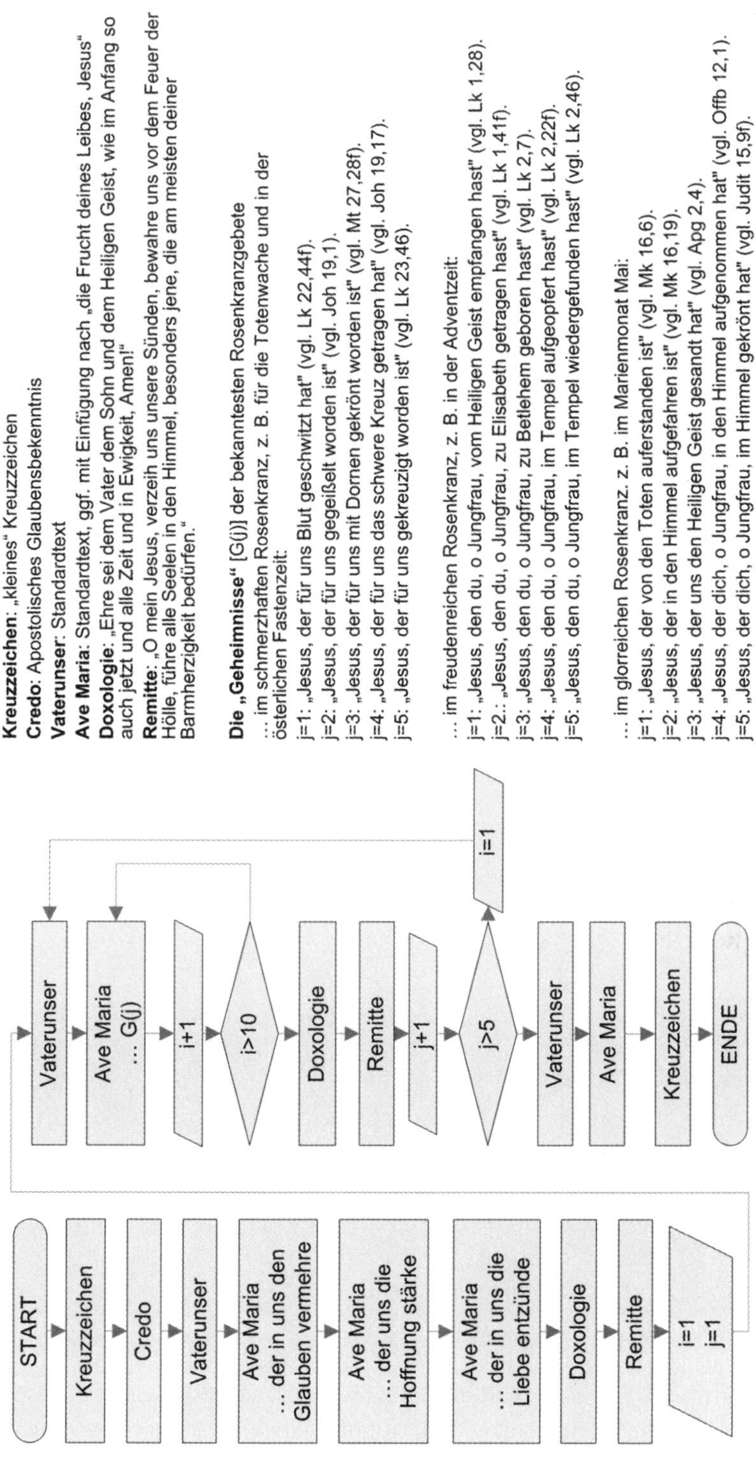

Der „Rosenkranz" einmal anders dargestellt: Als Programmablaufplan ist er gut nachvollziehbar

II. Der Ablauf der Zeit

Warum feiern Christen Weihnachten?

Weihnachten (ahd: *„wihen Nahten“*, geweihte Nächte) ist eines der höchsten Feste der Christen. Entsprechend spricht die Kirche vom „Hochfest der Geburt des Herrn“, gefeiert wird also die Geburt Jesu von Nazareth, den die Christen als den Messias (Christus) und Sohn Gottes verehren. Das Fest entstand historisch allerdings deutlich später als das Osterfest, das Gedenken an Tod und Auferstehung Jesu, denn für die frühesten Gemeinden war das öffentliche Wirken, die Passion und die Auferstehung Jesu der zentrale Glaubensgrund. Erst als im 3. Jh. die christologischen Debatten zunahmen, rückte die Frage nach der Geburt (also der fassbaren Herkunft) des Jesus von Nazareth ins Zentrum des Interesses.

Das Weihnachtsfest stammt aus einer späteren Phase der Kirche als die Osterfeierlichkeiten

Die biblischen Grundlagen des Weihnachtsfestes sind die Geburts- und Kindheitserzählungen der Evangelisten, die jeweils einer klaren Verkündigungsabsicht folgen: Lukas stellt Jesus durch die Herkunft seines Ziehvaters Josef in eine Abstammungslinie von König David, weil nach jüdischer Ansicht der Messias aus dem Geschlecht Davids kommen muss. Matthäus greift noch weiter aus und führt den Stammbaum Jesu sogar bis zu Abraham zurück. Er bindet dadurch die ganze Heilsgeschichte in Jesus „zusammen“. Er ist es aber auch, der durch die Einführung der Weisen aus dem Osten die Wichtigkeit für Jesus über das Volk Israel hinaus andeutet. Der Evangelist Johannes verzichtet ebenso wie Markus völlig auf eine Geburts- und Kindheitsgeschichte von Jesus; er betont aber in seinem Prolog, dass der Logos (das Wort Gottes) Fleisch geworden ist (also von einer Mutter geboren werden musste). Während der Geburt Christi also schon früh gedacht wurde, war ihr genaues Datum lange Zeit völlig strittig. Erst im 4. Jh. wird der 25. Dezember genannt. Davor sind völlig andere Zeiten im Gespräch, etwa der 18. November oder der 28. März. Die Entscheidung für den schließlich anerkannten Termin hat wohl einen pragmatischen Grund: Seit dem Edikt von Mailand konnte das Christentum offiziell in Erscheinung treten und hatte Interesse daran, neben dem zu dieser Zeit noch konkurrierenden paganen Staatskult Roms sowie anderen Kulten wie der Mithrasverehrung bestehen zu können. Daraus erklärt sich, dass einerseits christliche Kirchen recht oft auf den Fundamenten älterer Heiligtümer gebaut wurden, andererseits aber auch Termine religiöser Feste durch das Christentum adaptiert wurden. So auch das Fest des *Sol Invictus* (des unbesiegten Sonnengottes) zu einem Zeitpunkt, als man die länger werdenden Tage nach der Wintersonnenwende schon zu

Die Evangelisten wollten Jesus aus der jüdischen Tradition heraus verstanden wissen

Kalender des Furius Dionysius Filocalus, Schier, Xystus, Furii Dionysii Philocali Calendarium Antiquum, Graz: Weingand 1781

bemerken begann: am 25. Dezember. Ab dem 6. Jh. wird das Fest wohl im gesamten Bereich der Kirche außer in Armenien am 25. 12. gefeiert, und noch heute ist für die Ostkirche der 6. Jänner – Epiphanie, siehe unten – das höhere und wichtigere Fest.

Der Weihnachts-„Festkreis"

Von einem Festkreis spricht man, weil das Weihnachtsfest im Grunde kein isoliertes Ereignis am 25. Dezember ist, sondern sich eingebettet findet in eine mehrwöchige besondere Zeit, die mit der Adventzeit (von lat. *adventus*, die Ankunft) beginnt.

Mit dem ersten Adventsonntag beginnt auch das Kirchenjahr. Der kirchliche und der „weltliche" Kalender laufen nicht ganz synchron – während das säkulare Jahr immer am 1. Jänner beginnt, fängt das kirchliche immer am ersten Adventsonntag an. Dieser erste Adventsonntag ist immer der vierte *vor* Weihnachten, er kann also durchaus auch schon in den November fallen.

In der Adventzeit entfällt das „Gloria" im Gottesdienst, *vgl. S. 60*

Die Adventzeit geht dem Weihnachtsfest voraus. Analog zur österlichen Fastenzeit ist auch sie eine Zeit der Umkehr und Buße, denn einerseits soll an einem Hochfest nur nach entsprechender Vorbereitung teilgenommen werden, und dazu gehört ein Prozess der inneren und äußeren Reinigung, der sich in Fasten, Gebet und Buße äußert. Andererseits ist die Adventzeit aber nicht nur die Vorbereitung der „Geburtstagsfeier" von Jesus, sondern sie hat auch eine *endzeitliche Dimension*: Gemäß der Verheißung wird Jesus Christus ja am Ende der Tage wiederkommen, „zu richten die Lebenden und die Toten". Und auch diese Ankunft wird in der Adventzeit in Texten, Liedern und Gebeten zur Sprache gebracht. Die Erinnerung an sein erstes Kommen stärkt die Hoffnung auf seine Wiederkunft; so sind beide Aspekte der „Ankunft" Christi in einer Zeit der Erwartung vereint. Dadurch ist die Adventzeit für Christen nicht von Ausgelassenheit, aber von einer frohen Ernsthaftigkeit geprägt. Bis zum Ende des 20. Jh. war die Teilnahme an Vergnügungsveranstaltungen in der Adventzeit verpönt; auf das gemeinsame abendliche Gebet der Familie und auf Einschränkungen in der Speisenvielfalt und -menge wurde Wert gelegt.

Advent heißt Erwartung des Geburtsfestes, aber auch der (endzeitlichen) Wiederkunft!

Eine liturgische Besonderheit in der Adventzeit sind die Rorate-Gottesdienste – Eucharistiefeiern vor Sonnenaufgang, die in der Regel bei Kerzenlicht gefeiert werden und sehr stimmungsvoll sind.

Der Gedenktag des heiligen Nikolaus

Der Gedenktag des heiligen Nikolaus am 6. Dezember wird feierlich begangen. Auch wenn er kein arbeitsfreier Tag ist, hat sich durch die verschiedenen Nikolausbräuche viel von seinem besonderen Zauber erhalten. Bis in die Reformationszeit war dies der Tag, an dem Kinder Geschenke erhielten. Noch heute wird dieser Brauch darstellerisch gepflegt, indem am Vorabend (liturgische Zeitrechnung: Der Tag beginnt mit Anbruch des Vorabends!) der „Nikolo" zu den Kindern in die Häuser kommt, mit ihnen spricht und ihnen Geschenke bringt. Oft wird die als christlicher Bischof mit Mitra, Stab und Kreuz dargestellte Nikolausgestalt aber von einer Dämonengestalt begleitet, in der man eine Spätform eines paganen gezähmten Winterdämons sehen kann. Diese Figur ist kein ursprünglicher Begleiter des Nikolaus. Ebenso ist es nicht die Aufgabe des Nikolo, durch individuelle Ermahnungen erzieherisch zu wirken – er soll lediglich die Gestalt dieses großen Heiligen für die Familien gegenwärtig machen und von seiner Besonderheit erzählen.

St. Nikolaus – der historische Hintergrund

Der heilige Nikolaus hat einen sehr konkret fassbaren Hintergrund: Er wurde um 280 geboren, zum Priester geweiht und erlangte sehr rasch hohes Ansehen in der Kirche. Seine Teilnahme am ersten Konzil von Nicäa 325 ist verbürgt, er soll sich durch eine profilierte Argumentation gegen die Arianer hervorgetan haben. Er hat am Ende des Konzils das dort erarbeitete Credo mitunterzeichnet. Anschließend verliert sich seine Spur in der Legende – zahlreiche Geschichten erzählen von ihm als barmherzigen Hirten seiner Gemeinde, der eine drohende Hungersnot abwendet, die dringend nötige Mitgift für junge Frauen besorgt oder Wunder vollbringt. Auf seine Barmherzigkeit und Freigiebigkeit ist der Brauch zurückzuführen, dass die Kinder am Nikolaustag Geschenke erhalten.

Mariä Empfängnis: vgl. S. 157

Am 8. Dezember wird Mariä Empfängnis gefeiert.

Der Sonntag „Gaudete"

Der dritte Adventsonntag ist ein besonderer Tag: Es ist der Sonntag „Gaudete" (lat. „Freut euch!"), und das Besondere an ihm ist, dass er schon eine Vorahnung des Kommens von Jesus Christus vermittelt – sowohl das Geburtsfest als auch die endgültige Wiederkunft des Herren werfen ihr Licht voraus. Dieses Licht „beleuchtet" an diesem Sonntag auch die liturgische Farbe – normalerweise wird in der Adventzeit Violett verwendet, am Sonntag Gaudete jedoch Rosarot als „aufgehelltes Violett". Das ist auch der Grund dafür, dass auf einem richtigen Adventkranz eine Kerze eine hellere Farbe haben sollte!

Nach dem Sonntag Gaudete beginnt in ländlichen Gegenden noch oft die Herbergsuche. Kinder, die sich als Maria und Josef verkleiden, ziehen in der engeren Nachbarschaft von Haus zu Haus und sagen Sprüche auf bzw. singen Lieder, in denen die Überlieferung thematisiert wird, dass die beiden von hartherzigen Menschen öfters abgewiesen werden, bevor sie im Stall von Bethlehem Unterschlupf finden. *Lk 2,7*

Adventkranz

Der Adventkranz gehört zu den jüngeren Symbolen der Vorweihnachtszeit. Er wurde erst Mitte des 19. Jh. in der evangelischen Kirche erstmals verwendet, setzte sich dann aber auch im katholischen Bereich rasch durch. Der Kranz steht für das Symbol des Ringes (Ununterbrochenheit, Ewigkeit); das grüne Reisig für Leben und Hoffnung, die vier Kerzen für die vier Sonntage. Da an jedem Sonntag eine Kerze zusätzlich entzündet wird, ist auch die Lichtsymbolik des „Heller-Werdens" schön ausgedrückt. Die Kerzen haben in der Regel die Farbe Violett bzw. Rosa für den Sonntag Gaudete. Es gehört zu den schönsten Möglichkeiten, den Advent auch im Familien- oder engen Freundeskreis zu begehen, wenn man sich um den Kranz versammelt, gemeinsam Tee trinkt, Bratäpfel isst, singt, betet und einen kurzen, zum Anlass passenden Text liest. Um vor allem den Kindern die Wartezeit auf Weihnachten etwas zu verkürzen, gibt es den Adventkalender – eine Bildtafel, deren 24 Türchen für je einen Tag des Dezember stehen. Täglich können die Kinder eines öffnen und finden dahinter ein buntes Bild oder ein Stückchen Schokolade. Einen Adventkalender kann man wunderbar selbst basteln, z. B. mit 24 kleinen Stoffsäckchen, die man an einer Schnur aufhängt und jeweils mit einem Text und einer Leckerei füllt.

Adventkalender

Das Weihnachtsfest

Mit dem Sonnenuntergang am 24. Dezember beginnen die Weihnachtsfeiertage. Der erste Gottesdienst der Gemeinde ist meist die „Kindermette" – sachlich nicht ganz richtig, weil eine „Mette" ja auf einen nächtlichen Gottesdienst hinweist (lat. *matutin* – frühe Morgenstunde, d. h. 3 Uhr früh!). Doch dieser Gottesdienst für die Vor- und Grundschulkinder, der meist schon am Nachmittag beginnt, bietet einerseits für die Kleinen die Möglichkeit, an einer kindgerechten Liturgie zum Weihnachtsfest teilzunehmen, und andererseits den Erwachsenen, in Ruhe die allerletzten Weihnachtsvorbereitungen treffen zu können. Die Kindermette ist meist spielerisch aufgebaut und unter intensiver Mitwirkung vieler Kinder gestaltet; ein fester Bestandteil ist das „Hirtenspiel", in dem die Herbergsuche, die Verkündigung an die Hirten und die Anbetung der Hirten szenisch dargestellt werden.

Kindermette

Lk 2,4–19

Nach Hause zurückgekehrt finden die Kinder einen reich geschmückten und von Kerzen beleuchteten Christbaum vor, unter dem Geschenke liegen: Das Christkind ist gekommen (wobei die Deutung, dass es die Geschenke bringt, missverständlich und nicht ursprünglich ist – die Geschenke drücken vielmehr die Freude über das Kommen des Christuskindes aus). Der Rest des Abends wird bis zur Christmette durch ein festliches Zusammensein der Familie mit gutem Essen, Singen, Gebet und Spiel verbracht – soweit die Theorie.

Auch der Christbaum ist eine eher junge Tradition: Er hielt erst Anfang des 19. Jahrhunderts in die Häuser Einzug

Zu Weihnachten boomen leider nicht nur Geschäfte, sondern auch Notschlafstellen, Telefonseelsorge und Krisenintervention ...

Leider ist es in der Praxis oft so, dass viel zu hohe Erwartungen das Fest eher zu einem Ort der Spannung und des Streites als zu einem Zentrum von Frieden und Liebe werden lassen. Zu Weihnachten explodieren oft Konflikte, nehmen Hilferufe an Seelsorgeeinrichtungen zu, setzen viele - vor allem (vermeintlich) einsame - Menschen ihrem Leben ein Ende. Das ist die Schattenseite des Weihnachtsfestes, mit ausgelöst durch die Konzentration auf Konsum, Kaufen, Schenken, sich gegenseitig Überbieten, das Herumhetzen unter Zeitdruck in den letzten Tagen, die aufwändigen Vorbereitungen für das Fest zu Hause ... Hier täte eine Besinnung auf den Ursprung des Weihnachtsfestes gut: Jesus Christus, die menschgewordene Zuwendung Gottes, kommt in aller Stille und Bescheidenheit - vielleicht würde etwas mehr Stille und Bescheidenheit das Fest in Wirklichkeit reicher und ruhiger machen und der Botschaft Christi eher entgegenkommen.

Christmette Der erste „große" Gottesdienst des Weihnachtsfestes ist die Christmette, die – je nach örtlichen Gepflogenheiten – zwischen 22 und 24 Uhr stattfindet. Vielerorts wird zu Fuß zur Mette gegangen – besonders in ländlichen Gegenden strömen die Menschen aus allen Richtungen mit brennenden Kerzen in ihren Laternen der Kirche zu.

Diese besonders feierliche heilige Messe wird meist außergewöhnlich aufwändig gestaltet – Musik, die Verwendung von Weihrauch, die größere Zahl von Mitwirkenden, all das weist schon zeichenhaft darauf hin, dass etwas Besonderes gefeiert wird. In dieser Feier sollte alle Weihnachtsfreude zusammenlaufen: In Jesus Christus ist Gott selbst Mensch geworden, ein Mensch wie wir, der unsere Leiden und Freuden, unsere Sehnsüchte und Wünsche, unsere Mühe und Ausgelassenheit kennt, selbst erfahren und mit uns geteilt hat. Dieses Fest ist die liturgische Form der Aussage: Der Gott der Christen ist kein ferner, distanzierter oder gar nur beobachtender Gott. Er hat sich auf den Menschen ganz und gar eingelassen, noch dazu, gerade und zuerst, auf die „Mühseligen und Beladenen". Dieser gemeinsame Weg Gottes mit dem Menschen, hautnah, auf Tuchfühlung, nimmt in der Heiligen Nacht seinen Anfang. Zugleich scheint in dieser Wiederholung der Menschwerdung auch ein Vorgriff auf sein endgültiges Kommen auf: Der Weihnachtsgottesdienst nimmt auch auf besondere Weise ein Stück der Herrlichkeit des Reiches Gottes vorweg bzw. macht es sichtbar.

Mt 11,28

Am eigentlichen Weihnachtstag, dem 25. Dezember, beginnt das kirchliche Feiern mit der frühen „Hirtenmesse" und setzt sich mit dem Hochamt am späteren Vormittag fort. Für beide Gottesdienste gilt analog das von der Mette gesagte. Die Schrifttexte für die Weihnachtshochämter wechseln nicht, sondern bleiben unverändert

Hirtenmesse

– das zweite Kapitel des Lukasevangeliums bildet das Zentrum der Wortverkündigung in der Heiligen Nacht und am Weihnachtsmorgen; der Prolog des Johannesevangeliums verkündet die „Fleischwerdung" des Wortes Gottes in Christus im Hochamt am Weihnachtstag. Die acht Tage vom 25. Dezember bis zum 1. Jänner werden kirchlich als „Weihnachtsoktav" bezeichnet; in dieser gibt es die folgenden Gedenkfeste:

Die „Weihnachtsoktav"

Der Gedenktag des Heiligen Stephanus wird am 26. Dezember, am „Stephanitag", gefeiert. Die Apostelgeschichte berichtet von Stephanus, dass er unter den sieben ersten Männern war, denen die Apostel ein Amt durch Handauflegung übertragen haben und die als die „ersten Diakone" gelten. Neben dem Dienst an den Tischen (vielleicht eine frühe Form des Herrenmahls) versieht Stephanus auch wortgewaltig Predigtdienst – das macht ihm allerdings mächtige Feinde, und so stirbt er schon kurze Zeit später als der erste Märtyrer der jungen Kirche.

Apg 6,5–7

Am 27. Dezember gedenkt die Kirche des Evangelisten Johannes (liturgisch gelten Apostel und Evangelist als eine Person); der 28. Dezember ist traditionell der „Tag der unschuldigen Kinder", an dem die – wohl legendarische – Erzählung über den von Herodes dem Großen angeordneten Kindermord in Bethlehem in Mt 2,16–18 im Mittelpunkt steht. Der erste Sonntag nach dem Weihnachtstag gilt als das Fest der Heiligen Familie. Der 31. Dezember ist dem Papst Silvester gewidmet, der in der Regierungszeit des Kaisers Konstantin die Kirche aus dem „Untergrund" in die offizielle Anerkennung geleitet hat, und der 1. Jänner ist das Hochfest der Gottesmutter Maria.

Historisch waren Apostel, Evangelist und der Verfasser der biblischen „Offenbarung des Johannes" (Offb) verschiedene Personen

Vgl. S. 157 ff

Am 6. Jänner feiert die ganze Christenheit das Fest „Epiphanie". Volkstümlich auch als „Heilige Drei Könige" bezeichnet, hat es weniger mit diesen historisch schwer fassbaren Personen als mit der Erscheinung Gottes in anschaulicher und menschlicher Gestalt zu tun. In der Bibel steht weder etwas von dreien, noch von heiligen und schon gar nicht von Königen – all das sind spätere Ausdeutungen. Die Sterndeuter aus dem Morgenland sind vielmehr nach den jüdischen Hirten und vor der Taufe Jesu durch Johannes im Jordan die „internationalen" Zeugen, durch die deutlich wird, dass Gott in Jesus Christus nicht nur zu den Juden, sondern zu allen Völkern kommt und für sie „greifbar" wird. Die Gaben der Weisen, von denen das Evangelium berichtet, sind Symbole für die Rolle, die das Christuskind in der Welt spielen wird: Gold für den neugeborenen König, Weihrauch für die Göttlichkeit des Kindes und Myrrhe (die zum Einbalsamieren von Verstorbenen verwendet wurde) zur Vorausschau auf sein Leiden und seinen Tod.

Mt 2,1–12

Der Sonntag nach Epiphanie ist das Fest der „Taufe des Herrn". An diesem Tag wird des ersten öffentlichen Zeugnisses über Jesus gedacht;

Johannes der Täufer erkennt in ihm den Messias und bezeugt dies vor dem versammelten Volk. Mit diesem Fest endet der Weihnachtsfestkreis; das Kirchenjahr geht mit seinem regulären Ablauf weiter bis zum Beginn des Osterfestkreises.

Oft wird das Weihnachtsfest lediglich als „Geburtstagsfeier von Jesus“ betrachtet, doch das greift viel zu kurz. Der Charakter des Christentums als einer noch nicht vollendeten Gemeinschaft, die die Wiederkunft des Herrn und das Gericht erwartet, wird viel zu oft vergessen und verdeckt. Es ist ja auch eine unbequeme Glaubenswahrheit für uns, die wir es uns in diesem Leben sehr gemütlich gemacht haben. Aber sie ist aus dem Christentum nicht wegzudenken, die Lehre, dass es einen Zeitpunkt geben wird, zu dem alle Menschen an ihre Verantwortung erinnert und über die Erfüllung oder eben Nichterfüllung ihrer Pflicht Gott und dem Nächsten gegenüber Rechenschaft ablegen werden müssen … Weihnachten heißt nicht nur: kuscheliges Baby schaukeln, sondern auch: Gericht erwarten – und zwar nicht ängstlich, denn es ist keine Drohung, sondern eine Verheißung, ein Versprechen Gottes, dass er einst alles neu machen wird. Nicht umsonst ist einer der ersten Gebetsrufe der frühen Kirche „Maranatha“ – Komm doch, o Herr!

1 Kor 16,22, vgl. Offb 22,20

Warum feiern Christen Ostern?

Das Osterfest ist das höchste Fest der Christenheit. Es erinnert daran, dass Jesus Christus am Ende seines irdischen Wirkens gefangengenommen, gefoltert und getötet wurde – vor allem aber daran, dass er auferstanden ist. Ostern ist auch das Fest der katholischen Kirche schlechthin: Wenn unmittelbar nach dem Tod des Wanderrabbis Jesus, der das Reich Gottes in Wort und Tat verkündete, nicht etwas ganz Außerordentliches geschehen wäre, dann gäbe es die Kirche nicht. Und dieses Außerordentliche war, dass der scheinbar vollends Gescheiterte von dem Gott, dessen Wort er verkündete und war, auferweckt und damit bestätigt wurde. Das Osterfest ist daher das erste fassbare Fest der Kirche überhaupt. Zumal ja eigentlich jeder Sonntag ein kleines Osterfest ist, denn schon in der frühesten Gemeinde wurde an jedem Sonntag in gemeinsamem Gebet und gemeinsamem Mahl des Todes und der Auferstehung Jesu Christi gedacht. Als Jahresfesttag wurde das Osterfest mit der Auflösung der Tempelgemeinschaft zwischen Juden und Christen relevant, weil dann natürlich auch die gemeinsame Feier des Pessach unmöglich wurde.

Was genau „Auferstehung" war, wissen wir nicht, aber eines ist sicher: es war sichtbares, einmaliges und unüberbietbares Heilshandeln Gottes an Jesus Christus

Ostern ist ein *bewegliches* Fest, das heißt, dass es anders als Weihnachten, das jedes Jahr am 24. Dezember stattfindet, keinem festen Datum zuzuordnen ist. Hier zeigt sich noch die enge Verwandtschaft mit dem jüdischen Pessach-Fest, in dessen zeitlicher Nähe es auch stattfindet: Pessach ist immer an den Frühlingsvollmond (allerdings nach dem jüdischen Kalender) gebunden. Schon in den ersten Jahrhunderten feierten verschiedene Ortskirchen an verschiedenen Daten das Osterfest, sodass im Jahr 325 das erste Konzil von Nicäa eine allgemein verbindliche Festlegung des Datums versuchte. Seit damals wird das Osterfest am ersten Sonntag nach dem ersten Vollmond im Frühling gefeiert – für die Westkirche heißt das, dass der Ostersonntag frühestens auf den 22. März (der 21. März ist der Frühlingsbeginn) und spätestens auf den 25. April fallen kann. „Für die Westkirche" deshalb, weil die Ostkirche die Kalenderreform für die Liturgie nicht mitübernahm – sie richtet sich bei der Berechnung des Osterfestes nach wie vor nach dem julianischen Kalender, sodass die Ostersonntage in West und Ost nur ca. alle drei Jahre zusammenfallen. Vom Termin des Osterfestes aus werden die anderen beweglichen Feste im Kirchenjahr berechnet – auch hier zeigt sich die Wichtigkeit dieses Datums: Es ist bestimmend für die ganze Zeit des Menschen.

Ostern: Die Basis aller „beweglichen" Feste

Nicäa I. – auf diesem Konzil wurde auch das Credo formuliert, *vgl. S. 123f*

Der Osterfestkreis

Wie auch rund um das Weihnachtsfest gibt es rund um Ostern einen ganzen „Osterfestkreis", und ebenso wie dem Weihnachtsfest geht auch dem Osterfest eine Zeit der Buße und Besinnung voraus, die österliche
Mt 4,1–11 Fastenzeit. Sie ist genau 40 Tage lang, denn auch Jesus fastete 40 Tage lang in der Wüste, bevor sein öffentliches Wirken begann. Sie beginnt mit dem Aschermittwoch, der gemeinsam mit dem Karfreitag als strenger Fasttag gilt.

Als Fasten gilt ein freiwilliger Verzicht auf Nahrungs- oder Genussmittel, auf (gern geübte) Tätigkeiten usw. Dies wird als Fastenopfer bezeichnet. Die katholische Kirche legt schon seit jeher großen Wert auf sinnliche und körperliche Zeichen; daher sind Katholiken traditionell dazu aufgerufen, jeden Freitag im Gedenken an den Tod Jesu Christi am Kreuz ein persönliches Fastenopfer zu bringen. Ein strenger Fasttag unterscheidet sich von gewöhnlichen Fasttagen: An ihm ist nur eine einmalige Sättigung erlaubt. Ausgenommen von der Fastenregelung sind Alte, Kinder und Kranke. Der Zweck des Fastens ist nach christlicher Auffassung in den Aspekten Buße, Intensivierung des Gebetslebens und Vorbereitung auf eine spirituell wichtige Erfahrung zu sehen. Das äußerliche Zeichen darf nicht an die Stelle des inneren Vollzuges treten – ein Problem, das schon altbekannt ist:

Jes 58,5–7 *Ist das ein Fasten, wie ich es liebe, ein Tag, an dem man sich der Buße unterzieht: wenn man den Kopf hängen lässt, so wie eine Binse sich neigt, wenn man sich mit Sack und Asche bedeckt? Nennst du das ein Fasten und einen Tag, der dem Herrn gefällt? Nein, das ist ein Fasten, wie ich es liebe: die Fesseln des Unrechts zu lösen, die Stricke des Jochs zu entfernen, die Versklavten freizulassen, jedes Joch zu zerbrechen, an die Hungrigen dein Brot auszuteilen, die obdachlosen Armen ins Haus aufzunehmen, wenn du einen Nackten siehst, ihn zu bekleiden und dich deinen Verwandten nicht zu entziehen.*

Jesus greift dies auf, wenn er zu offensichtliche Bußübungen als Heuchelei aufdeckt und verlangt, dass die Gesinnung wieder wichtiger werden muss als das äußere Zeichen:

Mt 6,16f *Wenn ihr fastet, macht kein finsteres Gesicht wie die Heuchler. Sie geben sich ein trübseliges Aussehen, damit die Leute merken, dass sie fasten. Amen, das sage ich euch: Sie haben ihren Lohn bereits erhalten. Du aber salbe dein Haar, wenn du fastest, und wasche dein Gesicht, damit die Leute nicht merken, dass du fastest, sondern nur dein Vater, der auch das Verborgene sieht; und dein Vater, der das Verborgene sieht, wird es dir vergelten.*

Fasten hat damit mehrere Dimensionen, die miteinander verbunden sind und nur gemeinsam religiös sinnvoll sein können. Besonders deutlich wird das, wenn man bedenkt, dass ursprünglich Taufbewerber (und Taufspender!) zu fasten hatten, klarerweise vor Ostern, weil die Taufe in der Nacht vor dem Ostersonntag erfolgte. Daraus entwickelte sich später die allgemeine österliche Fastenzeit. Eine Zeit des Nahrungsverzichts aus gesundheitlichen Gründen ist daher im eigentlichen Sinne kein Fasten, sondern eine Diät.

Didache 7,4

Aschermittwoch

Der Aschermittwoch ist der Tag nach dem Ende der Karnevals- bzw. Faschingszeit, viele Gaststätten laden an diesem Tag zum Heringsschmaus. Nichts könnte dem Sinn dieses Tages ferner liegen! Es wäre besser, wenn die Verkaterten der vergangenen närrischen Tage ihr Unwohlsein als Bußübung betrachten würden anstatt an einem „Schmaus", (definitionsgemäß ein reichliches und genussvolles Essen) teilzunehmen, denn der Aschermittwoch ist ein strenger Fasttag! Ein Gottesdienstbesuch steht Christen an diesem Tag wohl an. Meist werden die Messen abends abgehalten, da dieser Tag kein arbeitsfreier Feiertag ist. Im Laufe des Tages schon werden die Palmzweige vom Vorjahr verbrannt und ihre Asche zu feinem Staub zerrieben.

Asche als Zeichen der Trauer, Reue und Buße ist schon im Alten Testament bezeugt: Hiob setzt sich, nachdem er alles verloren hat, in die Asche; Mordechai und seine jüdischen Mitbürger hüllen sich in Sack und Asche, um Gott die Ernsthaftigkeit ihres Gebetes noch deutlicher zu machen, und als Akt der Wiederversöhnung mit Gott wird das Tragen von Sack und Asche auch von Jesus selbst zitiert. Noch im Mittelalter tat man sprichwörtlich „in Sack und Asche" Buße, d. h. man büßte für bestimmte Sünden öffentlich, indem man anstelle der bequemeren Alltagskleidung einen Umhang aus Sackleinen trug und sich mit Asche bestreute. Denn so wie die Asche den Körper verschmutzt, hatte die Sünde die Seele verschmutzt und beides verlangte nach Reinigung.

Ijob 2,8

Est 4,1–3

Mt 11,21

Beim Gottesdienst entfällt der ausdrückliche Bußakt am Anfang. Er wird durch den Aschenritus ersetzt, der die Bußfertigkeit der Anwesenden bezeugt: Nach der Predigt wird die Asche feierlich gesegnet; dabei steht die Bitte um die „rechte Gesinnnung" im Begehen der Fastenzeit im Vordergrund. Anschließend begeben sich die Zelebranten vor den Altar. Die Gemeindemitglieder treten heran, und es wird ihnen mit der Asche ein Kreuz auf die Stirn gezeichnet. Der Spender spricht dazu entweder „Bedenke, Mensch, dass du Staub bist und zum Staub zurückkehren wirst!" oder „Bekehre dich und glaube an das Evangelium!“ Eine Antwort seitens der Empfangenden ist nicht vorgesehen. Der weitere Gottesdienst läuft normal ab.

In der Fastenzeit entfällt das „Gloria“ im Gottesdienst, vgl. S. 60

Die liturgische Farbe der Fastenzeit ist Violett. Eine Besonderheit in allen Gottesdiensten zwischen Aschermittwoch und Karsamstag ist der Entfall des *Gloria*, dessen Grundtext „Ehre sei Gott in der Höhe und Friede auf Erden den Menschen seiner Gnade“ für die Besinnungs- und Versöhnungszeit unpassend bzw. zu beschwichtigend wäre. Ebenso entfällt der Halleluja-Ruf vor dem Evangelium – das Halleluja ist als Auferstehungsruf erst wieder in der Osternacht angebracht. In den meisten Kirche wird das Altarbild durch ein Fastentuch verhüllt, einem großen Vorhang, der meist mit Passionsmotiven bemalt oder bestickt ist. Dem Entzug an Nahrung bzw. dem Verzicht auf Liebgewordenes entspricht so die Einschränkung in der Teilnahme an der Liturgie; man „sieht das Heilige nicht mehr“ wie gewohnt. In Kirchen, in denen alte Flügelaltäre stehen, werden diese nun geschlossen, wodurch ihre Außenseite mit den Passionsmotiven sichtbar wird (das Verhängen mit einem Fastentuch entfällt in diesem Fall).

Der Sonntag „Laetare“

Die österliche Fastenzeit dauert 40 Tage und hat damit im Gegensatz zur Adventzeit eine feste Länge. Aufmerksame Rechner bemerken schnell eine Unstimmigkeit: Zwischen Aschermittwoch und Karsamstag liegen 46 Tage! Wie ist das zu erklären? Einfach dadurch, dass Sonntage grundsätzlich von der Fastenzeit ausgenommen sind – und da die Fastenzeit fünf reguläre Sonntage und den Palmsonntag umfasst, bleiben nur 40 Fasttage übrig. Der vierte der fünf Fastensonntage ist übrigens analog zum Sonntag „Gaudete“ in der Adventzeit schon vom Vorschein des kommenden Festes erleuchtet: Die Osterfreude wirft ihr Licht voraus, entsprechend ist auch hier die liturgische Farbe Violett aufgehellt zu Rosa; der Sonntag selbst trägt den Namen „Laetare“.

Palmbuschen binden

In der Woche vor dem Palmsonntag, der fünften Fastenwoche, können die „Palmbuschen“ bzw. „Palmzweige“ vorbereitet werden – eine Bastelarbeit, die man sehr schön mit Kindern gestalten kann. Die Materialien dafür sind nicht vorgegeben und regional verschieden; es müssen aber jedenfalls grüne Zweige als Zeichen des Lebens und der Hoffnung sein. Beliebt sind mit bunten Bändern geschmückte kleine Sträuße aus Buchsbaum und Weidenkätzchen. Diese Palmbuschen werden am Palmsonntag mit zur Kirche genommen.

Palmsonntag

Palmsonntag

Mit dem Palmsonntag beginnt die *Karwoche* (von ahd. *kara*, Trauer), auch *Heilige Woche* genannt. Am Palmsonntag wird des Einzuges Jesu Christi in Jerusalem gedacht; die liturgische Farbe des Tages ist das Rot. Mit diesem Akt lassen die Evangelisten übereinstimmend die Passionserzählungen beginnen, und ihre Berichte stecken voller Symbole: Jesus reitet auf einem Esel in Jerusalem ein – der Esel gilt als friedfertiges Tier, im Gegensatz zum Pferd, dem Reittier des Kriegers. Das Volk jubelt ihm zu wie einem einziehenden König; von Büschen und Bäumen gerissene Zweige und sogar Kleider werden auf die Straße gebreitet, um ihn vor Staub zu schützen. Mit Palmzweigen in den Händen winken ihm die Menschen – all das sind Gesten, die dem Messias zukommen, der als Erlöser Israels erwartet wird, und all das greift verschiedene alttestamentliche Schriftstellen auf. Die politische Messiaserwartung des Volkes wird aber enttäuscht: Anstatt sich zum Tempel zu begeben und Jerusalem symbolisch in Besitz zu nehmen (und damit ein Blutbad auszulösen), begnügt sich Jesus damit, zur persönlichen Entscheidung über den Glauben an Jahwe aufzurufen.

Jes 40,9; Sach 9,9; Ps 118,25f usw.

Joh 12,44–50

Entsprechend wird auch die Liturgie des Palmsonntags gestaltet. Der erste Teil des Gottesdienstes wird, wo immer das möglich ist, *vor* der Kirche gefeiert. Dort erfolgt nach Eröffnung und Begrüßung die Segnung der von den Gläubigen mitgebrachten Palmzweige; meist liegt für jene, die selbst keine mitgebracht haben, ein kleiner Vorrat bereit, den die Ortspfarre beistellt. Danach wird das Evangelium vom Einzug Jesu in Jerusalem verlesen, und anschließend zieht die ganze Versammlung als Prozession unter Gesang und Gebet in die Kirche ein.

Für alle liturgischen Prozessionen gilt, dass eine bestimmte Ordnung eingehalten werden muss. Den Anfang der Prozession bildet immer ein „Vortragekreuz", das - wie der Name schon sagt - voran getragen wird (und das am Palmsonntag mit grünen Zweigen geschmückt wird). Sinnbildlich führt damit Jesus Christus die pilgernde Kirche an! Den Kreuzträger begleiten zwei Ministrantinnen oder Ministranten, die gegebenenfalls Leuchter tragen; ihm voraus geht ausschließlich (wo dies angebracht und üblich ist) der Weihrauchträger. Nach dem Kreuz folgen die Ministranten, diesen wiederum die Lektoren, Kantoren und Kommunionspender. Wenn es konzelebrierende Priester und Diakone gibt, folgen sie den Kommunionspendern. Nach denen kommt der Diakon mit dem Evangeliar und der Hauptzelebrant, eventuell mit seinen begleitenden Diensten - ein Bischof hat z. B. immer einen Zeremoniär bei sich. Dann folgt die betende und singende Gemeinde. Schade, dass mancherorts von dieser Einzugsordnung nicht mehr viel zu merken ist ... jeder Prozession geht viel Feierlichkeit verloren, wenn sich Einzelne auf der Jagd nach einem (vielleicht noch ganz vorne liegenden) Sitzplatz nach vor drängen.

Die „Prozessionsordnung" braucht man u. a. auch am Ostersonntag und zu Fronleichnam

In der Kirche grüßt der Zelebrant den Altar und setzt die Messe mit dem Tagesgebet fort. Anstelle des Evangeliums wird die Passionsgeschichte mit verteilten Rollen vorgetragen, wobei der Zelebrant oder ein anderer Priester die Rolle des Jesus Christus übernimmt und Diakon und Lektoren Erzähler, Volk, Pilatus und andere sprechen. Nach der Passionsgeschichte wird der Gottesdienst mit dem Credo normal fortgesetzt.

Die gesegneten Palmzweige werden mit nach Hause genommen und als Segenszeichen hinter das Kreuz gesteckt, das in der Wohnung an der Wand hängt (hoffentlich gibt es eines – sonst muss man spätestens jetzt eines aufhängen!). Dort bleiben sie, bis sie zu Beginn der nächstfolgenden österlichen Fastenzeit verbrannt werden.

Vgl. S. 134

Gründonnerstag

Mit dem Donnerstag der Karwoche, dem „Gründonnerstag", beginnen die Gedenkfeiern der Passion, des Leidensweges Jesu Christi. „Grün" hat in diesem Fall nichts mit der Farbe zu tun, sondern kommt von ahd. *grinan* (klagen), das sich im „greinen" bis heute erhalten hat. Damit wird auf die Trauer Bezug genommen, die die Stimmung beim Letzten Abendmahl beherrscht haben mag. Anders als die Benennung des Tages das nahelegen würde, ist die liturgische Farbe Weiß.

Mt 26,20–29; Mk 14,17–25; Lk 22,22–38; Joh 13,1–17,26; 1 Kor 11

Das Letzte Abendmahl wird in den Evangelien ausführlich geschildert, findet sich aber auch schon im wesentlich älteren Korintherbrief. Es ist der älteste fassbare Grund einer kirchlichen Feier. Indem Jesus Christus seine Lehre nicht nur in Worten nochmals zusammenfasst, sondern sie in einem Ritus verankert und diesen Ritus auf einen neuen Bundesschluss und die Vergebung der Sünden hin deutet, legt er den Grundstein für die spätere Kirche. Zu diesen Riten gehört auch die Fußwaschung: Jesus Christus besteht darauf, an seinen Jüngern diesen Sklavendienst zu verrichten und kehrt damit traditionelle Machtverhältnisse um. Er zeigt damit nochmals mit aller Deutlichkeit, dass die Nachfolge auf seinem Weg keine irdische Macht mit sich bringt, sondern im Gegenteil hauptsächlich im Dienen besteht.

Vgl. S. 173f zum Seder bzw. S. 52ff zur Eucharistiefeier

Die Überlieferung betont, dass Jesus Christus seinen Leidensweg bewusst auf sich genommen hat und Möglichkeiten, sich dem zu entziehen, ausschlug. Ein fester Bestandteil dieser Tradition ist die Figur des Judas Iskariot, des Jüngers, der Jesus an die jüdischen Autoritäten verrät. Jesus weiß – so Joh 13,21–27 – vom Vorhaben des Judas, tut aber nichts, um ihn daran zu hindern, ja, bestärkt ihn sogar darin.

Vgl. Joh 13, dazu Ps 41,10

Die Evangelisten berichten weiter, dass sich Jesus Christus nach dem Abendmahl mit seinen Jüngern zum Gebet auf den Ölberg, einen Hügel in unmittelbarer Nähe Jerusalems, zurückgezogen habe. Seine Angst vor den kommenden Ereignissen wird drastisch dargestellt, unmittelbar darauf wird er verhaftet.

Lk 22,39–46 par.

In der Liturgie des Gründonnerstages steht – ganz diesen Inhalten entsprechend – die Einsetzung der Eucharistie mit ihren starken Zeichenhandlungen im Mittelpunkt. Anders als an den anderen Tagen des Jahres, an denen „stille Privatmessen“ (also Gottesdienste, die ein Priester allein und völlig ohne Gemeinde bzw. Mitwirkende feiert) als Ausnahme geduldet sind, sind sie am Gründonnerstag streng verboten. Damit soll auf die gemeinschaftliche Grunddimension der Eucharistiefeier (die *Communio*) und auf das allgemeine Priestertum aller Gläubigen hingewiesen werden. Im Unterschied zu den bisherigen Gottesdiensten der Fastenzeit wird an diesem Tag ein Gloria gesungen, dabei werden die Glocken geläutet – die dann aber bis zum Gloria der Osternachtsfeier verstummen, ebenso wie die Orgel. Von diesem Moment an bis zur Feier der Auferstehung erklingt in der Kirche kein Musikinstrument, sondern nur der Gesang der Gläubigen; die Glocken der Ministranten, die entscheidende Stationen der Liturgie hervorheben, werden mancherorts durch Klappern oder Ratschen ersetzt.

Gerade die Gründonnerstagsliturgie muss eine gemeinsame sein!

Der Volksmund sagt: Die Glocken sind nach Rom geflogen

Anschließend an die Schriftlesungen und die Predigt folgt die Fußwaschung. Der Zelebrant vollzieht sie nach dem Vorbild Jesu Christi an Repräsentanten der Gemeinde, traditionell zwölf Männern, die die Apostel darstellen. Dadurch wird das Selbstverständnis des Weiheamtes als Dienst deutlich gemacht. Das Credo entfällt dafür ersatzlos.

Die Fußwaschung

Da am Karfreitag keine Eucharistiefeier stattfindet, werden im Rahmen der Messe am Gründonnerstag bereits ausreichend Hostien für den Gottesdienst am Karfreitag konsekriert. Die Gläubigen empfangen an diesem Tag die Kommunion in beiden Gestalten, also als Brot und Wein, entweder durch einen Schluck aus dem Kelch, der jedes Mal sorgfältig gereinigt wird, oder indem die Hostie in den Wein getaucht wird. Im letzteren Fall spricht der Kommunionspender bei der Überreichung die Worte „Leib und Blut unseres Herrn Jesus Christus!“

Empfang der Kommunion in beiden Gestalten, s. S. 52

Nach der Kommunion werden die verbliebenen Hostien nicht im Tabernakel verwahrt, sondern zu einem Seitenaltar gebracht – diese Prozession soll den Gang Jesu Christi aus dem Abendmahlsaal auf den Ölberg vergegenwärtigen. Im Anschluss an den Gottesdienst wird der Altar völlig leergeräumt und das Kreuz verhüllt.

Nach dem Ende der Feier wird im Gedenken an die angsterfüllten Stunden am Ölberg meist noch eine kurze Andacht gehalten; in manchen Kirchen wird eine die ganze Nacht dauernde Gebetswache durchgeführt – beides allerdings nicht vor dem nun leeren Hauptaltar der Kirche, sondern an dem Ort, an dem nunmehr das Altarsakrament verwahrt wird.

Karfreitag

Der Gedenktag der Kreuzigung und des Todes Jesu ist wie der Aschermittwoch ein strenger Fasttag. Er ist ganz der Trauer und dem Geden-

Der Karfreitag: ein strenger Fasttag

Lk 23,33–43 ken an dieses Ereignis gewidmet. Nach biblischer Überlieferung wurde Jesus vor der sechsten Stunde ans Kreuz genagelt und starb zur neunten *Lk 23,44f* Stunde. Da die Stunden des Tages zur Zeit Jesu in gleichmäßiger Teilung der Zeit von Sonnenauf- bis Sonnenuntergang gerechnet wurden, wird seine Todesstunde nach heutiger Zeitangabe mit 15 Uhr angenommen.

Mt 27,33–50; Mk 15,20b–37; Joh 19,16b–30

Im Zentrum der Passions- und Todeserzählungen steht die Gewissheit, dass Jahwe selbst sich in diesem Jesus Christus so auf den Menschen eingelassen hat, dass er sich mit ihm auch im tiefsten Leiden und im Tod solidarisiert. Jesus – *als ganzer Mensch, der er ist* – leidet und stirbt, wie jeder andere leiden und sterben würde. Wenn auch dieses Geschehen nicht vom Ostersonntag getrennt werden kann, an dem Christus – *als ganzer Gott, der er ist* – auferweckt wird, so ist es doch wichtig, das Leiden nicht zu relativieren. Es ist kein anderer, der da schreit; es ist kein Scheinleib und keine Vorspiegelung, kein „billiger Trick" und schon gar kein Gott, der nur so tut, als hätte er Schmerzen: Jesus leidet entsetzliche Qualen, und er stirbt. Nicht nur scheinbar, sondern ganz, wie jeder andere.

Dem trägt die Liturgie Rechnung. Die Farbe Rot, die für den Gottesdienst vorgeschrieben ist, deutet auf das vergossene Blut und das Leiden Christi; es gibt nur eine einzige Feier, und zwar den Wortgottesdienst, der um 15 Uhr nachmittags, also zu seiner Todesstunde, gefeiert werden sollte. Dem Ernst des Anlasses entsprechend erfolgt der Einzug schweigend. Nach einer kurzen Andacht eröffnet der Zelebrant direkt mit dem Tagesgebet *ohne Kreuzzeichen*. Nach den Schriftlesungen wird *Joh 18,1–19,42* – wie am Palmsonntag – die Passionsgeschichte mit verteilten Rollen vorgetragen.

Die „großen Fürbitten"

Die sogenannten „großen Fürbitten" werden nur am Karfreitag vorgetragen. In zehn einzelnen Rufen wird für die Kirche und die Gläubigen und ihre „älteren Geschwister", die Juden, sowie für Atheisten, Regierende und alle leidenden Menschen gebetet. Diese Fürbitten haben keinen Antwortruf seitens der Gemeinde; die Anwesenden beantworten vielmehr jede einzelne mit einer Kniebeuge, um die Dringlichkeit der Bitte zu unterstreichen.

Kreuzverehrung

Anschließend wird das verhüllte Kreuz herbeigetragen, feierlich in drei Schritten enthüllt und durch die Kirche getragen. Es wird dann vor dem Altar zur allgemeinen Verehrung dargeboten; alle Anwesenden sind eingeladen, vor das Kreuz zu treten und ein Zeichen der Verbundenheit zu zeigen. Diese sind unterschiedlich, vielerorts wird z. B. nach einer Kniebeuge die Fußwunde der Christusfigur berührt.

Das Altarsakrament wird von seinem Aufbewahrungsort herbeigebracht und – flankiert von zwei Leuchtern – auf den nun mit einem

Tuch bedeckten Altar gestellt. Gemeinsam betet die Gemeinde das Vaterunser. Es folgt die Kommunionspendung, wonach wiederum eventuell verbleibende Hostien feierlich zum Aufbewahrungsort verbracht werden. Danach schließt der Gottesdienst mit einem kurzen Segensgebet *ohne Kreuzzeichen*. Der Altar wird wieder entblößt, weil auch Jesus entblößt gekreuzigt wurde.

Am Karfreitag, dem Tag der Kreuzigung, gibt es kein Kreuzzeichen in der Liturgie

Karsamstag

Am Karsamstag gibt es keinen Gemeindegottesdienst, da auch Jesus an diesem Tag im Grab gelegen ist. Ausgenommen davon ist die weit verbreitete Segnung der Osterspeisen, vulgo „Fleischweihe".

Die Segnung der Osterspeisen („Fleischweihe")

Als Osterspeisen gelten Brot, Salz, Eier, Kräuter und Räucherfleisch. An vielen Orten wird ein Korb mit diesen Speisen gefüllt, der – oft mit einem kunstvoll bestickten Tuch bedeckt – in die Kirche oder an einen anderen geeigneten Ort gebracht wird, wo er vom beauftragten Zelebranten gesegnet wird. Diese Speisen werden dann bei der ersten Mahlzeit der Osterzeit im Familienkreis verzehrt – die Zusammenstellung der Speisen verweist ebenfalls auf die starke Verwandtschaft mit der jüdischen Tradition des Seder.

Der Karsamstag ist an vielen Orten auch noch der Platz für altes religiöses Brauchtum. Besonders Kinder gehen vor 12 Uhr mittags von Haus zu Haus und bringen Glut von einem vor der Kirche geweihten Feuer oder „ratschen" mit hölzernen Knarren und Klappern durch die dörflichen Gemeinden. Kleine Geldspenden oder Ostereier sind die angemessenen Gegenleistungen dafür – Süßigkeiten widersprächen dem Fastencharakter dieses Tages.

Weihfeuertragen und Ratschen

Osternacht

Mit der Osternachtsfeier, nach Einbruch der Dämmerung am Karsamstagabend bzw. vor dem Morgengrauen des Ostersonntages, beginnen die Auferstehungsfeiern und die Osterzeit, die fünfzig Tage (bis Pfingsten) dauert. Wie bei der Christmette am Weihnachtsabend wird auch hier durch die starke Lichtsymbolik deutlich, was gefeiert wird: Der Karfreitag ist nicht das Ende; der Tod hat nicht das letzte Wort. Jesus Christus ist für uns gestorben und für uns auferstanden – dadurch wird sein Leben und Wirken bestätigt, Glaube begründet, Kirche möglich. So ist die Nacht von Karsamstag auf Ostersonntag die wichtigste und heiligste Zeit des Kirchenjahres; in ihr wird die ganze Geschichte Gottes mit dem Menschen gefeiert. Darum werden auch in dieser Nacht seit der Zeit der frühesten Kirche Taufen vorgenommen.

Die Osternacht ist der ideale Ort der Taufe, *vgl. S. 44f.*

Da Jesus Christus das Licht der Welt ist, das jede Finsternis erleuchtet und jedes Dunkel hell macht, ist die liturgische Farbe der ganzen Osterzeit ab nun das Weiß. Die Osternachtsfeier beginnt, wo immer dies möglich ist, mit einem Holzfeuer vor der Kirche, um das sich Zelebrant, alle Dienste und die Gemeinde versammeln. An die Gemeindemitglieder sollten Kerzen verteilt werden. Jedes andere Licht ist gelöscht, die Osterkerze wird herbeigetragen.

Die Osterkerze

Die Osterkerze ist das Bindeglied zwischen allen Gottesdiensten des Jahres und der Osternacht. Durch sie leuchtet buchstäblich das Licht der Auferstehung in jeder Feier, ob Taufe oder Beerdigung, ob Sonntagsgottesdienst oder Hochfest. Taufkerze und Hochzeitskerze werden immer an der brennenden Osterkerze entzündet: Das Licht Christi begleitet seine Gemeinde in allen Zeiten und in jeder Situation. Dementsprechend ist die Osterkerze besonders groß und verziert. Sie trägt ein Kreuz mit der Jahreszahl des Osterfestes, fünf Weihrauchkörner zum Andenken an die Wundmale Christi (Hände, Füße, Dornenkrone und Lanzenstich) und die beiden griechischen Buchstaben Alpha und Omega. Durch diese beiden Zeichen, das erste und das letzte des altgriechischen Alphabets, der Sprache des Neuen Testamentes, wird angedeutet, dass Jesus Christus der Anfang und das Ende von allem ist, von Anfang an existiert hat und in Ewigkeit sein wird.

Das Feuer wird gesegnet, anschließend wird an diesem Feuer die Osterkerze entzündet. In feierlicher Prozession zieht nun die Gemeinde in die völlig dunkle Kirche ein. Beim Betreten singt der Diakon oder Priester, der die Osterkerze trägt: „Lumen Christi!“; die Gemeinde antwortet „Deo gratias!“ („Christus, das Licht!“ – „Dank sei Gott!“). Der Ruf wird noch zweimal wiederholt, einmal in der Mitte der Kirche und einmal vor dem Altar; währenddessen werden die Kerzen der Mitfeiernden an der Osterkerze entzündet. Nachdem die Osterkerze auf einen Leuchter gestellt wurde, wird sie inzensiert und das große Osterlob, das Exsultet, wird gesungen; das ist die Aufgabe des Diakons oder Kantors. Nach dem Exsultet löschen die Gläubigen ihre Kerzen und setzen sich.

Das Exsultet
MB S. [69]

Der anschließende Wortgottesdienst nimmt die ganze Heilsgeschichte Jahwes mit seinem Volk in den Blick. Zumindest fünf Schriftlesungen (es können aber auch bis zu neun sein) erzählen von den Großtaten des Herrn. Von den Lesungen aus dem Alten Testament darf jene von der Errettung des Volkes am Schilfmeer keinesfalls fehlen – sie ist eine wichtige Brücke zum Glauben des Volkes Israel, das ja gerade zu Pessach der Errettung aus Ägypten gedenkt. Nach jeder Lesung wird vom Zelebranten ein Gebet gesprochen und ein passendes Lied gesungen.

Ex 14

Ausnahmsweise folgt in der Osternacht das Gloria nach der letzten Lesung aus dem Alten Testament. Erst an dieser Stelle werden die Altarkerzen entzündet und während des Gloria, das von der Orgel begleitet wird, läuten die Glocken. Eine Lesung aus dem Neuen Testament folgt.

Erstmals seit dem Beginn der österlichen Fastenzeit erklingt nun wieder das Halleluja, und was für eines! Der Zelebrant oder der Diakon stimmen es an, und die Gemeinde wiederholt es dreifach mit steigender Tonhöhe, während das Evangeliar zum Ambo getragen wird. Das Evangelium verkündet die Botschaft vom leeren Grab und die Erscheinung des Engels, der die Auferstehung verkündet.

MB S. [93]

Nach einer Predigt, die das Ostergeschehen zum Inhalt hat, folgt die Tauffeier. Die Täuflinge werden mit Paten und Eltern aufgerufen, vorzutreten. Die Heiligenlitanei wird gesungen und das Taufwasser wird geweiht, worauf die Täuflinge ihr Glaubensbekenntnis ablegen und getauft werden. Die Gemeinde schließt sich dem an, indem sie ihr Taufversprechen erneuert und vom Zelebranten mit dem neu geweihten Taufwasser besprengt wird. Dabei werden die Kerzen der Gläubigen in Erinnerung an die eigene Taufkerze wieder entzündet.

Auch wenn keine Tauffeier stattfindet, wird in der Osternacht das Taufwasser geweiht

Mit der Eucharistiefeier wird der Gottesdienst regulär fortgesetzt, er endet nach Kommunion und Schlussgebet mit dem feierlichen Segen, der an diesem Tag und in der ganzen kommenden Osterzeit mit dem Halleluja endet.

Ostersonntag, Ostermontag, Weißer Sonntag

Auch die Gottesdienste am Ostersonntag und Ostermontag sind besonders feierlich gestaltet. Musik und Texte weisen bereits auf die Erscheinungen des Auferstandenen hin, die Botschaft geht über zu einer Verkündigung der Gewissheit der Begegnung mit Christus. Am Ostersonntag ist an vielen Orten die „Auferstehungsprozession" gebräuchlich: Die Gemeinde zieht nach dem Festgottesdienst unter Mitführung des Altarsakramentes in einer Monstranz, einer Statue des auferstandenen Christus und des Evangeliars in feierlicher Prozession und unter Gesängen durch den Ort, soweit dies möglich ist. Die Aussage dieser Zeremonie ist, dass der Auferstandene nicht nur für die Gemeinde, die soeben gefeiert hat, wichtig ist, sondern auch darüber hinaus für alle Menschen. Mit dem Wiedereinzug der Gemeinde in die Kirche, der Einsetzung der Monstranz in ihren vorgesehenen Platz, dem Singen des Te Deum („Großer Gott, wir loben Dich") und dem Segen endet die Feierlichkeit.

Die Auferstehungsprozession

Der „Weiße Sonntag" ist der erste nach dem Ostersonntag; er hat seinen Namen von den weißen Taufkleidern, die in der frühen Kirche bis zu diesem Tag getragen wurden. Er wird auch als „kleiner Oster-

Das Lied „Großer Gott, wir loben dich" ist fast so etwas wie die kirchliche Nationalhymne

sonntag“ bezeichnet. Vom Ostersonntag bis zum Weißen Sonntag gelten liturgisch alle Gottesdienste als Hochfeste, sodass das Osterfest im weiteren Sinne eigentlich eine Woche lang dauert – der Größe des Anlasses angemessen.

Christi Himmelfahrt

Lk 24,50–53; Apg 1,1–11

Nach dem Evangelium des Lukas wurde Jesus 40 Tage nach der Auferstehung in den Himmel aufgenommen. Während dieser 40 Tage tröstete und stärkte er seine Jünger, erschien ihnen, aß mit ihnen und wurde von ihnen berührt – damit wird erklärt, dass es keine Illusion und kein Gespenst ist, was die Jünger sehen. Es ist vielmehr die Person Jesus Christus, der als Ganzer und nicht nur als reines Geistwesen auferstanden ist. Die Himmelfahrt vollendet die Erhöhung des verkannten, gemarterten und getöteten Gottessohnes; indem er zum Vater heimgeht und „zu dessen Rechten“ sitzt, nimmt er den Platz ein, der ihm gebührt, den Platz des Messias. Der Kreis schießt sich: Jesus Christus ist vom Vater ausgegangen und kehrt nun zum Vater heim. Das Versprechen, dass er als „Erhöhter“ alle an sich ziehen werde, hat nun volle Gültigkeit.

Joh 12,32

Joh 16,4–15

Vor seiner Passion hat Jesus Christus den Jüngern den Heiligen Geist als Beistand verheißen, dessen Kommen aber an sein eigenes Gehen geknüpft. Damit wird Christi Himmelfahrt die Voraussetzung für das Pfingstfest.

Pfingsten

Die Apostelgeschichte berichtet über das Pfingstfest:

Apg 2,1–6

> *Als der Pfingsttag gekommen war, befanden sich alle am gleichen Ort. Da kam plötzlich vom Himmel her ein Brausen, wie wenn ein heftiger Sturm daherfährt, und erfüllte das ganze Haus, in dem sie waren. Und es erschienen ihnen Zungen wie von Feuer, die sich verteilten; auf jeden von ihnen ließ sich eine nieder. Alle wurden mit dem Heiligen Geist erfüllt und begannen, in fremden Sprachen zu reden, wie es der Geist ihnen eingab. In Jerusalem aber wohnten Juden, fromme Männer aus allen Völkern unter dem Himmel. Als sich das Getöse erhob, strömte die Menge zusammen und war ganz bestürzt; denn jeder hörte sie in seiner Sprache reden.*

Im Originaltext steht im ersten Satz wörtlich „am fünfzigsten Tag“ – aus dem griechischen *pentekosté* für „der fünfzigste“ wurde der Name des Festes Pfingsten abgeleitet. An der Stelle ist allerdings das Fest Schawuot gemeint, das genau 50 Tage nach Pessach stattfindet und zu dem sich die Jünger versammelt hatten. Das nimmt natürlich einerseits wie so vieles die jüdischen Traditionen der frühen Gemeinde auf, aber hat auch einen tieferen Sinn: Schawuot ist das Fest, zu dem die

Das Pfingstfest hängt mit dem jüdischen Fest Schawuot zusammen (s. S. 174)

ersten Früchte der Ernte geopfert werden. Und die ersten Früchte der geistigen Ernte dessen, was Jesus gesät hat, ist diese junge Kirche, diese Versammlung von Männern und Frauen, die seiner gedenkt und nun seine Botschaft vom Reich Gottes für alle und allgemein verständlich weiterträgt.

Und das bewirkt der Heilige Geist. Diese „göttliche Person" ist immer beteiligt, wenn in der Heilsgeschichte etwas Schöpferisches passiert. Es ist der Geist Gottes, der über der Urflut schwebt, der die Propheten und die Auserwählten erfüllt, der das auserwählte Volk erfüllt, der über Maria kommt und der die Tugenden jener verleiht, die Jahwe verehren: Weisheit, Einsicht, Rat, Stärke, Erkenntnis, Frömmigkeit und Gottesfurcht.

Vgl. S. 200f

Gen 1,2; Jes 11,2

Ez 39,29

Lk 1,35

KKK 1831

Es ist der Heilige Geist, der hinter jeder konkreten Gotteserfahrung steht und sie möglich macht. Und seit Pfingsten gilt die Kirche als *Ort des Heiligen Geistes*, der sie zur Erkenntnis des Vaters und zur Fortsetzung der Sendung Jesu Christi befähigt. Er äußert sich in den durch ihn inspirierten Heiligen Schriften, in der Tradition der Kirche und in ihrem recht geübten Lehramt, in der Liturgie und den Dienstämtern, aber auch im konkreten Beten und Verkündigen. Damit heiligt er diese Kirche (wenn sie auch ganz konkret und zeitlich noch nicht „heilig" ist) und macht sie zum Grundsakrament schlechthin: Sie kann sich so lang zu Recht „Kirche" nennen, als sie sichtbares und wirksames Zeichen für die Sendung des Heiligen Geistes bleibt.

Pfingstsonntag und -montag sind die idealen Tage für das Fest der Firmung, vgl. S. 67ff

KKK 737–741

Die liturgische Farbe des Pfingstfestes ist Rot, die Farbe des Feuers und damit die angemessene Farbe des „befeuernden" Heiligen Geistes. Entsprechend sind die Texte und die Musik des Gottesdienstes ausgewählt, der – wenn es nicht ein Firmgottesdienst ist – dem regulären Ablauf aller Hochfeste folgt. Das Pfingstfest erstreckt sich wie Ostern über zwei Tage, den Pfingstsonntag und den Pfingstmontag.

Mit Pfingsten endet der Osterfestkreis und das reguläre Kirchenjahr geht weiter seinen Gang.

Fronleichnam

Indirekt hängt mit dem Osterfest auch das „Hochfest des Leibes und Blutes Christi", volkstümlich Fronleichnamsfest genannt, zusammen. Der Name leitet sich vom Inhalt des Festes ab: Mhd. *fro* („Herr") und *lihnam* („Leib") ergeben den „Herrenleib". Der mittelalterliche Ursprung des Wortes wird verständlich, wenn man weiß, dass dieses Fest erst im 13. Jh. entstanden ist: 1264 wurde es von Papst Urban IV. als gesamtkirchliche Feier vorgeschrieben.

Das Fronleichnamsfest ist dem Sakrament der Eucharistie gewidmet, vgl. S. 14 u. S. 52ff

Lk 22,7–20 par. 1 Kor 11,23–26

Ohne die Feier vom Letzten Abendmahl am Gründonnerstag bleibt das Fest unverständlich; in Zusammenschau mit ihm wird es klar. Den Hintergrund bildet das Wandlungsverständnis der katholischen Kirche, das besagt, dass Brot und Wein in der Eucharistiefeier dauerhaft und wirklich (nicht nur für die Dauer des Gottesdienstes oder zeichenhaft) in Leib und Blut Jesu Christi verwandelt werden. Daher ist auch außerhalb des Gottesdienstes in der gewandelten Hostie Jesus Christus selbst gegenwärtig; sie wird also entsprechend aufbewahrt und verehrt. Der erste und ursprüngliche Ort dieser Verehrung ist zwar die Eucharistiefeier und die Kommunion; sekundär aber haben sich auf der Basis dieses Verständnisses weitere Verehrungsformen herausgebildet, in deren Zentrum eine gewandelte Hostie in einem prunkvollen Schaugefäß, der Monstranz (von lat. *monstrare*, „zeigen") steht.

Vgl. S. 14f. u. S. 52ff

Eine dieser besonderen Verehrungsformen ist nun das Fronleichnamsfest. Es findet immer zehn Tage nach Pfingsten und damit 60 Tage nach Ostern statt; es fällt wie Christi Himmelfahrt immer auf einen Donnerstag (auch hier wieder die enge Verbindung zum Gründonnerstag!). Im Rahmen des Gottesdienstes wird in den Texten und Gebeten in besonderer Weise an die Gegenwart Jesu Christi im Sakrament erinnert, und an vielen Orten wird der traditionelle Brauch der Fronleichnamsprozession gepflegt, die im Anschluss an die Heilige Messe in feierlicher Form bis zu vier Außenaltäre oder Kapellen aufsucht. An diesen Orten wird jeweils eine kurze Andacht gehalten und mit der Monstranz der Segen gespendet. Vereinzelt ist auch die Liturgie selbst in die Prozession eingebunden, indem sie z. B. an der ersten Station anstatt in der Pfarrkirche gefeiert wird. Zusätzlich zur normalen Prozessionsordnung gehen vor dem Allerheiligsten in der Monstranz oft die Kinder, die in diesem Jahr die Erstkommunion empfangen haben, und streuen Blütenblätter und Blumen auf den Weg (auch dies wieder eine Verbindung zum Osterfest, genauer zum Palmsonntag).

Die Fronleichnamsprozession

Vgl. S. 136f

Das Hochfest vom Heiligsten Herzen Jesu

Vgl. Rahner, Die Anfänge der Herz-Jesu-Verehrung

Seit dem Hochmittelalter wird das „Herz Jesu" besonders verehrt, wobei die Vorstellung, dass das Herz der Sitz der Gefühle und insbesondere der Liebe ist, eine starke Rolle spielt – sie hat sich ja zumindest umgangssprachlich bis heute gehalten: Wer verliebt ist, hat sein Herz verschenkt; wer sich von einem geliebten Menschen trennen muss, dem bricht das Herz. Man hat ein Herz für Tiere, und wer mit einem vertrauten Menschen im Gespräch ist, kann sein Herz öffnen. So hat das Herz nicht nur als lebenswichtiges Organ, sondern auch in der Sprachsymbolik heute noch eine herausragende Bedeutung. Im Gefolge der

Auffassung von der wahrhaften Menschheit Jesu wurde gefolgert, dass auch er ein „Herz für die Menschen" hatte und hat, dass sein Herz sozusagen der Sitz seiner unverbrüchlichen Liebe zu seinem Volk und damit der Ursprung der Kirche ist.

Der biblische Schlüssel zur Herz-Jesu-Verehrung sind die folgenden Verse des Evangelisten Johannes:

> *Jesus antwortete [der samaritischen Frau]: Wer von diesem Wasser trinkt, wird wieder Durst bekommen; wer aber von dem Wasser trinkt, das ich ihm geben werde, wird niemals mehr Durst haben; vielmehr wird das Wasser, das ich ihm gebe, in ihm zur sprudelnden Quelle werden, deren Wasser ewiges Leben schenkt.* *Joh 4,13f*

> *Am letzten Tag des Festes, dem großen Tag, stellte sich Jesus hin und rief: Wer Durst hat, komme zu mir, und es trinke, wer an mich glaubt. Wie die Schrift sagt: Aus seinem Inneren werden Ströme von lebendigem Wasser fließen.* *Joh 7,37f*

> *Als [die Soldaten, die die Kreuzigung vollzogen] aber zu Jesus kamen und sahen, dass er schon tot war, zerschlugen sie ihm die Beine nicht, sondern einer der Soldaten stieß mit der Lanze in seine Seite, und sogleich floß Blut und Wasser heraus.* *Joh 19,33f (vgl. auch Ex 12,46)*

Die Kirchenväter haben diese Verse als Ursprung der Kirche gedeutet – das Wasser, das aus der Seitenwunde Jesu entspringt, ist das Wasser des Lebens, das Wasser der Taufe. Im Mittelalter nun wurde diese Lehre verbreitet und fand insbesondere bei den Mystikerinnen und Mystikern ihren Ausdruck, die von zahlreichen Visionen über die göttliche Liebe und ihren Ursprung im Herzen Jesu berichteten. Besonderen Anteil an der Verbreitung der Herz-Jesu-Verehrung hatten die Orden der Franziskaner und Jesuiten. In der Volksfrömmigkeit der katholischen Kirche war sie schon lange vor der offiziellen Einführung eines eigenen liturgischen Hochfestes durch Papst Pius IX. im Jahre 1856 fest verankert. Dieses findet am Freitag der dritten Woche nach Pfingsten statt. In der Wahl des Wochentages spiegelt sich der Bezug zum Karfreitag. Analog ist jeweils der erste Freitag jeden Monats der Herz-Jesu-Freitag, der im Zeichen der göttlichen Liebe und Barmherzigkeit steht und aus diesem Grund ein bevorzugter Tag für den Empfang des Bußsakramentes und der Krankenkommunion ist.

Erntedank

Das Erntedankfest ist ein Brauchtumsfest und keine kirchlich vorgeschriebene Feier. Aber immerhin findet es einen eigenen Abschnitt im Messbuch und ist so verbreitet, dass es hier kurz behandelt wird. *MB S. 1066f*

Seit dem 3. Jh. wird in der Kirche ein Erntedankfest gefeiert. Die Kirche hat damit einen älteren Brauch übernommen – seit Menschengedenken wurden nach dem Ende der Ernte den lokalen Gottheiten Dankopfer in Form von Erntefrüchten dargebracht. Entsprechende Riten sind für Ägypten, Griechenland und Rom belegt. In der jüdischen Tradition stehen die Feste Schawuot zu Beginn und Sukkot zum Ende der Ernte im Zeichen des Dankes für die Früchte der Erde und der menschlichen Arbeit.

Im Judentum werden die Erntefeste Schawuot und Sukkot gefeiert, vgl. Kolatch, Jüdische Welt verstehen

Allen diesen Festen ist gemeinsam, dass sich der Mensch insbesondere im Bereich seiner Nahrung als von etwas Höherem, Unverfügbarem abhängig erfährt und auf diese Erfahrung reagiert. Auch wenn man das heute im Zeitalter der Globalisierung nicht mehr so radikal erlebt, ahnt man, dass es gut ist, für das Erhaltene zu danken, nicht nur für Obst und Feldfrüchte, sondern auch für alle anderen materiellen und ideellen Erträge. Die Vaterunser-Bitte „Unser tägliches Brot gib uns heute“ erinnert nach wie vor daran, dass ausreichendes Essen als Lebensgrundlage nicht selbstverständlich war und für einen größeren Teil der Menschheit nach wie vor noch nicht selbstverständlich ist.

Für das Erntedankfest ist auch das Teilen zentral

Dem entsprechend ist die Gestaltung des Festes heute ausgerichtet auf den Gedanken des Sammelns, Dankens und Teilens einerseits sowie auf den dekorativen Brauchtumsaspekt andererseits. Insbesondere in ländlichen Gegenden Süddeutschlands und Österreichs werden Erntewägen hergerichtet, also Traktorengespanne mit geernteten Feldfrüchten, Obst, Getreide und anderem beladen und reich dekoriert. Gemeindemitglieder, die keine Erntegaben beisteuern können, beteiligen sich mit Geldspenden. Wo es möglich ist, wird in feierlicher Prozession, in der auch die Erntewägen eingegliedert sind, zur Kirche gegangen, wo ein Dankgottesdienst abgehalten wird. Anschließend werden die Erntegaben und die Geldspenden von der Gemeinde an Bedürftige und karitative Organisationen verteilt. Die Erntekrone – eine Flechtarbeit aus Getreideähren in Form einer Bogenkrone, die ein Kreuz trägt – wird in die Kirche übertragen und bleibt dort bis zum Allerheiligentag aufgestellt.

Allerheiligen und Allerseelen

Die Christenverfolgungen im römischen Reich sind eine Wurzel des Allerheiligenfestes

Um 400 n. Chr. beschreibt Johannes Chrysostomos einen Gedenktag „aller Märtyrer“, also all jener, die trotz der blutigen Verfolgungswellen der römischen Staatsautoritäten an ihrem christlichen Bekenntnis festgehalten hatten. Insbesondere in den blutigen Verfolgungen unter den Kaisern Diokletian und Galerius waren die Märtyrer so zahlreich geworden, dass es nicht mehr möglich war, ihrer an je einem eigenen Jahrestag zu gedenken. Dieser „Sammel-Gedenktag“ wurde ursprünglich eine Woche nach Pfingsten begangen, und die unierte griechisch-katholische Kirche feiert noch heute Allerheiligen zu diesem Termin. Im Jahr 610 wurde das Pantheon in Rom, jener Tempel, der allen römischen Göttern geweiht war, in eine Kirche umgewandelt und der Jungfrau Maria und allen Märtyrern geweiht. Diese Weihe erfolgte an einem 13. Mai, sodass bis auf weiteres dieser Tag als „Fest aller Märtyrer" begangen wurde. Im Gebiet der iro-schottischen Kirche, die weise die lokalen Traditionen nutzte, wurde der Gedenktag am ersten Novembertag gefeiert. Denn an diesem Tag feierten die Kelten das Totenfest Samhain, an dem – ebenso wie an Beltaine – die Verbindung zur anderen Welt offenstand und eine besondere Verbindung zu den Verstorbenen möglich war. Der Einfluss der iro-schottischen Mission war groß: Im Jahr 835 wurde der 1. November durch Papst Gregor IV. als Festtag „Allerheiligen" für die katholische Kirche festgelegt; ob dies, wie fallweise behauptet wird, unabhängig von der Terminwahl im Norden erfolgte, ist nicht mehr festzustellen. Zu diesem Zeitpunkt bezog sich der Tag nicht mehr nur ausschließlich auf die Märtyrer, sondern schloss alle Heiligen der Kirche mit ein.

Als „uniert" bezeichnet man eine Ostkirche, die sich durch die Anerkennung des Papstes der römisch-katholischen Kirche annähert

Aber was genau heißt denn „heilig", und was ist an den Heiligen so Besonderes, dass man ihrer gedenken soll? „Heilig" leitet sich von „heil" im Sinne von ganz, unverletzt oder vollkommen ab. „Heilig" bedeutet letztlich die vollständige Vollkommenheit in allen Tugenden, vor allem in der Liebe und ist eine Eigenschaft Gottes. Eine solche Vollkommenheit ist innerweltlich nicht möglich, sondern nur welttranszendent denkbar. Nur Jahwe allein ist heilig; keinem anderen Wesen gebührt diese Bezeichnung. Wenn etwas anderes „heilig" genannt wird, dann ist das immer von der Heiligkeit Gottes her zu verstehen – die Person oder die Sache ist insofern heilig, als sie auf Gott hingeordnet ist. Wenn man also von der heiligen Maria, vom heiligen Antonius, aber auch von der heiligen Kirche oder von heiligen Geräten (jenen Gefäßen, die in der Liturgie verwendet werden, wie z. B. Kelch oder Hostienschale) spricht, dann ist die „Heiligkeit" keine Eigenschaft jener Personen oder Dinge selbst, sondern sie erklärt sich aus ihrem Gottesbezug. Das Neue Testament spricht von den Getauften als „den Heiligen", weil sie durch die empfangene Taufe zu Christus gehören. Und das Zweite Vatikanische Konzil erklärt dazu:

Vgl. S. 19f, S. 163ff

Einzig und allein Gott ist heilig

Vgl. das Credo S. 123f

z. B. Röm 1,7; 1 Kor 1,2; 2 Kor 1,1; Hebr 13,24; Jud 3

> *Die Anhänger Christi sind von Gott nicht kraft ihrer Werke, sondern aufgrund seines gnädigen Ratschlusses berufen und in Jesus dem Herrn gerechtfertigt, in der Taufe des Glaubens wahrhaft Kinder Gottes und der göttlichen Natur teilhaftig und so wirklich heilig geworden. Sie müssen daher die Heiligung, die sie empfangen haben, mit Gottes Gnade im Leben bewahren und zur vollen Entfaltung bringen.*

Konzildsokument: Lumen Gentium 40

Zu Maria und den Marienfesten vgl. S. 152ff

Nun verkündet die Kirche von bestimmten Menschen, dass sie dies auf besondere Weise verwirklicht haben. Ganz besonders trifft das auf die heilige Maria zu, die nach der Lehre der Kirche vom Augenblick ihrer Empfängnis an ohne Sünde war, zur Gottesmutter ausersehen wurde und daher Gott – zugleich ihrem Schöpfer und ihrem Sohn – besonders nahesteht. Von vielen weiteren Menschen bezeugt die Kirche diese Gottesnähe ebenso, wobei erst seit dem späten 10. Jh. ein Formalakt für dieses Zeugnis ausgeübt wird, die sogenannte *Kanonisation* oder *Heiligsprechung*. Bis zu diesem Zeitpunkt wurden besonders verdiente Verstorbene – insbesondere Märtyrer – vom Volk spontan verehrt oder von den jeweiligen Diözesanbischöfen als verehrungswürdig erklärt. Darüber hinaus galten selbstverständlich die Stammeltern des Glaubens wie Abraham und Sara, die Propheten, die Apostel und die Glaubenszeugen der ersten Jahrhunderte als Heilige.

Vgl. Breitsching: Wie wird man ein/e Heilige/r?

Das sogenannte Kanonisationsverfahren, der Prozess der Heiligsprechung, erfolgt auf Antrag einer kirchlichen Körperschaft; meist wird ein Diözesanbischof oder ein Ordensoberer als Antragsteller auftreten. Die erste Stufe des Prozesses ist die Beatifikation, die *Seligsprechung*, die von einem Menschen feststellt, dass er besonders vorbildlich und tugendhaft gelebt hat. Wird in diesem Verfahren, das sich über Jahre hinziehen kann, erkannt, dass die Voraussetzungen der Lebensführung gegeben und der Nachweis eines Wunders erbracht wurde, kann in einem feierlichen Akt *vor Ort* festgestellt werden, dass die betreffende Person lokal verehrt werden darf. In einer zweiten Stufe kann in einem analogen Verfahren die Heiligsprechung erfolgen, die eine noch genauere und umfangreichere Prüfung und den Nachweis mindestens eines weiteren Wunders voraussetzt.

In einer katholischen Kirche ist üblicherweise die Reliquie eines bzw. einer Heiligen in den Altartisch eingesenkt

In der frühen Kirche wurden am Jahrestag des Todes von Märtyrern Gottesdienste auf deren Gräbern abgehalten; später wurden über den Gräbern von besonders verehrten Märtyrern Kirchen erbaut. Wo das nicht möglich war, wurden die sterblichen Überreste bzw. Teile davon in Kirchen überführt und in Gräbern unterhalb des Altares beigesetzt. Von daher stammt der bis heute geübte Brauch, einen Behälter mit einem kleinen Körperteil eines verstorbenen Heiligen – eine Reliquie – in den Altartisch einer neu geweihten Kirche einzufügen. Damit soll die enge Verbindung zwischen den Verstorbenen und den Lebenden in ihrer Nähe zu Gott symbolisiert werden – die „Gemeinschaft der Heiligen" aus dem Glaubensbekenntnis. Dementsprechend wird der Verehrung der Heiligen in der Liturgie des Allerheiligentages großes Augenmerk geschenkt. Die liturgische Farbe des Tages ist Weiß.

Am Allerseelentag, dem 2. November, gedenkt die Kirche dann aller Verstorbenen. Der Tag ist dem Totengedenken, aber auch dem wirksamen Gebet für die Verstorbenen gewidmet, deren Aufenthalt im Purgatorium sich dadurch erleichtern oder verkürzen lässt. Die liturgische Farbe des Tages ist Violett. *Vgl. S. 104f*

Am Allerheiligen- oder Allerseelentag ist an vielen Orten, an denen der Friedhof in der Nähe der Kirche liegt, eine Prozession zum Friedhof mit einer Gräbersegnung üblich.

Christkönigssonntag

Mit dem Hochfest Christkönig, das am letzten Sonntag vor Advent gefeiert wird, endet das Kirchenjahr. Es ist eines der jüngsten Feste im katholischen Kalendarium – erst 1925 wurde es zum 1600-Jahr-Jubiläum des Konzils von Nicäa eingeführt und fiel zuerst auf den letzten Oktobersonntag, bevor es im Rahmen der Reformen des Zweiten Vatikanischen Konzils auf den heutigen Termin verlegt wurde. Am Konzil von Nicäa wurde – neben anderen wichtigen Entscheidungen – auch die wahre Gottheit Jesu Christi definiert, und zwar dem Arius gegenüber, der Jesus als das zwar erste und wichtigste, aber doch nur als Geschöpf des Vaters ansah. Jesus Christus als Monarch (König) darzustellen entspricht also symbolisch dem Gedanken des Konzils.

Auch das „große" Credo stammt von diesem Konzil, vgl. S. 123f

Entsprechend zur Entstehungszeit in den zwanziger Jahren des 20. Jh. hat dieses Fest auch einen politischen Aspekt: Angesichts der untergegangenen Monarchien, aber auch angesichts des Säkularismus wird ausgesagt, wer der wahre und ewige König ist: Jesus Christus, der Sieger über Sünde und Tod, der das Reich Gottes (wörtlich: die „Königsherrschaft Gottes") ausgerufen hat. Zugleich ist er der kommende, endzeitliche Friedensfürst; ebenso wie die Adventzeit betont dieses Fest also sowohl das bereits begonnene als auch das noch erwartende endzeitliche Wirken des Herrn und Erlösers. Sein Reich ist kein weltlich-politisches, sondern eines der Wahrheit, des Lebens, der Heiligkeit, Gnade und Gerechtigkeit, der Liebe und des Friedens. Es ist in dieser Welt noch nicht vollendet, aber bereits angebrochen, und Christen sind verpflichtet, an seinem Aufbau mitzuwirken. Diese ideale Königsherrschaft Christi ist die einzige rechtmäßige absolute Herrschaft, die die Kirche anerkennt; jede andere ist nur soweit legitim, als sie dem Reich-Gottes-Gedanken folgt. Jeder Christ hat durch die Taufe Anteil am Königtum Christi.

Vgl. Mt 27,11

Jes 9,5

MB S. 263

Vgl. S. 40ff

Diese Gedanken finden ihren Ausdruck in den Texten, Gebeten und Gesängen des Christkönigsfestes, dessen liturgische Farbe Weiß ist.

Exkurs: Maria und die Marienfeste

Die Marienverehrung

In der Marienverehrung in der katholischen Kirche bietet sich eine mitunter seltsam anmutende Mischung aus Volksfrömmigkeit, kirchlich-offizieller Lehre und Aberglaube dar. Über die Ursachen dafür ist viel geschrieben worden, und die mitunter recht unterhaltsamen Thesen reichen von der beinahe kabbalistisch inspirierten Deutung von Schriftstellen bis hin zur Verdrängung einer archaischen Muttergottheit durch die heilige Maria.

Zu „heilig" vgl. S. 148f.

Mit der Heiligen Maria ist in diesem Fall Maria, die Mutter des Jesus von Nazareth, des Christus, gemeint – es gibt auch andere heilige Frauen dieses Namens, allen voran Maria Magdalena, aber auch Maria, die Schwester der Marta, oder jene Maria, die Paulus am Schluss des Römerbriefes grüßt. Die Mutter Jesu, kirchlich auch als „Heilige Jungfrau" oder „Unbefleckte Empfängnis" bezeichnet, spielt aber eine besondere und über die Bedeutung der „normalen" Heiligen (wobei, ob es so etwas wie „normale" Heilige überhaupt gibt?) weit hinausgehende Rolle. Was macht diese Maria zu einer so wichtigen Glaubensgestalt? Diese Frage erfordert Antworten auf mehreren Ebenen.

Die erste Ebene ist eine religionswissenschaftliche Hypothese: Das Christentum hat in seiner Geschichte einige Kulte von Muttergottheiten verdrängt. In der Apostelgeschichte wird davon berichtet, dass Paulus auf einer seiner Reisen nach Ephesus kam, um Jesus Christus zu verkündigen, und dort von den Anhängern der Göttin Artemis nicht sehr wohlwollend aufgenommen wurde (ob das rein wirtschaftliche Gründe hatte, wie die Apg erzählt, ist nicht so sicher). Es wäre einleuchtend, anzunehmen, dass in einer derartigen Umgebung die christliche Botschaft leichter übernommen wird, wenn nicht nur ein gekreuzigter Mann, sondern auch eine junge Frau verehrt wird. Und immerhin gibt es später eine wichtige Gemeinde in Ephesus; ein Paulusbrief an die Epheser ist Bestandteil des Neuen Testamentes.

Apg 19,1–20,12

Die zweite Ebene ist eine anthropologische: Für die meisten Menschen ist der Begriff der Mutter emotional sehr hoch besetzt. Erste Akzeptanz- und Liebeserfahrungen werden mit der Mutter in Verbindung gebracht, ebenso wie das Gefühl von Sättigung, Obsorge, Geborgenheit und Pflege. Insofern wird der Mensch auch nach allen notwendigen Ablösungsprozessen in der Regel mit starken Gefühlen an seiner Mutter hängen. Dies zeitigt auch Folgen bis tief in die Psyche des Menschen hinein; vor allem Sigmund Freud und seine Schule haben sich mit diesem Bereich der Eltern-Kind-Bindung beschäftigt.

Die dritte und wichtigste Ebene ist die theologische: Es war der Mensch Maria, der von Gott auserwählt wurde, die Mutter von Jesus Christus zu sein – und zwar nicht nur in passivem Erdulden, sondern in aktiver Annahme und mit eigener Initiative. Damit ist die Frage naheliegend, was gerade diese junge Frau aus Galiläa von Tausenden und Abertausenden anderen Frauen unterschied; Generationen von Theologen haben sich bemüht, darauf eine Antwort zu geben. Andererseits ist – nachdem die Geburt Jesu eine tatsächliche *biologische* Geburt gewesen sein muss – natürlich auch der starke Zusammenhang zwischen jeder Christologie, die entwickelt wird, und dem Menschen Maria deutlich zu sehen. Anders gesagt: Wenn ich Aussagen über Jesus Christus, der Lehre der Kirche zufolge wahrer Mensch und wahrer Gott, treffe, muss ich notwendigerweise auch Aussagen über Maria damit zumindest stillschweigend tätigen. Diese theologischen Aussagen über Maria sind erstaunlich komplex; analog zu den anderen Kerndisziplinen werden sie in der Mariologie zusammengefasst. Und zu den wichtigsten mariologischen Aussagen sollen hier einige Sätze folgen.

Lk 1,26–38; vgl. Joh 2,1–5

Jede Aussage der Kirche über Maria ist letztlich eine Aussage über Jesus Christus

Maria in der Bibel

Maria (hellenisierte Form der aram. *Mirjam*) wird in den neutestamentlichen Schriften als Mutter von Jesus Christus beschrieben. Es gibt nur wenig konkrete Angaben über sie; ihr Name wird nur bei den Synoptikern und letztmalig in Apg 1,14 genannt. Der Evangelist Johannes nennt ihren Namen nicht, sondern spricht nur von der Mutter Jesu. Jesus selbst spricht Maria an keiner Stelle als „Mutter“ an; sein Verhältnis zu ihr scheint bei näherem Hinsehen sogar merkwürdig distanziert. Auf die im Originalzusammenhang nicht so schroff klingende Rückfrage Jesu im Rahmen der Hochzeit zu Kana folgt das letzte der wenigen überlieferten Worte der Maria: die Aufforderung an die Diener, den Anweisungen Jesu Folge zu leisten.

Das Neue Testament erzählt wenig Konkretes vom Leben der Maria

Joh 2,4

Paulus, der früheste Schriftzeuge im Neuen Testament, erwähnt Maria namentlich überhaupt nicht, weil sie für seinen christologischen Zugang nicht wichtig scheint. Insofern Maria in der mündlichen bzw. protoevangelischen Überlieferung der paulinischen Zeit überhaupt erscheint, wird sie als Mutter von Jesus und als Initiatorin einiger seiner Handlungen geschildert; dies findet später dann ja auch in den Evangelien, insbesondere bei Lukas, seinen Niederschlag. Für Paulus ist die natürliche Geburt Jesu von Bedeutung, weil sie belegt, dass Gott wahrhaft Mensch geworden ist, indem er von einer Frau geboren wurde. In der jüdischen Tradition sichert die Geburt durch eine jüdische Mutter die Zugehörigkeit des Kindes zum Volk Israel; das scheint in Zusammenschau mit der Genealogie von Bedeutung, die in Mt 1 ge-

Die Weitergabe der Abstammungslinie durch die mütterliche Herkunft nennt man „matrilinear"

schildert wird: Durch die väterliche Linie ist Jesus aus dem Geschlecht Davids; durch die mütterliche als Kind Israels bezeugt. Diese Blickwinkel ergänzen einander: Der davidische Stammbaum soll den Herrschaftsanspruch im Hinblick auf das Reich Gottes, die Geburt aus einer jüdischen Mutter die Zugehörigkeit zum Bundesvolk sicherstellen. Insofern sich der Umkehrruf Jesu ja zunächst an „die verlorenen Schafe des Hauses Israel" richtet, denen als Erstes das Reich Gottes verkündet werden soll, ist das nur konsequent. Maria als Person wird von ihm nicht exemplarisch verwendet, nicht einmal in 2 Kor 11,2f – da er dort das Bild von der Jungfrau als Analogie der Beziehung der Gemeinde zu Christus verwendet, wäre die Vorbildhaftigkeit Mariens, wenn sie dafür schon tradiert vorläge, eine wertvolle Illustration. Dass er sie ausspart, ist ein Indiz dafür, dass er weder „jungfräuliche Empfängnis" noch „Jungfrauengeburt" kennt.

Mt 1,16

Der Evangelist Matthäus nennt Maria im Stammbaum Jesu als Frau des Josef, und zwar zusammen mit einigen anderen Frauen: Tamar, Rahab, Rut und die Frau des Urija. Interessant ist hier, dass Mt vier Sünderinnen bzw. Ausländerinnen nennt, nicht aber die Erzmütter, die über jeden Zweifel erhaben sind, nämlich Sara, Rebekka und Rahel. Daraus lässt sich zweierlei schließen: Gemäß seiner Verkündigungsabsicht weist Mt auch an dieser Stelle darauf hin, dass einerseits die zu seiner Zeit kolportierte Verdächtigung, dass Maria keine Jüdin gewesen sei, belanglos ist, wenn so viele nichtjüdische Mütter große Männer und Frauen des Glaubens hervorgebracht haben, dass aber auch andererseits Jesus derjenige ist, der gerade um der Sünder und Heiden willen gekommen ist und die Reich-Gottes-Botschaft gerade für sie gilt.

Maria verweist immer auf Jesus Christus

Es ist deutlich zu sehen, dass Maria zur Zeit der Entstehung der Evangelien schon ein fester Bestandteil der Glaubensüberlieferung der Kirche ist; der Zusammenhang, in dem sie gesehen wird, wird durch die Erzählungen deutlich, in denen sie im Mittelpunkt steht. Drei davon seien hier herausgegriffen: die Verkündigungsgeschichte, die Hochzeit zu Kana und die Kreuzigungsszene.

Die Verkündigungsgeschichte ist im Evangelium nach Lukas erwähnt: Der Bote Gottes tritt zu Maria und konfrontiert sie mit dem unerhörten Ansinnen Jahwes: Sie soll, obwohl Jungfrau, einen Sohn empfangen, der den Thron Davids innehaben und Sohn des Höchsten genannt wird. Die junge Frau fragt zwar zunächst noch nach den genaueren Umständen – sie kennt die biologischen Zusammenhänge und weiß, dass sie nicht schwanger sein kann – aber sie akzeptiert den Ruf

Lk 1,38

Gottes und erklärt: „Ich bin eine Dienerin des Herrn, mir geschehe, wie du es gesagt hast."

Interessant ist an dieser Stelle zweierlei: Obwohl sie mit Josef „nur" verlobt ist und das Judentum grundsätzlich der mütterlichen Linie folgend weitergegeben wird, betont der Engel die Abstammung von David. Dieser legendäre große König Israels hatte das Land gefestigt und von inneren und äußeren Feinden befreit; die Abstammung von ihm ist eine Bedingung für die Anerkennung als Messias durch das Volk! Und weiter: Maria macht keinen ernsthaften Einwand, sie beugt sich vor dem Willen Gottes, obwohl das ihre komplette Lebensplanung durcheinanderbringt – ein Kind zu erwarten, das nicht ehelich, noch nicht einmal von ihrem Verlobten ist, bringt Schande über eine Frau und macht sie zu einer beinahe Ausgestoßenen (ein anderer Evangelienbericht greift dieses Problem auf und löst es durch eine weitere Verkündigung an Josef). Dadurch wird Maria zum Vorbild bedingungsloser Hingabe an Gott. Dies ist für die Kirche so wichtig, dass am 25. März ein eigener Feiertag, „Verkündigung des Herrn" (oft kurz „Mariä Verkündigung"), deswegen begangen wird.

Mt 1,20

25. März: Mariä Verkündigung

In der Hochzeit zu Kana, zu der Jesus, seine gerade erst berufenen Jünger und seine Mutter eingeladen sind, kommt es zu einem Engpass in der Weinversorgung. Obwohl Jesus sein öffentliches Wirken noch nicht begonnen hat, bittet ihn seine Mutter darum, zu helfen – und erfährt eine deutliche Zurückweisung. Sie lässt sich davon aber nicht beirren, und ihre Zuversicht wird belohnt: Die berühmte Verwandlung von Wasser in Wein wird beim Evangelisten Johannes als erstes „Wunder" dieses Jesus von Nazareth berichtet. Dadurch wird Maria zum Vorbild bedingungslosen Vertrauens in Gott.

Joh 2,1–11

In der Kreuzigungsszene, wieder bei Johannes, steht Maria mit ihrer Schwester und zwei weiteren Frauen sowie „dem Jünger, den Jesus liebte" in unmittelbarer Nähe des Kreuzes. In der symbolischen Sprache des Evangeliums steht damit die Herkunft Jesu, die Menschen, an denen er unmittelbar gewirkt hat und die junge Kirche „unter dem Kreuz"! Jesus überträgt die Sorgepflicht für seine Mutter an den Lieblingsjünger. Das ist nicht nur ein Akt der familiären Fürsorge: Maria ist dabei, als Jesus nach stundenlangen Qualen stirbt; sie erlebt nicht nur den Tod ihres Kindes, sondern auch das Ende des irdischen Wirkens Jesu. Aber das ist nicht das Ende des Wirkens Jahwes: Indem sie – die biologische Mutter des Menschen Jesus – in die Obhut des Lieblingsjüngers gegeben wird, übernimmt symbolisch die Kirche die Hingabe und das Gottvertrauen der Maria als ihre eigenen Eigenschaften. Maria wird zur „Mutter der Kirche", insofern die Kirche „Leib Christi" ist (das heißt das irdische Wirken von Jesus Christus fortsetzt und lebendig hält).

Joh 19,25–27

KKK 964–970

Lehren der Kirche über Maria

Im den ersten beiden Jahrhunderten gibt es keine nachweisbare Mariologie. Weder in den spätesten Briefen des Neuen Testamens, den Pastoralbriefen, noch in der Offenbarung (dort steht das gebärende Weib für die Kirche; die Deutung als Maria ist eine jüngere) noch bei den apostolischen Vätern ist dazu viel zu finden. Der Ort ihres Grabes ist nicht bekannt und bleibt auch später strittig (Ephesus vs. Jerusalem). Die Ausnahme bildet hier Ignatius von Antiochien (um 160), der – um den Doketismus zurückzuweisen – erstmals die Person der Mutter Christi wieder näher in den Blick nimmt, um die wahrhafte Menschheit dieses Jesus von Nazareth zu argumentieren.

Die Auseinandersetzung mit den Doketisten führte zu vielen Lehraussagen über Maria

Die Doketisten – ein Sammelbegriff, unter den verschiedene Irrlehren fallen – gehen von der Annahme aus, dass Gott nur scheinbar (gr. *doxa* – Schein) Mensch geworden sei und dass Jesus immer sozusagen „maskierte ganze Gottheit" war – eine Lehre, die sich hauptsächlich auf den skandalösen Gedanken bezieht, dass ein Gott gequält worden und am Kreuz gestorben sein solle. Natürlich schließt das auch die Frage der Menschwerdung ein, denn wie würde ein nur scheinbar menschgewordener Gott auf der Erde erscheinen? Daher ist es Ignatius wichtig, den Blick darauf zu lenken, dass Jesus eine menschliche Mutter hatte und von dieser geboren wurde. Dieses Problem bleibt in der Tat ein erhebliches – und die Auseinandersetzung mit christologischen (!) Irrlehren ist es auch, die die Formulierung der ersten Mariendogmen notwendig macht.

Unversehrte Jungfräulichkeit

Jungfräulichkeit: Nach der Lehre der Kirchenväter wurde bei der Erfüllung der Verheißung des Engels (Lk 1,35: „Der Heilige Geist wird über dich kommen und die Kraft des Höchsten wird dich überschatten.") die physische Jungfräulichkeit Marias nicht in Mitleidenschaft gezogen. Dasselbe wird auch von der Jungfrauengeburt (die Geburt Jesu aus Maria) angenommen: Sie bleibt körperlich unversehrt. Mt 1,23, auf welche Stelle hier oft Bezug genommen wird, muss gewissenhaft betrachtet werden: Der Evangelist zitiert dort den Propheten Jesaja 7,14, und zwar offenbar in der Fassung der Septuaginta, die an dieser Stelle das hebräische *almah* mit dem griechischen *parthenos* (Jungfrau) (falsch) übersetzt; *almah* steht für das unverheiratete Mädchen oder die gerade heimgeführte Braut und sagt nichts über den physischen Status der betreffenden Frau aus. Das korrekte Wort wäre *betulah*. Offen bleibt freilich, WARUM die hervorragenden Gelehrten, die diese Übersetzung vorgenommen haben, gerade hier „geschludert" haben sollten – diese Übersetzung findet sich nämlich auch noch an einer zweiten Stelle, Gen 4,24, wo von Rebekka, der späteren Frau Isaaks und Erzmutter, die Rede ist. Daher ist der Terminus sicher absichtlich verwendet wor-

Septuaginta: vgl. S. 25

den! Dennoch nimmt diese Lehre in den Diskussionen der Väter schon im späten 2. und frühen 3. Jh. eine zentrale Stelle ein, während andere (wie die leibliche Aufnahme Marias in den Himmel) erst deutlich später in den Mittelpunkt rücken. Der Grund dafür ist, dass die oben genannte Jesaja-Prophezeiung über den Immanuel auf Jesus bezogen und die physische Jungfräulichkeit als starkes göttliches Erwählungszeichen gedeutet wurde.

Gottesmutter: Das Konzil von Ephesus formulierte im Jahr 430: „Wer nicht bekennt, dass der Emmanuel [Anm.: Jesus Christus] wahrhaftig Gott und deshalb die heilige Jungfrau Gottesgebärerin ist (denn sie hat das Wort, das aus Gott ist und Fleisch wurde, dem Fleische nach geboren), der sei ausgeschlossen." Seither wird Maria also offiziell als „Mutter Gottes" angesprochen. Das scheinbare Paradoxon (Maria, ein Geschöpf, soll die Mutter Gottes sein, der der Schöpfer von allem ist?) löst sich auf, wenn man betrachtet, warum das Konzil so entschieden hat – es geht, genau wie im ersten Beispiel, eigentlich um Christus und darum, dass er (anders als die Nestorianer das damals behaupteten) auch in leiblicher Existenz wahrhaft Gott war. Der 1. Jänner wird von der Kirche als „Hochfest der Gottesmutter Maria" gefeiert, um an diese Lehre zu erinnern.

DH 252

1. Jänner: Maria als Gottesmutter, vgl. S. 123

Unbefleckte Empfängnis: Nach der Lehre der Kirchenväter ist jeder Mensch seit dem Sündenfall, der Urverfehlung Adams und Evas, der Erbsünde verfallen.

> Die Lehre von der Erbsünde besagt, stark vereinfacht: Der Mensch ist als Mensch *prinzipiell* sündhaft. Das zeigt sich gemäß der Schöpfungserzählung bereits an Adam und Eva, die sich bewusst und frei gegen Jahwe vergehen, indem sie dessen Weisung ignorieren. Die mythologische Erklärung der Genesis ist zunächst ein erster Versuch, eine Theodizee zu entwickeln, zugleich aber auch eine anthropologische Erkenntnis, die besagt, dass das Tun des Guten zugleich die Erfüllung des Willens Jahwes und eine existenzielle Herausforderung ist (daher erhält es ja auch seinen hohen ethischen Wert!). Die prinzipielle und grundsätzliche Schuldverfallenheit geht der persönlichen und individuellen Sünde voraus und macht diese erst möglich, und sie ist so radikal und allgemein, dass jeder Mensch der Erlösung (konkret durch Jesus Christus) bedarf. Die Überwindung der Erbsünde erfolgt durch den Kreuzestod Christi, in den Christen durch die Taufe hineingenommen sind. Das heißt: Die Taufe durchbricht die Gebrochenheit des Menschen, die in seiner grundsätzlichen Schuldverfallenheit besteht, und macht ihn heil.

Gen 3,1–24

Vgl. S. 185ff

Vgl. MB S. [69]

Die einzige Ausnahme davon bildet Maria: Da sie die Mutter des menschgewordenen Gottes werden soll und von Anbeginn der Zeit dazu ausersehen ist, wurde sie als einziger Mensch ohne den „Makel der Erbschuld“ empfangen. Die „Empfängnis“ bezieht sich also auf die *Zeugung Mariens* durch ihre Eltern, traditionell Joachim und Anna, und nicht auf die Zeugung Jesu. Diese Lehre entsteht relativ spät: Sie ist bei bei Ildefons von Toledo im 7. Jh. konkret fassbar, während andere frühere Väter wie Augustinus hier sehr zurückhaltend sind und nur feststellen, dass darüber nichts Sinnvolles bzw. Zuverlässiges gesagt werden kann. Erst 1854 wird diese Lehre dogmatisiert, also eine verbindliche Glaubensaussage der Kirche. Am 8. Dezember feiert die Kirche den Festtag „Hochfest der ohne Erbsünde empfangenen Jungfrau und Gottesmutter Maria“ (oft kurz als „Mariä Empfängnis“ bezeichnet) zum Gedenken an diesen Glaubenssatz. Der Feiertag „Mariä Geburt“ am 8. September, genau neun Monate später, wurde bereits *vor* Mariä Empfängnis gefeiert und soll an den Geburtstag der heiligen Maria erinnern.

8. Dezember: Mariä Empfängnis

Leibliche Aufnahme Mariens in den Himmel: Eine frühe volkstümliche Tradition der Kirche besagte, dass, im Gegensatz zu den anderen, mit der Erbschuld belasteten und auch im Leben sündigen Menschen, Maria, die ja von der Erbschuld nicht betroffen war und durch die Gnade Gottes auch im Leben nicht gesündigt hat, nach ihrem Tod unmittelbar „in den Himmel gekommen“ ist. Ursprünglich meint dies die Aufnahme ihrer Seele: Nach der mehrheitlichen Auffassung der Kirchenväter verbleibt der Körper im Grab, während die Seele des bzw. der Heiligen unmittelbar in den Himmel aufgenommen werde, während die Seelen der anderen Menschen je nach Blickwinkel im Purgatorium verharren oder auf die Auferstehung warten müssen. In der frühen Kirche wurde am 15. August das Fest „Dormitio“ (Entschlafung Mariens) gefeiert.

Vgl. S. 104f zum Schicksal des Menschen nach seinem körperlichen Tod

Aus dem Gedenktag des Todes der Maria wurde der Feiertag ihrer Aufnahme in den Himmel

Aus dieser Tradition entwickelte sich das Kirchenfest „Maria Aufnahme“, das für das 7. Jh. im Raum des heutigen Frankreichs bezeugt ist. Verschiedene Umstände führten im Lauf der folgenden Jahrhunderte zu einer Uminterpretation dieses Festes als „Aufnahme mit Seele UND Leib“ und zur Ausbreitung des Festtages in den Raum der ganzen Kirche, in der es seit dem 13. Jh. gefeiert wird. Lehramtlich wurde es erst 1950 festgelegt, und zwar auf Druck „von unten“ – seit dem 19. Jh. hatten zahlreiche Eingaben bzw. im Rahmen des I. Vatikanums auch ein maßgeblicher Teil des Episkopates diese Dogmatisierung gefordert. Am 15. August wird von der Kirche mit einem eigenen Feiertag (volkstümlich: Mariä Himmelfahrt, richtig: Mariä Aufnahme in den Himmel) dieses Glaubenssatzes gedacht.

15. August: Mariä Himmelfahrt

III. Der Hintergrund: Über Gott und die Welt

Sich „an Gott herandenken"

Wider Erwarten und bei aller Säkularisierung ist heute etwas sehr deutlich sichtbar: „Religion", ganz allgemein gesprochen, lebt und erfreut sich respektablen Zulaufes, während religiöse Organisationen (wie Kirchen) an Mitgliedern und Einfluss verlieren. Aber geht es dabei wirklich um „Religion" im engeren Sinne, also das, was auch Gegenstand des Christseins ist?

Die meisten Menschen sind „religiös" – aber in völlig unspezifischer Hinsicht und damit oft fern von einer „organisierten" Religion

Letztlich nicht. Die z. B. in Werbung, Film, Fernsehen, Literatur und anderen Bereichen deutlich sichtbaren Spuren einer ganz allgemeinen, eher esoterischen „Religiosität" sind nur schwer mit der christlichen Lehre in Einklang zu bringen. Die meisten davon sind zu unspezifisch, zu undifferenziert, letztlich zu unpersönlich und zu egoistisch, um mit dem Gottesbild, das Jesus vertrat, im Einklang stehen zu können. Oft wird aus einer ganzen Palette von spirituellen und kulturellen Requisiten ein eigenes System zusammengebastelt, das den persönlichen Bedürfnissen entgegenkommt, und das unbekümmert darum, ob die selektierten Inhalte überhaupt noch zueinander passen. Nur als Beispiel: Oft genug begegnen mir Menschen, die sich als katholisch bezeichnen und zugleich an die Wiedergeburt aufgrund ihres „Karmas" (der Begriff aus dem Hinduismus, der die „schicksalsbeeinflussende Tatenbilanz" des Menschen bezeichnet) oder einer notwendigen geistigen Höherentwicklung glauben. Dabei ist Wiedergeburt mit dem Christentum sowohl dogmatisch als auch logisch unvereinbar.

Vgl. Wessely / Ornella: Religion und Mediengesellschaft

Der dogmatische Widerspruch: Jesus Christus lehrt das Reich Gottes, und zwar im jeweiligen Hier und Jetzt. Sein Anliegen ist es gerade, den armen, sündigen und schuldbeladenen Menschen die Botschaft zu bringen, dass Gott sich dennoch zu ihnen hinwendet und ihnen deswegen die Erlösung verheißen ist. Das greift die katholische Kirche vor allem im Zeichen des Sakraments der Versöhnung (dem „Bußsakrament" vulgo Beichte) auf und setzt damit das Wirken von Jesus fort. Auch wer sich noch so schuldig gemacht hat, darf auf Vergebung hoffen, die ihm im entsprechenden Ritus auch ausdrücklich und mit garantierter Wirkung zugesprochen wird. Weder Jesus noch die Tradition der Kirche sprechen an irgendeiner Stelle von der Notwendigkeit einer irdischen Wiedergeburt, im Gegenteil: es geht um die geistliche Erneuerung im Hier und Jetzt (das Wiedergeborensein aus Wasser und dem Heiligen Geist, also die Taufe) als Voraussetzung für die endgültige Erlösung. Denn in der geistlichen

Vgl. S. 91ff

Joh 3,1–7

Erneuerung erkennt der einzelne, schuldige Mensch, dass dieser Jesus Christus auch *für ihn persönlich* gekreuzigt wurde – und das „Opfer" dieses Jesus Christus gilt nicht nur für alle Menschen, sondern ein für alle Mal. Noch heute heißt es ja im Hochgebet der Eucharistiefeier: „... mein Blut, das für euch und für alle vergossen wird zur Vergebung der Sünden."

Hebr 9,12

Der logische Widerspruch: Es gehört zu den Grundeinsichten des Christentums, dass Menschen prinzipiell fehlbar und daher sündhaft sind – nichts anderes besagt ja die Lehre von der „Erbsünde". Und zum unverzichtbaren Kernbestand der christlichen Lehre gehört die vom persönlichen, gütigen, allmächtigen und ewigen Gott. Aber ein Gott, der den Menschen als prinzipiell sündhaft *und zugleich karmabeladen* zulässt, wäre zutiefst zynisch und unbarmherzig, da die kleinste Verfehlung des Menschen oder die Unvollkommenheit seiner Einsicht ihn zu einer Wiedergeburt verdonnern würde. Und schließlich sündigt, nach einem jüdischen Sprichwort, selbst der Gerechteste siebenmal am Tag ... Daher kann man sinnvollerweise nur *entweder* an das christliche Gottesbild *oder* an die Wiedergeburt, nicht aber an beides gleichzeitig glauben.

Zur „Erbsünde" vgl. S. 157

Dass zugleich die Kirchen – nicht nur die katholische – daher in Mitteleuropa massiv Mitglieder verlieren, passt da genau ins Bild. Die erwähnten Phänomene sind eher ein Symptom für das ständige Suchen des Menschen; eine Sehnsucht nach der Beantwortung der „großen Fragen" nach seiner Herkunft, seinem Schicksal und seiner Rolle in der Welt, eine Sehnsucht, für die sich „Säkulares" wie Vergnügen, Konsumieren, Besitzen und anderes kurzfristig als ablenkend, letztlich aber als völlig ungenügend erweist. Wenn wir dieses Suchen nach Antworten jenseits der eigenen materiellen Existenz vorerst einmal ganz wagemutig als „Sinnsuche" bezeichnen, ergibt sich notwendig: Der „Sinn des Lebens" ist der Gegenstand einer dauernden und allgemeinen Suche.

Die vier „W-Fragen" ...

Die einfachste Form der „großen Fragen" ist das „vierfache W": *Woher* komme ich, und *warum* bin ich da; *wozu* bin ich da und *wohin* führt mein Weg? Jede einzelne dieser Fragen kann man *weltimmanent* (sozusagen „materiell") oder *welttranszendent* (sozusagen „spirituell") beantworten. Weltimmanente Antworten auf die vier Fragen könnten z. B. so aussehen: Ich komme aus der Gebärmutter meiner biologischen Mutter; ich bin da, weil sich irgendwann ein Spermium mit einer Eizelle vereinigt hat; ich bin da, um das Überleben der Gattung Mensch sicherzustellen und ich gehe in Richtung eines unausweichlichen Todes und Zerfalles meiner Zellstrukturen. Diese Antworten sind unzweifelhaft richtig, aber letztlich nicht sinnvoll, weil sie dem Bedürfnis nach dem weltüberschreitenden Mehr nicht gerecht werden. Im Gegenteil: Sie beantworten die Sehnsucht des Menschen nach dem „Mehr" nicht,

... können weltimmanent ...

sondern lassen ihn eher enttäuscht und überrascht fragen: „Und das soll alles sein?" Welttranszendente Antworten könnten etwa so aussehen: Ich bin ein Geschöpf Gottes, das da ist, weil es aufgrund der Liebe seiner biologischen Eltern entstanden ist; ich bin da, um ein kleines Stück des Reiches Gottes verwirklichen zu helfen und ich gehe auf ein letztes Aufgehobensein in diesem Gott zu. Diese Antworten entziehen sich der Kategorisierung „richtig" oder „falsch" und weisen über diese Einteilung hinaus auf die Erfüllung eines persönlichen Lebenssinnes, für die man sich *entschieden* hat.

... oder welttranszendent beantwortet werden.

Nun können aber auch vermischte Antwortversuche vorliegen – und ganz andere Fragekonstellationen, insofern ist dieses Beispiel natürlich nur eine Grundlage bzw. eine Einladung zum selbst Weiterdenken. Daran sieht man: Es gibt keine absolute und trennscharfe Grenze zwischen „religiös" und „säkular", sondern eine ganze Bandbreite von Graustufen dazwischen. Man könnte sagen: Wer alle vier Fragen weltimmanent beantwortet, ist zumindest vordergründig ein areligiöser Materialist. In dem Moment, wo zumindest eine der Fragen welttranszendent beantwortet wird, liegt eine parareligiöse oder religiöse Weltdeutung vor (wobei „parareligiös" hier meint: jemand behauptet von sich, seine Welterfahrung nicht religiös zu deuten, tut dies aber dennoch durch mindestens eine welttranszendente Antwort).

Und es gibt ganz grundlegende Erfahrungen, die auch die radikalsten Materialisten nachdenklich machen: Von Kontingenz, also der Begrenztheit meiner Verfügungsmöglichkeiten über mich selbst, haben wir schon gesprochen – ich kann nicht steuern, ob und wann ich krank werde oder sterbe; ich kann nicht lenken, ob und wann mir ein Unglück geschieht. Ich kann aber ebenso wenig steuern, ob und wann ich mich verliebe; ich kann Mitleid empfinden, Barmherzigkeit üben und nicht zuletzt meine eigenen Lebensansprüche zugunsten von anderen einschränken. All das konfrontiert mich alltäglich mit dem dauernden Verwiesensein auf *jemanden* anderen und *etwas* anderes. Für viele Philosophen (und Theologen) war genau diese Einsicht die Basis für ihre Überlegungen über Gott.

Der Mensch wird immer Rahmenbedingungen unterliegen, die sich seiner Eigenverfügung völlig entziehen

Es gibt verschiedene Möglichkeiten, mit dieser Einsicht umzugehen. Die eine ist der Rückzug auf einen radikal materialistischen Standpunkt, dem zufolge alle Lebensäußerungen – auch und gerade die eben angeführten – „nur" Folgen von elektrochemischen Vorgängen im menschlichen Gehirn sind und daraus hervorgehende Verhaltensweisen einen Selektionsvorteil bieten.

Eine andere Möglichkeit ist die Entscheidung, eine religiöse Deutung des eigenen Lebens zu akzeptieren. Wohlgemerkt: Es geht dabei um eine *Grundentscheidung*, die jeder für sich treffen muss und von der nichts und niemand dispensieren kann.

Die „Gottesbeweise" sind nach wie vor noch spannende Überlegungen, aber keine „forensischen" Beweise – als solche waren sie auch nie gedacht

Denn es gibt, unbeschadet der sogenannten „Gottesbeweise", keinen Beweis im naturwissenschaftlichen Sinne, der unter definierten Bedingungen mit klar abgegrenzten Methoden und einer vorgegebenen Prozedur das Ergebnis „Gott existiert" ergeben würde. Weder eine experimentelle noch eine theoretische Annäherung an Gott ergibt ein zwingendes Ergebnis. Entsprechend sind „Gottesbeweise" eher Hinweise, die verdeutlichen, dass es auch *nach* einer erfolgten Glaubensentscheidung sinnvoll sein kann, sich weiter an diesen Gott „heranzudenken" und dabei durchaus auch seinen Verstand zu benutzen.

Thomas von Aquin

Anselm von Canterbury

Immanuel Kant

Vgl. Swinburne: Die Existenz Gottes bzw. Mackie, John L.: Das Wunder des Theismus

Die wichtigsten Gottesbeweise in Kurzform: Thomas von Aquin spricht von den fünf Wegen, sich dem zu nähern, was alle Gott nennen.Weil es Bewegung gibt, die ja jeweils von anderer Bewegung verursacht wird, muss es etwas geben, was bewegt, aber selbst nicht bewegt wird; weil alles eine Ursache hat, muss es etwas geben, das selbst Ursache ist, aber keine Ursache hat; weil es unterschiedliche Grade an Vollkommenheit der verschiedensten Eigenschaften gibt, muss es etwas geben, das diese Eigenschaften in höchster Vollkommenheit aufweist; weil alles Beobachtbare sein kann oder auch nicht, müsse es irgendetwas geben, was zwingend existieren muss, weil es sonst gar nichts geben dürfte; und zuletzt: weil die Ordnung des Kosmos auf ein aktiv ordnendes Prinzip hinweist. Anselm von Canterbury versucht im „ontologischen Gottesbeweis" darzulegen, dass zum Begriff eines höchsten und vollkommenen Wesens zwingend auch dessen Existenz gehört und diese daher notwendigerweise der Fall sein muss; Immanuel Kant stellt die Existenz eines moralischen Prinzips dem Postulat der Existenz Gottes voran. Darüber hinaus gibt es zahlreiche andere Versuche, sich in einem philosophischen Gedankengang, der eine notwendige Überzeugungskraft hat, der Gottesfrage zu nähern. Das Thema ist durchaus aktuell – nach wie vor erscheinen laufend Bücher zu den Gottesbeweisen, ihrer logischen Struktur und ihrem Für und Wider.

Es gibt allerdings, auch das muss klar gesagt werden, ebenso keine Beweise im obigen Sinne, die die Existenz Gottes zwingend widerlegen würden. Die Entscheidung für oder gegen eine Existenz in einer Gottesbeziehung (und das volle Risiko dieser Entscheidung) liegt somit immer bei jedem Einzelnen.

Von Gott angerufen sein

Und dann gibt es noch die Gotteserfahrung, besser gesagt: Die Erfahrung Einzelner, die sich mit einer überwältigenden persönlichen Wirklichkeit konfrontiert sahen. Derartige Erfahrungen sind, wenn sie authentisch sind, meist erschütternd und mitunter wenig erstrebenswert. Viele Religionen suchen aktiv nach Wegen, sie herbeizuführen – durch schamanistische Praktiken, Fasten, Gebet oder Ekstase; auch das Christentum kennt solche Zugänge. Doch die Erfahrung an sich ist ein Geschenk der Gnade, das man weder herbeibeten noch erkaufen und schon gar nicht erzwingen kann. Sie wird auch nicht unbedingt jedem zuteil. Das ist gar nicht notwendig, weil der persönliche Glaube jedes Einzelnen durch diese Erfahrung nicht auf- oder abgewertet wird; es verschiebt sich lediglich die Perspektive des Glaubensgrundes von einer Unmittelbarkeit zum Vertrauen in ein glaubwürdiges Zeugnis.

Der erste Zeuge, von dem eine solche Berufung überliefert ist, ist der Stammvater der drei großen monotheistischen Religionen, Abraham. Seine Gotteserfahrung war einigen hundert Generationen Juden, Christen und Muslimen ein wichtiger Glaubensanstoß. Und natürlich ist der für Christen wichtigste Zeuge dafür Jesus Christus selbst.

Vgl. Gen 12–25

Was ist das denn, „Gott"?

Eines vorweg: Wir sprechen über diesen Gott, diesen unvorstellbar Anderen, den Schöpfer der Welt, *mit unseren begrenzten Mitteln und Ausdrucksmöglichkeiten*. Wir versuchen, eine – von der unseren radikal verschiedenen – Wirklichkeit mit den Mitteln auszudrücken und zu beschreiben, die wir zum Beschreiben haben: mit Bildern, Musik, mit Darstellung, vor allem aber mit Sprache. Umgekehrt bedient sich dieser Gott eben auch derselben Möglichkeiten, um dem Menschen etwas über sich mitzuteilen – sonst wäre alles, was er zu „sagen" hat, schlicht unverständlich. Das heißt: Sowohl die Offenbarung Gottes an den Menschen als auch dessen Antwort darauf in Gebet, Liturgie und täglichem Handeln und erst recht die Weitergabe dieser Offenbarung an andere Menschen erfolgen mit menschlichen Möglichkeiten. Da die Situation jedes einzelnen Menschen aber untrennbar mit seiner geschichtlichen Position, seinem sozialen Umfeld und vielem mehr verbunden ist, kann es eines *nicht* geben: ein notwendig uneingeschränktes und irrtumsfreies, umfassendes Verständnis dieser Offenbarung! Alles, was von Gott gesagt wird, ist immer und grundsätzlich eine Annäherung, eine Ähnlichkeit, die aber zugleich nicht darüber hinwegtäuschen darf, dass es gleichzeitig eine größere Unähnlichkeit zu den Vergleichsmaßstäben unserer Aussagen gibt.

Jede Ausdrucksform wird einer Erfahrung nur teilweise gerecht – erst recht einer Gotteserfahrung!

Konzilsdokument: Dei Verbum 12

Anders gesagt: Keine unserer Möglichkeiten, Wirklichkeit wiederzugeben, wird der Wirklichkeit „Gott" gerecht. Christen vertrauen aber darauf, dass zumindest die grundlegenden Wahrheiten über diese Realität Gottes, die ja durch Jesus Christus vermittelt wurden, nicht völlig falsch, sondern nur im Detail unscharf sind. Jesus Christus gilt für Christen nicht umsonst als die ausdrückliche, vollständige und endgültige Offenbarung Gottes.

Mit Jesus Christus endet die öffentliche und allgemein gültige, nicht aber die private Offenbarung Gottes

KKK 67

Das heißt nicht, dass es überhaupt keine Offenbarung nach Jesus Christus mehr geben dürfte. Insofern jeder Kommunikationsakt Gottes mit dem Menschen ja Offenbarung ist, wäre dann ja auch jedes private religiöse Erleben, die gesamte Mystik und vieles andere schlicht undenkbar. Nein, dieser Passus bezieht sich vielmehr darauf, dass die öffentliche und allgemeingültige Offenbarung mit Jesus abgeschlossen ist, dass also mit ihm alles Notwendige gesagt ist, was für alle Menschen relevant ist. Die Gottesbeziehung des Einzelnen bleibt davon unberührt.

Ein Gott, der Geschichte macht

Das „Tetragramm" - richtig: JAHWE

Der Gott des Volkes Israel, der Gott Abrahams, Isaaks und Jakobs, ist ein selbstverständlicher Bestandteil des alltäglichen Lebens. Im Alten Testament gibt es wenig von dem, was später Religionsphilosophie heißen wird; es gibt dafür Glaubenszeugnisse sonder Zahl und einen Gott, der sich leidenschaftlich um den Menschen bemüht. Der Name dieses Gottes ist Jahwe (übersetzt in etwa: „Ich bin der Seiende"). Rund um diesen Namen ranken sich allerlei Spekulationen; dem Judentum selbst war er so heilig, dass er nicht ohne schwerste Strafen laut ausgesprochen werden durfte und daher durch andere Worte („der Erhabene", „der Ewige", „der Herr" usw.) ausgedrückt wurde, selbst wenn im Text das heilige JHWH (das Tetragramm, griechisch für „vier Zeichen") geschrieben stand.

- falsch: JEHOVA

Hier ist die Wurzel der - falschen - Übertragung des Gottesnamens als „Jehova" zu suchen: Da es in der hebräischen Schrift keine Buchstaben für Vokale, sondern nur für Konsonanten gab, wurde der Gottesname als JHWH geschrieben. Die Vokale der Worte wurden ursprünglich überhaupt nicht festgehalten, sondern erst später durch Punkte und Striche ober- und unterhalb der Konsonanten angedeutet, um Missverständnissen vorzubeugen. Nun wurden insbesondere im Gottesdienst Schriftstellen laut vorgelesen, und zwar von Gemeindemitgliedern, die mitunter keine sehr routinierten Vorleser waren - wenn die nun aber im Eifer des Lesens den Gottesnamen versehentlich aussprachen, konnten sie einer schweren Strafe verfallen. Einfach ein anderes Wort hinzuschreiben, ging selbstverständlich nicht an - eine Änderung der heiligen Texte war völlig undenkbar. Man verfiel auf eine praktische Lösung: Das Tetragramm wurde mit den Vokalen von *adonaj* (dem Umschreibungsausdruck „Herr") unterlegt, sodass jeder Leser wusste, dass anstelle von Jahwe das unverfängliche *adonaj* auszusprechen war.

Im Rahmen der hochmittelalterlichen Übersetzungen wurde dieser Zusammenhang nicht erkannt und das Wort als „Jaehovah" übertragen. Während mit wachsender Erkenntnis der kulturgeschichtlichen Zusammenhänge die großen Kirchen diesen Fehler nach und nach korrigierten, blieben einige Freikirchen und vor allem die Bekenntnisgemeinschaft der „Zeugen Jehovas" bis heute dabei.

Vielleicht steckt hinter diesem Namen, den Gott dem Moses auf dessen Rückfrage nennt, ganz einfach dies: Moses fragt Gott ja, wen er als Auftraggeber nennen soll, wenn er den Israeliten die kommende Rettung verkündet; eine Rückfrage, die nur auf den ersten Blick seltsam ist, denn das Volk lebt zu dieser Zeit in Ägypten, in einer Umgebung, in deren Vorstellung es von Göttern geradezu wimmelt. WELCHER Gott es nun ist, der Mose sendet, ist für die Israeliten daher vielleicht von entscheidender Bedeutung. Moses fragt also nach einem Namen, nach etwas, was ein Individuum benennt, von dessen Art es mehr als eines gibt (gäbe es auf der Welt nur eine Katze, müsste sie keinen Namen tragen, sondern jeder wüsste, welches Einzelwesen gemeint ist, wenn jemand von „der Katze" spricht). Vielleicht lächelt Gott über diese Frage, als er antwortet: „Ich bin der Seiende!" – frei übertragen: Ich brauche keinen Namen, denn ich bin der einzige Gott, der wirklich existiert. Das ist natürlich bloße Spekulation, aber Tatsache ist: Die Erinnerung an Jahwe erzwingt den Israeliten den Weg aus Ägypten und über lange Umwege in die Freiheit. Der Seiende erweist seine Existenz und die Wahrheit seiner Zusagen durch sein Handeln am Volk Israel, und neben ihm kann und darf kein anderer Gott bestehen. Er wird zunächst zum einzigen Gott seines Volkes, der mächtiger und größer ist als die Götter aller anderen Völker und später zum einzigen Gott schlechthin.

Jahwe ist der Eine und Einzige

Israel deutet rückblickend seine eigene Geschichte als Heilsgeschichte. Gottes große Taten werden in Dokumenten, die viele Jahre nach dem historischen Geschehen entstehen, geschildert, um den Menschen zu zeigen: Der Bund zwischen Gott und dem Volk Israel ist wirksam; es „zahlt sich aus", ihn zu halten, obwohl es angesichts der komplizierten Ge- und Verbote schwierig ist. Jede Erfolgserzählung, jeder Siegesbericht des Alten Testamentes soll zeigen, dass Gott das Volk begünstigt, wenn es den Bund mit ihm einhält; jeder Misserfolg und jeder prophetische Einspruch richtet sich gegen eine Vernachlässigung dieses Bundes, dessen Kern die – auch für Christen vollkommen gültigen – göttlichen Gebote sind.

Die Zehn Gebote

Die „Zehn Gebote" (gr. *Dekalog*) sind in zwei verschiedenen Varianten überliefert (Ex 20; Dtn 5). Anders als die ausdeutenden und ergänzenden Gebote und Verbote, die Moses aufgezeichnet hat (bessergesagt, die in seiner Tradition aufgezeichnet wurden), gelten sie als von Gott selbst geschrieben und haben für das jüdische Volk und damit für Jesus Christus eine entsprechend hohe Priorität. Sie sind die Grundlage des aufrechten Bundes zwischen Gott und seinem Volk und umfassen im Einzelnen (in aktueller Formulierung):

- Du sollst keinen Gott außer Jahwe anbeten.
- Du sollst den Namen Jahwe nicht achtlos gebrauchen.
- Du sollst den Tag Jahwes heilig halten.
- Du sollst deinen Vater und deine Mutter respektieren.
- Du sollst niemanden ermorden.
- Du sollst nichts und niemanden nur zu deiner eigenen Befriedigung ausbeuten.
- Du sollst niemandem ohne dessen Einverständnis wegnehmen, was ihm gehört.
- Du sollst niemandem etwas Unwahres nachsagen.
- Du sollst nicht versuchen, den Partner eines anderen zu verführen.
- Du sollst nicht neidisch auf das sein, was jemand anderer hat.

Auch Jesus verweist auf diese Gebote, als er gefragt wird, was man tun muss, um das Himmelreich zu erlangen (Lk 18,18f) und betont, dass er nicht vorhat, diese Gebote aufzuheben (Mt 5,17)!

Es ist dieser Gott und dessen Hinwendung zum Menschen, die Jesus verkündet.

Die Ursprünge: Das Judentum

Die Anfänge des späteren Volkes Israel sind schwer zu erfassen. Es gibt nur wenige Hinweise auf die früheste Phase der Gemeinschaft, die später als homogenes Volk der „Juden" angesehen wird, so sind wir hauptsächlich auf die biblische Überlieferung, wenige archäologische Befunde und seltene Erwähnungen in Texten angrenzender Kulturen angewiesen, und alle diese Texte haben bestimmte Erzählabsichten. Aus diesen Quellen ergibt sich annäherungsweise folgendes Bild:

Die Hinwendung zu einem Gott

Um 1600 v. Chr. wendet sich ein einflussreicher Nomadenstamm im südlichen Bereich von Mesopotamien vom traditionellen Polytheismus ab und erkennt einen einzelnen Gott als den ihren an. Dieser fordert sie auf, ihr Siedlungsgebiet zu verlassen und in das Land Kanaan zu ziehen, das Gebiet, in dem sich heute der Staat Israel befindet. Der Anführer dieses Stammes, dessen Name mit Abraham überliefert ist, folgt dieser Aufforderung und wird so zum ersten Glaubenszeugen des einen Gottes. Als Zeichen des ewigen Bundes mit Gott vollzieht er als Erster den Ritus der Beschneidung, der bis heute eines der Zeichen der Zugehörigkeit zum Volk Israel ist (Gen 17). Alle Überlieferungen, die sich auf eine noch weiter zurückliegende Urgeschichte beziehen, sind legendarisch und verarbeiten zum Teil Motive, die in mehreren Völkern dieser Zeit tradiert werden (so berichten z. B. auch das Gilgamesch-Epos, der Etana-Mythos oder die griechische Legende von Deukalion und Pyrrha von einer verheerenden Flut, wie dies Gen 6f ebenfalls tut) und deren Zweck ist, die früheste Menschheitsgeschichte auf Gott hin zu erklären.

Abraham: ob seines Glaubens verehrt in Judentum, Christentum und Islam

In Kanaan vollzieht sich eine kulturelle Umwandlung. Das nomadische Volk wird sesshaft, die reine Viehhaltungskultur entwickelt einen Ackerbauzweig (das wird Abrahams Sohn Isaak zugeschrieben). Isaaks Sohn Jakob schließlich verlässt das väterliche Siedlungsgebiet (die Bibel berichtet von einem Betrug Jakobs an seinem Vater Isaak und seinem Bruder Esau), um längere Zeit bei einem entfernten Verwandten unterzukommen. Auf der Rückwanderung nach Kanaan ringt Jakob mit dem Engel Gottes, wird von ihm gesegnet und erhält einen neuen Namen: Israel. Seine Nachfahren werden also als das „Volk Israel" bezeichnet; seine insgesamt vier Frauen gebären ihm zwölf Söhne: Ruben, Simeon, Levi, Juda, Sebulon, Issaschar, Dan, Gad, Ascher, Naftali, Josef und Benjamin. Sie gelten als die Stammväter der späteren zwölf Stämme Israels.

„Israel": Eigentlich ein Ehrenname Jakobs

Die „Zwölf Stämme" – ihretwegen wird Christus später zwölf Apostel berufen …

Josef wird von seinen Brüdern aus Eifersucht als Sklave nach Ägypten verkauft, wo er sich durch Umsicht und Weisheit hervortut und zum Berater des Pharao aufsteigt. Als eine Hungersnot seine Brüder zwingt, in Ägypten Getreide zu kaufen, treffen die Brüder wieder zusammen und versöhnen sich. Sie bleiben in Ägypten und werden dort so zahlreich, dass spätere Herrscher ihre Macht gefährdet sehen und die Israeliten versklaven; sie müssen Hilfsdienste bei Bautätigkeiten leisten. Erst Moses, ein israelitischer Knabe, der von einer Prinzessin aufgezogen wird, kann diesem Zustand ein Ende bereiten und führt nach einer wechselvollen Geschichte das Volk aus Ägypten heraus.

Den geschichtlichen Hintergrund dieser Erzählung könnten diese Ereignisse bilden: Um 1360 v. Chr. kam mit Amenophis IV. ein Pharao an die Macht, der mit der polytheistischen Tradition Ägyptens brach und einen Monotheismus einführte, der auf die Anbetung der Sonne als einziger Gottheit fußte. Dafür verlegte er sogar die Hauptstadt und wechselte seinen Namen – fürderhin hieß er Echnaton.

Amenophis IV. Echnaton

Dass ihm dabei Bevölkerungsgruppen durchaus recht waren, die selbst Monotheisten waren, wäre einsichtig, ebenso, dass er seine engeren Berater bevorzugt unter diesen gewählt haben könnte. Allerdings wurde dadurch die mächtige Priesterkaste brüskiert und machtpolitisch beschnitten, sodass nach dem Tode Echnatons unter dem jungen und schwachen Tut-ench-Amun die Reformen wieder rückgängig gemacht wurden und dessen Nachfolger, der Usurpator und Soldatenkönig Eje die Wiederherstellung des alten Zustandes vollendete. Dann wäre ein streng monotheistischer Volksteil, der ohnehin als eingewanderter Fremdkörper empfunden wird, natürlich wiederum ein Ärgernis gewesen, das es zu kontrollieren gilt – die Bibel überliefert die harte Bedrückung durch die ägyptische Obrigkeit von harter Fronarbeit bis hin zur Tötung von neugeborenen Knaben. Von der Arbeitsbelastung wird neben „allerlei Feldarbeit" vor allem Lehm- und Ziegelherstellung genannt; dahinter könnte die Herrschaft Pharao Ramses II. stehen, unter dessen Regierung 1290–1225 v. Chr. das Neue Reich Ägyptens eine letzte Blütezeit erlebte. Hier wurde rege Bautätigkeit entfaltet und entsprechend viel menschliche Arbeitskraft ge- und verbraucht. Ein Detail am Rande: Da die hebräische Schrift ja nur Konsonanten und keine Vokale festhält, gibt es glaubwürdige Hypothesen, die eine Verbindung zwischen MSS und RMSS (Moses und Ramses) sehen; die enge Verbindung zwischen dem ägyptischen Königshaus und dem späteren Retter Israels aus der Gefangenschaft wäre damit um eine Facette reicher.

Sklavendienst in Ägypten

Vgl. Ex 1

Diese Errettung aus Ägypten ist bis heute eine der Grundlagen der jüdischen Erinnerungskultur geblieben. Im Pessachfest gedenkt das Volk dieser Herausführung aus zwei Gründen: Sie bleibt die ultimative Rettungstat Gottes, der als Feuer- und Wolkensäule voranzieht und sogar vor einem verfolgenden Heer beschützt, und sie ist die erste öffentliche Handlung des *Moses*, der während der folgenden 40 Jahre, die das Volk durch die Wüste zieht, die Gottesbeziehung des Volkes genau regelt, am Horeb die Gebote empfängt und als weiser und gottgefälliger Anführer in Erscheinung tritt (der allerdings wegen einer persönlichen Verfehlung das von Gott verheißene Land nicht mehr selbst betreten darf, sondern an dessen Grenze stirbt). Die spätere Redaktion der Tora (die ersten fünf Bücher der Bibel) wird ihm auch die allermeisten der Regelungen des Alltags- und des Kultlebens zuschreiben.

Ex 13, 17-22

Moses

Josua

Unter seinem Nachfolger *Josua* zieht das Volk Israel unter zum Teil entsetzlich blutig geschilderten Kämpfen (wieder) im Land Kanaan ein und besiegt – so will es zumindest die Überlieferung – dort ein Reich und einen Stadtkönig nach dem anderen. Das Land wird in Besitz genommen und unter elf der Stämme aufgeteilt, dabei erhält Juda den Bereich rund um das heutige Jerusalem als seinen Anteil.

Die aus heutiger Sicht haarsträubenden Schilderungen der Eroberung von Landstrichen, Städten und Fürstentümern wollen keine historischen Tatsachen schildern, sondern die Größe Gottes darstellen. Sie entstanden weitgehend in einer wesentlich späteren Redaktionsphase der Schriften, in der das jüdische Königtum sich in harter Bedrängnis befand und hatten vor allem den Zweck, die Kulttreue des bedrängten Volkes zu fördern, im Vertrauen darauf, dass Jahwe erneut Rettung bringen kann, wie er es schon einmal tat.

Vgl. Wessely, Gibt es einen „gerechten Krieg"?

Der zwölfte Stamm, Levi, erhält kein Land, sondern muss den Kultdienst Jahwehs versehen, wofür ihm die Tempelabgaben zustehen. Nach der Landnahme wird Israel zunächst von Richtern regiert; erst später kommt es zur Errichtung einer Königsherrschaft mit den bekannten drei ersten Königen – dem glücklosen *Saul*, dem Hirtenknaben *David*, der ein für israelitische Verhältnisse enorm großes Reich gründen und im Machtvakuum des 11. Jahrhunderts vor Christus sogar lange Zeit halten kann, und *Salomo*, dessen Weisheit legendär wurde und der für Jahweh den ersten „Hardware" - Tempel erbaute.

Saul
David
Salomo

Bis zur Zeit Salomos war das Heiligtum des Gottes Abrahams, Isaaks und Jakobs in einem Zelt untergebracht (auch dies ein Hinweis auf die nomadische Tradition des Volkes). Bereits David brachte das Heiligtum (Bundeslade und Bundeszelt) in die Stadt Jerusalem und plante einen Tempelbau, doch Jahweh untersagte ihn und kündigte die Errichtung eines Tempels unter Salomo an. Dieser baut ihn auch, und zwar in riesigen Ausmaßen und ungeheuer reicher Ausstattung, und von da an wird Jahweh öffentlich im Tempelgottesdienst verehrt, bis zur Zeit des babylonischen Exils (s.u.) Synagogen eingeführt wurden. Bezeichnend ist, dass es im Judentum nur *einen* Tempel geben kann - die Verehrung Gottes in mehreren Heiligtümern hätte dem strengen Monotheismus widersprochen. Der Tempelgottesdienst war von Tieropfern auf der Grundlage der Vorschriften der Tora geprägt. Die Opfertiere mussten bestimmten Anforderungen genügen. Die Vorschriften dazu hängen eng mit den Speisegesetzen der Tora zusammen, die beschreiben, welche Nahrungsmittel als kultisch rein und daher als zum Verzehr geeignet (*koscher*) betrachtet werden und welche im Gegensatz dazu als unrein und damit als verboten (*trefe*) gelten. Entsprechend dürfen natürlich auch nur jene Tiere im Rahmen des Tempelopfers dargebracht werden, die als kultisch rein gelten. Nur beispielhaft sei hier genannt: Alle Säugetiere, die Paarhufer und Wiederkäuer sind, gelten als koscher; ebenso Fische, sofern sie Flossen und Schuppen aufweisen; alle Reptilien dagegen werden als trefe betrachtet. Undenkbar, ein Pferd im Tempel als Opfer darzubringen, da es nicht koscher und in den Listen der Opfertiere nicht vorgesehen ist!

Als „koscher" gilt, was den jüdischen Speisevorschriften genügt

Für das Tieropfer wurde das betreffende Tier zunächst nach den rituellen Vorschriften durch das Öffnen der Halsvenen getötet (der Genuss von Blut ist im Judentum tabu, daher muss das Tier völlig ausbluten). Dann wurde es unter den entsprechenden Gebeten entweder als Ganzopfer völlig verbrannt, oder es wurden Teile des Tieres rituell dargebracht und der Rest verzehrt bzw. zum Verzehr verteilt. Die sehr reduzierte Möglichkeit von Getreide- bzw. Brotopfern ist ein Erbe der Nomadenzeit, in der Vieh und nicht Ackerbau die Lebensgrundlage des Volkes bildete.

Das Nordreich: „Israel"

Samaria

Unter Salomos Nachfolgern beginnt das Reich allerdings zu zerbrechen, auch unter dem wiedererstarkten Druck der Nachbarvölker. Nachdem es zunächst in ein Nord- und ein Südreich mit einem jeweils eigenen König zerfällt, wird bald das Nordreich – es umfasst der Legende nach die zehn Stämme ohne Juda und Levi – von den Assyrern erobert und um 720 als Provinz ihrem Reich einverleibt (nach der Hauptstadt des ehemaligen Königreiches wird die Provinz Samaria genannt), die jüdische Bevölkerung wird zum größten Teil zwangsweise umgesiedelt. Vom Reich Davids und Salomos bleibt damit nur noch das südliche Königreich Juda.

Das Südreich: „Juda"

Die „babylonische Gefangenschaft"

Synagoge: Raum des gemeinsamen Gebetes

Das Südreich, der Stamm Juda und der (landlose) Priesterstamm Levi, wird nach einer wechselvollen Geschichte und immer neuen Bündnissen und Koalitionen (verbunden mit immer neuer Gefährdung des Jahweh-Glaubens und entsprechender Kritik der Propheten, vor allem Amos, Hosea, Micha und Jesaia) im Jahr 586 von einem Feldherrn des *Nebukadnezar* eingenommen, der auch den Tempel zerstört und die Bevölkerung zum Großteil gefangen nach Babylon wegführt. In dieser Zeit der babylonischen Gefangenschaft entstehen wichtige theologische Prägungen des Judentum (eine erste Form des Talmud hat hier ihren Ursprung) und, bedingt durch das Fehlen des Tempels als regulärer Stätte des Opfergottesdienstes, die Synagogen, in denen ein Wortgottesdienst zur Heiligung Jahwehs gefeiert wird. So gelingt es den Juden (dem Volk aus Juda), seine religiöse Identität während der Exilszeit, die immerhin mehrere Generationen umfasst, zu bewahren und sogar auszubauen.

Um 540 v. Chr. fällt das babylonische Reich unter dem Ansturm der Perser, deren König *Kyros II.* den Juden die Heimkehr gestattet. In den folgenden Jahren wird der Tempel notdürftig wieder aufgebaut und der liturgische Dienst wieder aufgenommen; dies wurde als Zeichen neuer Selbstständigkeit und das baldige Ende der Fremdherrschaft gedeutet (vor allem von den Propheten Haggai und Sacharja). Dennoch blieb der Raum Judas und Samarias politisch abhängige Provinz. Um 450 v.

Chr. war die Redaktion der Tora abgeschlossen; sie liegt seit damals in (soweit wir das wissen) unveränderter Form vor. Da die Samariter aber an ihrem eigenen Tempelheiligtum auf dem Berg Garizim festhielten, das in der Zeit der Reichsrivalität 350 Jahre zuvor errichtet worden war, kam es zu keiner Versöhnung, sondern eher zu einer Verfestigung der Gegensätze zwischen überlieferungs- und gesetzestreuen Juden und den der Häresie verdächtigen Samaritern.

Alexander der Große leitete mit seinem Sieg bei Issos 333 v. Chr. die Phase einer massiven Hellenisierung, also einer Übernahme der griechischen Kultur, ein. Die Adelsschicht und die Hohepriesterschaft passte sich rasch den neuen Gegebenheiten an, während das Volk in der Treue zum Gesetz Jahwehs verharrte. Nach der Eskalation unter dem Seleukidenherrscher *Antiochus IV. Epiphanes*, der den Jerusalemer Tempel entweiht und einen Herrscherkult etablieren will, kommt es zu einem Volksaufstand unter *Judas Makkabäus*, der letztlich erfolgreich verläuft und Judäa bis zur Eroberung durch die Römer 63. v. Chr. religiöse Autonomie sichert. Es kommt zu einer Koexistenz von Judentum und griechischer Kultur; in dieser Atmosphäre entsteht um 200 v. Chr. die griechische Übersetzung des Tanak, die Septuaginta und die letzten Schriften des christlichen „Alten Testamentes" wie die Makkabäerbücher (die nur in katholischen Bibelübersetzungen als kanonisch geführt werden – für die jüdische und die protestantische Tradition gehören sie nicht zum Kernbestand der Schrift).

Septuaginta, vgl. S. 25f.

Die römische Herrschaft ließ zunächst zwar die weitgehende religiöse Selbstverwaltung des Gebietes zu, gliederte es aber in die Provinz Syrien ein. Durch geschicktes Taktieren erreichte *Antipater*, als „König" (dem Titel nach, faktisch als Provinzgouverneur Roms) eingesetzt zu werden; eine Würde, die nach seinem Tod auf seinen Sohn *Herodes den Großen* überging. Herodes, der als grausamer Despot und ungeliebter Herrscher in die Geschichte einging (ob zu Recht oder nicht), baute den nach wie vor in behelfsmäßigem Zustand befindlichen Tempel zu Jerusalem wieder auf und teilte sein Reich im Erbwege auf seine drei Söhne auf, sodass *Herodes Antipas* zur Lebenszeit von Jesus Christus über Galiläa herrschte. Judäa hingegen wurde nach dem Tod des Herodes des Großen von einem römischen Präfekten regiert. Zugleich wurde die Kreuzigung als Hinrichtungsart eingeführt und der Titel „König der Juden" abgeschafft, weil eine kleine Gruppe versucht hatte, anstelle des Vasallenkönigtums ein unabhängiges Königreich (wieder) zu errichten. Trotz der harten Maßnahmen regte sich weiterhin Widerstand: Ein neuer Aufstand gegen die Fremdherrschaft im Jahre 66 endete mit der Zerstörung Jerusalems durch den späteren römischen Kaiser *Titus* im Jahre 70; und nach einem letzten Rebellionsversuch unter *Bar*

Galiläa: Der Rest des Nordreiches Israel, nördllich von Samaria

Kochba und dessen Niederschlagung wurden die Juden aus Jerusalem und seiner Umgebung verbannt; die Stadt wurde in Aelia Capitolina umbenannt, in provinzrömischem Stil wieder aufgebaut und anstelle des Tempels ein Heiligtum des Jupiter errichtet.

Es ist wichtig, diese Geschichte zu kennen, wenn man das jüdische Selbstverständnis zur Zeit von Jesus einschätzen können will. Im vielhundertjährigen Auf und Ab von Nomadenzeit, Sklavendasein, Königreich, Exil, Fremdherrschaft und geduldetem Eigenkönigtum sieht Israel vor allem eines: Die Gegenwart Jahwehs. In der konkreten Geschichte äußert sich Jahweh und wendet sich seinem Volk zu oder von ihm ab. Insbesondere die wechselhaften Ereignisse nach dem babylonischen Exil führen zu einem Erstarken des regulativen Charakter des jüdischen Gesetzes, das in Form der Mitzwot (365 Verbote und 248 Gebote) lebensprägend ist. Die Gebote haben einen hohen Rang; nur Lebensgefahr hebt die Verpflichtung auf, ihnen zu folgen (so hat z. B. die Sabbatruhe einen hohen Rang; wenn aber einem Verletzten geholfen werden muss, hebt dies die Sabbatruhe auf).

Die Sabbatruhe kennt Ausnahmen

Die jüdischen Feste

Wie wichtig diese geschichtlichen Ereignisse für die Juden waren und sind – unabhängig von ihrer realhistorischen Einschätzung – zeigt ihre solide Verankerung in der religiösen Festkultur, deren Bewahrung ebenso wie die Einhaltung der Speisegesetze und die Beschneidung ein Bestandteil der religiösen Identität ist. Zumindest drei zentrale Feste der Juden müssen hier vorgestellt werden, weil sie auch in engem Konnex zum Christentum stehen: Der *Sabbat*, das *Pessach* und das *Schawuot*. Sie bilden einen wichtigen Hintergrund für das Handeln von Jesus und für Vollzüge der Kirche heute.

Der Sabbat

Der zentralste Feiertag des Judentums ist der *Sabbat*. Dieser, der letzte Tag der Woche, wird im Gedenken an das Schöpfungshandeln Jahwehs eingehalten: „Am siebenten Tag ruhte Gott." Daher soll auch der Mensch an diesem Tag ruhen, um sich der Betrachtung seines eigenen Lebens und seines Verhältnisses zu Jahweh zu widmen; ein Mitgrund ist auch die Interpretation des menschlichen Lebens (d. h. des schöpferischen Handelns) als Mitwirkung am Schöpfungswerk Gottes. Andererseits ist auch jeder Sabbat ein Gedenktag für die Errettung des Volkes Israel aus Ägypten. Daher wird am Sabbat durch genau festgelegte Riten an das Heilswirken Gottes an Israel und der Welt gedacht. Aufgrund der jüdischen Zeitrechnung, die den Tag mit dem Vorabend beginnen und ihn bis zum folgenden Abend dauern lässt, beginnen die Feierlichkeiten bereits am Freitag abend, sicherheitshalber sogar kurz vor Sonnenuntergang. Geheiligt wird der Sabbat aber nicht nur durch die Arbeitsruhe, sondern auch durch den Besuch der

Synagoge, das Segensgebet (Kiddusch), das Festmahl und das Erinnern an Gottes Großtaten. Für die frühe christliche Gemeinde, die ja auch noch in Tempelgemeinschaft mit den Juden in Jerusalem lebten, war es selbstverständlich, dass sie den Sabbat hielt. Erst mit dem Entstehen von nichtjüdischen Gemeinden wurde die Verbindlichkeit des Sabbat in Frage gestellt, weil das Herrenmahl grundsätzlich am Tag nach dem Sabbat, also am ersten Tag der Woche stattfand.

Pessach

Ex 12,1–13,16

Von den jüdischen Jahresfesten ist *Pessach* das wichtigste. Es erinnert an die Errettung Israels aus der Unterdrückung in Ägypten, obwohl seine Wurzeln viel weiter in die nomadische Vorzeit des Volkes zurückreichen, und beginnt – nach dem Besuch der Synagoge – mit dem Sedergottesdienst im Kreis des eigenen Hauses. Die traditionellen Speisen zu diesem rituellen Festmahl sind unter anderem das Lamm, das rituell geschlachtet wird und das ungesäuerte Brot, das in dünnen Fladen gebacken wird. Das Lamm erinnert an das Tieropfer, das verhinderte, dass Jahweh mit den ägyptischen auch die jüdischen Erstgeborenen tötete (die letzte der zehn Plagen, die den Pharao zur Freilassung der Israeliten nötigten); das ungesäuerte Brot erinnert daran, dass das Volk in der Eile des Auszuges aus Ägypten keine Zeit mehr hatte, den Brotteig „aufgehen“ zu lassen. Dazu wird Wein getrunken, über den ein Segen gesprochen wird. Zu den wichtigsten Riten des Seder gehört auch die Nacherzählung der Auszugsgeschichte durch den Hausvater. Das Pessach, das sich insgesamt über sieben Tage erstreckt, war während des Bestehens des Tempels ein klassisches Wallfahrtsfest – zur Zeit von Jesus sind abertausende Juden in Jerusalem zusammengekommen, um es zu begehen.

Weil Christus ein für allemal das Opfer ablöst, wird er auch als „Lamm Gottes“ bezeichnet

Nicht zuletzt deshalb war die römische Autorität dem Pessach gegenüber besonders wachsam. Die militärische Präsenz der Römer war bis zur Zeit des jüdischen Aufstandes 66-70 relativ gering, waren doch im ganzen Imperium niemals mehr als 30 Legionen - ca. 150.000 Mann - zugleich im aktiven Dienst. In Syrien waren drei davon stationiert, die zugleich die Reichsgrenze zu sichern hatten, sodass dem lokalen Präfekten in der gefürchteten Unruheprovinz wahrscheinlich nur 2 Kohorten (1200 Mann) zur Verfügung standen - und das angesichts einer angespannten Situation und der religiös aufgeladenen Atmosphäre zu Pessach, an dem diese an sich ansehnliche Streitmacht sich drei Millionen Pilgern gegenübersah. Es verwundert also wenig, dass die Präfekten bei aller religiösen Toleranz gegen das geringste Anzeichen politischer Unruhe mit eiserner Härte vorgingen. Deswegen wurde bereits von Herodes dem Großen die kleine Verteidigungszitadelle an der Nordostecke des Tempels zu einer mächtigen Zwingburg ausgebaut, benannt nach dem Gönner des Herodes, Marcus Antonius, als „Burg Antonia“. Diese diente den Römern dazu, den Tempelplatz zu kontrollieren.

In der christlichen Eucharistiefeier finden sich die angeführten Elemente der klassischen Sederfeier wieder (das „Letzte Abendmahl" kann als solche verstanden werden); und es ist kein Zufall, dass Christus vor diesem Hintergrund als das „Lamm Gottes" bezeichnet wird.

Ex 12,46; Joh 19,33

Auch für das zeitlich folgende Fest *Schawuot* gilt, dass es ursprünglich ein Pilgerfest war. Der Anlass des Festes war die Darbringung der ersten Erntefrüchte als Opfer an Jahweh, und auch dabei ist eine der zentralsten Motivationen das Eingedenken die Errettung aus der ägyptischen Unterdrückung. Traditionell (aber nicht biblisch) wird das Fest auch mit der „Übergabe des Gesetzes" an das Volk Israel in Zusammenhang gebracht. Es folgt mit sieben Wochen Abstand auf Pessach; und insofern dieses Parallelen zum christlichen Osterfest aufweist, kann man das Pfingstfest auch als Parallele zu Schawuot lesen.

Vgl. Kolatch, Jüdische Welt verstehen

Auf die zahlreichen weiteren Feste im jüdischen Kalender kann an dieser Stelle nicht näher eingegangen werden.

Jesus – Rabbi, Messias, Christus

Die maßgeblichen Gruppen

Die Situation zur Zeit Jesu ist in etwa die folgende: Unter einem römischen Präfekten, der seinen Regierungssitz in Caesaraea Maritima hatte, wurde die Provinz religiös fast völlig autonom, politisch teilautonom vom Hohen Rat, dem Sanhedrin, verwaltet. Er bestand aus 71 Mitgliedern und wurde von Priestern, Ältesten und Schriftgelehrten beschickt, von denen wohl die meisten zur politischen Richtung der

Sadduzäer

Sadduzäer gehörten. Diese waren einflussreiche Angehörige der Oberschicht, die sich mit den Gegebenheiten arrangiert hatten und durchaus davon profitierten; entsprechend wurden eher Wohlhabende zu ihren Anhängern gezählt. Von ihnen wurde behauptet, dass sie die Auferstehung der Toten leugneten und nicht an das Eingreifen Gottes in das Schicksal der Welt oder an die Existenz von Engeln glaubten. Da sie außerdem ein sehr enges Verständnis der Gesetzestexte pflegten und die Talmudüberlieferung nicht anerkannten, war ihr Verhältnis zu den

Pharisäer

Pharisäern sehr gespannt. Die *Pharisäer* wiederum lehnten den hellenistischen Einfluss im Land, der natürlich auch auf das religiöse Leben einwirkte, strikt ab und traten für eine Befolgung von Tora und Talmud ein. Sie fanden ihre Fangemeinde eher unter den Armen und den Nichtprivilegierten, waren also populär, aber politisch machtlos. Unter der

Zeloten

Anhängerschaft der Pharisäer fand sich auch die Gruppe der *Zeloten*, die im Gegensatz zu den ersteren, die die Befreiung von der Fremdherrschaft durch die Hand Gottes erwarteten, traten die letzteren für eine militärisch-politische Lösung, also faktisch einen Aufstand gegen Rom und die herrschende, hellenisierte Schicht ein, der sie Glaubensabfall nachsagten. Eine kleine, radikalisierte Gruppe unter ihnen wartete nicht einmal ab, bis die organisatorischen Voraussetzungen für eine erfolgreiche Revolte geschaffen waren: Die *Sikarier* würde man heute als Terroristen bezeichnen – mit Hilfe eines Dolches, den sie im Gewand verborgen bei sich trugen, ermordeten sie bei günstiger Gelegenheit aus dem Hinterhalt Römer und ihre Sympathisanten. Einzelne besonders gebildete Sadduzäer und Pharisäer wurden auch als *Schriftgelehrte* bezeichnet; ein Ausdruck, der dem Sinn nach dem „Rabbi", dem Kenner und Lehrer des Gesetzes nahekommt. Die *Essener* schließlich waren eine beinahe klösterliche Gemeinschaft, die den Pharisäern nahestand, in ihren religiösen Anschauungen aber radikal orthodox waren – sie lebten in abgeschlossenen Gruppen, lebten körperlich und materiell asketisch und in Gütergemeinschaft. Sie lehnten den Opfergottesdienst ab und betonten die Wichtigkeit des Gebetes.

Sikarier

Essener

Die Pharisäer und ihre Anhänger erwarteten den *Mashiach,* übertragen *Messias*. Dieser Messias, wörtlich „der Gesalbte", war der Botschafter Gottes, sein Gesandter, der in Vollmacht erscheint, um das Reich Gottes aufzurichten, und der in Gottes Auftrag handelte. Die Propheten der späten israelischen Königszeit kündigen angesichts des Niederganges des Reiches einen Messias an, der ein Reich aufrichten wird, das ein für allemal Bestand haben soll. Natürlich ist das in erster Linie eine Trostbotschaft, aber es ist auch Verheißung – die Propheten sagen nicht weniger und nicht mehr, als dass Gott sich nie ganz von seinem Volk abwenden wird und es auch fertigbringt, die scheinbar völlig hoffnungslose Situation nach seinem Willen wieder zu wenden. Er bringt das Recht, beendet die Gewalt, macht Schluss mit der Unterdrückung durch fremde Völker und regiert auf dem Thron Davids in Heiligkeit und Gerechtigkeit. Er ist gottesfürchtig und Jahweh ergeben; unter seiner Herrschaft kommen alle Völker zum Tempel in Jerusalem, um den wahren Gott zu ehren.

Messias

Damit ist zunächst keine abstrakte Endzeit oder ein Geschehen jenseits der menschlichen Geschichte gemeint, sondern ein konkretes Ereignis in einem „hier und jetzt". Die Zeloten freilich interpretierten dies noch etwas enger: Der Messias ist nicht nur Friedensfürst, sondern wird zuvor auch mit Gewalt die fremden Herrscher vertreiben.

Jerusalem war der Mittelpunkt der jüdischen Kultur. Wenn auch viele Juden spätestens seit dem babylonischen Exil als Minderheitskultur in anderen Ländern lebten, so fanden sie sich doch nach Möglichkeit zumindest zum Pessach in der Heiligen Stadt zusammen – hier stand der Tempel, und nur im Tempel wurde der Opfergottesdienst vollzogen, wie das Gesetz ihn angeordnet hatte.

Vgl. z.B. Jes 42 bzw. vor allem Jes 61,1f – jene Stelle, die Jesus als sein „Programm" zitiert (Lk 4,18f)

Wir wissen nicht exakt, wann und unter welchen Umständen Jesus geboren wurde. Die Fakten, die überliefert sind, deuten auf eine Geburt am Ende der Regierungszeit des Königs Herodes des Großen hin, also vor 4 v. Chr. – aber wie alle anderen biblischen Angaben steht auch diese im Interesse einer bestimmten Form von Verkündigung, sodass das wohl kein exaktes historisches Datum ist. Noch weniger wissen wir über die Kindheit und Jugend Jesu. Alle dazu überlieferten Hinweise entstammen apokryphen Schriften, die gegen Ende des 2. Jahrhunderts oder später entstanden sind und die nur die Leere füllen sollen, die hier in der ältesten christlichen Überlieferung herrscht. Das mag daran liegen, dass für seine Zeitgenossen seine Taten und Aussagen wichtiger waren als seine Herkunft – erst spätere Generationen haben sich mit einigem Abstand intensiver darüber Gedanken gemacht. Vieles wurde hier spekuliert, nichts davon ist haltbar, außer dass dieser Jesus von Nazareth (zumindest sein Wohn- und Wirkungsort, wahrscheinlich auch sein Geburtsort) eine sehr gründliche rabbinische Ausbildung bekommen hatte.

... geboren in Betlehem oder doch in Nazareth? Betlehem verweist auf den Messias („Stadt Davids")

Beginnend mit Hermann Reimarus wurde am Ende des 18. Jahrhunderts im Gefolge der Aufklärung vermehrt die Frage nach der historischen Grundlage der Jesusüberlieferung laut, da folgende Problemfelder an der bislang vorgegebenen Auffassung von der wörtlichen Wahrheit der Heiligen Schrift zu kratzen begannen:

- das Vorhandensein von Rechtschreib- und Grammatikschwächen
- widersprüchliche bzw. inkonsistente Überlieferungen in den Evangelien
- die Einsicht verschiedener Verfasserschaft bzw. theologischer Traditionen und Entstehungszeiten in den neutestamentlichen Schriften
- falsche Erwartungen durch Jesus selbst (Naherwartung) oder seine Jüngerinnen / Jünger (Parusiehoffnung)

Während Reimarus noch auf das messianische Selbstverständnis Jesu abzielt, es allerdings in einen politischen Kontext stellt und die religiöse Dimension als Legendenbildung der enttäuschten Jüngerschaft einstuft, meint etwa David Friedrich Strauß etwa 50 Jahre später, dass die Evangelien mythische Stoffe enthalten, die sich um die historisch nicht mehr fassbare (wiewohl existierende) Gestalt Jesus ranken. Allerdings fehlten für diese Interpretationen schlüssige Beweise, sodass um 1900 Albert Schweitzer in seinem Buch „Geschichte der Leben-Jesu-Forschung" diese berechtigt als Geschichte der Niederlagen darstellt und darauf hinweist, dass die Gestalt, die jeweils als Zentralgestalt des NT identifiziert wird, hauptsächlich die Züge der Erwartungshaltung der jeweiligen Zeit trägt.

Vgl. A. Schweitzer, Geschichte der Leben-Jesu-Forschung, Stuttgart: UTB 1984.

Nach Meinung mancher Theologen des 20. Jahrhunderts ist ausschließlich der nachösterliche Jesus, also der Christus des Bekenntnisses, durch die Überlieferung zugänglich – der vorösterliche Jesus entziehe sich dem Zugriff völlig.

Vgl. R. Bultmann: Jesus, Stuttgart: UTB 1988.

Um 1900 setzte sich in der Textwissenschaft die Erkenntnis durch, dass der Tradition der Evangelien eine mündliche Überlieferung vorausgegangen sein muss. Diese wiederum war ein Produkt der Situation der frühen Gemeinde. Konsequenterweise entstand in den zwanziger Jahren des 20. Jahrhunderts die Überlegung, dass Leben und Persönlichkeit Jesu zu vernachlässigen seien und allein der Christus des Glaubens zähle; die Evangelien seien als Glaubensdokumente zu interpretieren und verlören ihren Charakter als historische Quellen vollständig. Diese Forschungsarbeiten – vor allem deren Publikation – war lange Zeit den protestantischen Christen vorbehalten. Erst seit der Mitte des 20. Jahrhunderts lässt die Lehre der katholischen Kirche textkritische Arbeit auch offiziell zu.

Andererseits wurde im 20. Jahrhundert eine Quelle in den Evangelien isoliert, die eine umfangreiche Sammlung von originalen Jesusworten zu sein scheint: In der „Logienquelle Q“, die sprachwissenschaftlich aus den Evangelien nach Markus, Matthäus und Lukas rekonstruiert werden konnte, liegt ein erstaunlich großer Bestand an originalen Jesusworten vor.

Insgesamt kann man festhalten, dass der historische Jesus nur über die urchristliche Verkündigung zugänglich ist, diese Verkündigung aber wiederum von der historischen Person Jesus von Nazaret ausging. Der Christus des Glaubens ist also immer an den Christus der Geschichte rückgebunden und umgekehrt.

Tatsache ist nichtsdestoweniger, dass das Neue Testament keine Antwort auf die Frage nach der historischen Gestalt Jesu gibt, *weil die Frage falsch gestellt ist.* Vielmehr ist die Rückfrage nach dem historischen Jesus und seinem Selbst- und Fremdverständnis auch hier untrennbar damit verbunden, dass die Aussageabsicht der Schriften, die als Grundlage herangezogen werden, eine zutiefst *theologische* und keine historische ist.

Das Ziel Jesu war es zunächst, das Judentum zu reformieren. Er wandte sich als erstes an das Haus Israel, seine erste Aussendungsrede schickt die Jünger ausdrücklich nur zu ihren Glaubensgeschwistern und er selbst sagt noch in Mt 15,24, dass er nur „zu den verlorenen Schafen des Hauses Israel gesandt“ sei. Vom Kontext her spielt sich die Tätigkeit Jesu zunächst im Umkreis des Johannes des Täufers ab: Ihm zufolge ist ganz Israel dem Gericht verfallen und kann dem kommenden Zorn nicht *Mt 3,7ff* entgehen. Die Unheilssituation Israels ist dabei so radikal gedacht, dass nicht einmal die Berufung auf Abraham eine Hoffnung bietet. Nur die Umkehr, also das Verlassen des falschen Weges, kann davor erretten; die Taufe des Johannes ist Zeichen dieser Umkehr und wird auch von Jesus angenommen. Jesus treibt die Botschaft des Johannes aber weiter: Für ihn wird der Gerichtsgedanke zu einem zwar unaufgebbaren, aber sekundären Bestandteil des notwendig zu sagenden. Zentral ist die Verkündigung der *Königsherrschaft Gottes.*

Vgl. Mt 12,28; Mk 12,34; Lk 8,1 u. v. m.

Diese im Zentrum seiner Sendung stehende Botschaft von der hereinbrechenden Gottesherrschaft ist als endgültige Heilstat Gottes an seinem Volk zu verstehen, die sich in ihm bereits konkret äußert. Israel lebt in einem Zustand des Unheils, die nach der Auffassung Jesu nicht aus eigener Kraft überwindbar ist; daher tut Gott den ersten Schritt auf das Volk zu und will es wieder aktiv an sich ziehen. Dieser Akt wird in der Person Jesu Christi geschichtliche Wirklichkeit; alle seine Worte und Taten sind nur in Bezug auf diese Heilsvermittlung zu verstehen.

Jesus wirbt für die Annahme des von Gott geschenkten Heils

Es geht also nicht um ein *Entkommen* aus dem Unheilszustand aus eigener Kraft, sondern um ein *Annehmen* der geschenkten und unverdienten Heilswirklichkeit (der man sich freilich auch verweigern kann). Bildlich wird dies dargestellt in den Seligpreisungen, deren erste drei wohl Originalworte von Jesus sind und in denen ohne jede religiöse Bezugnahme ganz realen Menschen in ganz realen Unheilssituationen begründete Hoffnung zugesagt wird. Die Seligpreisungen sind keine Vorhersage, sondern eine Proklamation! Wie die Vaterunserbitte Lk 11,2 zeigt, ist die Gottesherrschaft zwar endzeitlich angelegt, aber es wird bereits mit dem Vorschein dieser Endzeit gerechnet. Dabei spielt natürlich die Naherwartung Jesu selbst eine Rolle, aber zugleich wirkt Jahweh unter den Menschen nicht zu einem bestimmten utopischen Zeitpunkt, sondern hier und jetzt. Die Situation des Gottesvolkes steht unmittelbar vor einer radikalen Änderung: *Die Entscheidung für das endzeitliche Heil ist bereits gefallen und wird spürbar.* Darin fügt sich der Satanssturz Lk 10,18 ein: Dieses Bildwort deutet an, dass der Ankläger Israels hinausgeworfen ist (und nicht, dass er auf die Erde gefallen und diese damit noch sündenverfallener wäre). Die Entscheidung ist damit schon gefallen und unwiderruflich.

Die Wundertaten Jesu sind in genau diesem Kontext zu sehen und darum auch keine „Streuschüsse" – an den Machttaten wird die Gegenwart des Gottesreiches greifbar:

Joh 9,1–3

Unterwegs sah Jesus einen Mann, der seit seiner Geburt blind war. Da fragten ihn seine Jünger: Rabbi, wer hat gesündigt? Er selbst? Oder haben seine Eltern gesündigt, sodass er blind geboren wur-

de? Jesus antwortete: Weder er noch seine Eltern haben gesündigt, sondern das Wirken Gottes soll an ihm offenbar werden.

Die Wunderheilung ist eine Illustration der Verkündigung. Sie geschieht um des ganzen zusehenden Volkes und nicht nur um des einzelnen Betroffenen willen.

In den Evangelien finden wir an zahlreichen Stellen sogenannte „Hoheitstitel", also besondere Bezeichnungen, mit denen Jesus angesprochen wird oder die er für sich selbst verwendet, z. B. Messias, Herr, Menschensohn. Jene, die Jesus selbst zugeschrieben werden, sind samt und sonders nachösterlichen Ursprunges, enthalten also bereits theologische Ausdeutungen. Selbst hat Jesus maximal die Bezeichnung „Menschensohn" für sich verwendet, dies vor allem im Anschluss an den Propheten Jesaja. Die Hoheitstitel sind wohl weitestgehend Zeugnisse einer Fremdeinschätzung, aber deshalb nicht unberechtigt: Sie entfalten nachösterlich das, was vorösterlich schon angelegt war. Dass Jesus sich selbst nicht als inkarnierten Gottessohn verkündet, heißt nicht automatisch, dass er sich selbst nicht so verstanden hat und ebenso nicht, dass die Inkarnationsaussage falsch wäre; sie ist vielmehr im Hinblick auf die nachösterliche Deutung des Christusereignisses von auslegender Bedeutung.

Jesus hat sich selbst nie ausdrücklich als Messias bezeichnet, aber als solcher gehandelt

Rabbi

Jesus sammelte eine Schar von Jüngern um sich und wurde als „Rabbi", also als „Lehrer", angesprochen. Als „Rabbi" wurde nicht leicht jemand bezeichnet. Es war ein Ehrentitel, der zwar nicht an einen konkreten Ausbildungsgang, aber an die Anerkennung einer gewissen Lehrautorität gebunden war. Jemanden mit Rabbi anzusprechen deutet diesem gegenüber schon ein hohes Maß an Respekt an. Jesus wird in den Berichten der Evangelisten wiederholt als „Rabbi" bzw. „Meister" angesprochen; von seinen eigenen Jüngern, von Dritten, die Rat suchen, manchmal auch mit deutlich sarkastischem Unterton im gelehrten Disput mit anderen Schriftgelehrten. Er selbst steht offenbar dieser Bezeichnung eher skeptisch gegenüber und mahnt wiederholt zur Bescheidenheit diesen Titel betreffend. Er besaß unter seinen Zeitgenossen einen gewissen Bekanntheitsgrad, und man erzählte sich von ihm allerlei spannende Anekdoten; er hatte keine Berührungsängste mit sozialen Randgruppen und lehnte die politische Messiaserwartung ab. Er versuchte, das Volk Israel aufzurufen, sich wieder vermehrt am Gesetz und am Bund mit Jahwe zu orientieren und diesen Zugang auch für jene offen zu halten, die den zeitgenössischen religiösen Autoritäten als notorische Sünder und daher ausgestoßen galten – Prostituierte, chronisch Kranke, Behinderte, Kollaborateure der Besatzungstruppen.

Jesus wandte sich an soziale Randgruppen und brach damit ein Tabu

Die Kreuzigung war eine der entsetzlichsten Hinrichtungsarten: Sie dauerte tagelang, und das Zerschlagen der Beine galt als Akt der Gnade, weil dann der Tod durch Ersticken innerhalb weniger Minuten eintrat ...

Dieser Jesus von Nazareth wurde um das Jahr 30 durch Kreuzigung getötet, die Strafe, die von den Römern für politische Vergehen wie Auflehnung gegen die römische Herrschaft eingesetzt wurde. Als Urteilsbegründung ist der Text überliefert, der auf einer Tafel am Kreuz zu lesen gewesen sein soll: „Jesus von Nazareth, König der Juden". Der Königstitel galt in Judäa aber seit dem Tod von Herodes als verpönt; und jede Selbstbezeichnung als König wurde von den Römern sofort als Akt des Aufstandes interpretiert – das überlieferte Verhör von Jesus durch Pilatus kreist auch immer wieder um die Frage des Königtums.

Nach der Kreuzigung müsste sich eigentlich die Anhängerschaft dieses Jesus in alle Winde zerstreuen. Deutlicher kann der Anführer einer Reformbewegung nicht scheitern – nicht nur, dass er sterben muss, sondern besonders die Art des Todes ist für Juden unerhört. Nach dem Gesetz ist einer, der „am Pfahl hängt", von Gott verflucht; damit müsste alles, was er gesagt und gelehrt hat, hinfällig sein. Aber gegen jede Erwartung und Vernunft finden sich unmittelbar nach dem Tod Jesu seine Anhängerinnen und Anhänger wieder zusammen und beginnen, ihn als den Christus, den Messias zu verkündigen. Sie begründen das damit, dass er von den Toten auferstanden sei! Das ist der Übergang vom historischen Jesus zum Christus des Glaubens.

Dtn 21,23

Warum dieses Bekenntnis stattgefunden hat und von Dauer war, bezeugen die Texte des Neuen Testamentes. Sie entstanden in einem dreistufigen Prozess: Am Anfang standen natürlich die Worte und Taten des Jesus von Nazareth selbst. Jesus selbst hat – soweit wir wissen – keine schriftlichen Zeugnisse hinterlassen, obwohl er angesichts seines Bildungsgrades mit Sicherheit schreiben konnte. Aber in der Tradition der Wanderprediger blieb er beim gesprochenen Wort. Seine Aussagen wurden durch die Zeuginnen und Zeugen seines Wirkens (die „Jünger") weitererzählt, vor allem in Form von Geschichten, Bekenntnissen, Gebeten und Liedern.

Vgl. Mt 9,6; Mk 2,5; Lk 5,24; 7,48 usw.

Besonders die von Jesus wiederholt überlieferte „Vergebung der Sünden", die im Kern auf ein echtes Jesuswort zurückzuführen sein dürfte, verweist auf darauf, dass Jesus sich selbst durchaus auch mit einem messianischen Anspruch sah. Sünden zu vergeben ist niemals Sache von Menschen, sondern Sache Gottes.

Vgl. S. 22ff

Erst dann kam es mit einigem zeitlichen Abstand zu ersten Aufzeichnungen, die uns nicht mehr erhalten sind. Auf der Basis dieser Aufzeichnungen wieder entstanden die Evangelien, in denen die Autoren versuchten, das überlieferte Wissen von diesem Jesus zu bündeln und in eine schlüssige Form zu bringen. Daher ist es auch nicht möglich, aus den biblischen Schriften so etwas wie eine Biographie des Jesus von Nazareth rekonstruieren zu wollen; im Detail sind die Angaben viel zu widersprüchlich, als dass man sie unter einen Hut bringen könnte. Möglich ist aber sehr wohl, aus den vorliegenden Schriften eine ganze Menge von originalen Jesusworten zu rekonstruieren (die Quelle Q) sowie den Glauben der ersten Christen zu erschließen und nachvollziehen zu können.

Vgl. S. 24

Jesus, der Sohn Gottes

Das Neue Testament bezeugt, dass dieser Jesus eine so unüberbietbare Nähe zu Gott aufweist, dass er zu Recht als „Sohn Gottes" bezeichnet werden kann. Anders als die Propheten vor ihm verkündet dieser Jesus nicht nur Gottes Wort an einen bestimmten Hörerkreis, sondern *er selbst ist Gottes Botschaft*. Er geht damit über das Botenrecht, das etwa die Propheten des Alten Testamentes für sich in Anspruch nehmen, weit hinaus.

Der Gesandte, hebr. *shaliach*, ist in der Antike mehr als der Überbringer einer Nachricht. Er nimmt für den, der ihn sendet, auch Personenrechte wahr, kann Rechtsgeschäfte tätigen oder ihn sogar bei einer Eheschließung vertreten. Ein schwacher Nachhall findet sich noch heute im Diplomatenrecht – die Person eines Botschafters steht in gewissem Sinne für das ihn entsendende Land; der Regierungschef repräsentiert eine ganze ihn entsendende Nation. Am deutlichsten ist das noch anlässlich von Staatsbesuchen und dem damit verbundenen Zeremoniell zu sehen.

Für die Verfasser der Evangelien und der späteren neutestamentlichen Schriften ist diese Auffassung so selbstverständlich, dass sie keiner weiteren Begründung bedarf. Alles, was Jahwe in seinen Bundeszusagen an Israel verheißen hat, ist in Jesus für sie konkrete, greifbare und menschliche Wirklichkeit geworden („...und das Wort ist Fleisch geworden und hat unter uns gewohnt..."). So wird Jesus Christus mit Gott identifiziert und auch an anderen Stellen als „Sohn Gottes" bezeichnet; er wird von den ihn begleitenden Menschen als dieser erkannt. Was also zunächst durch die Aussagen über „Vater" und „Sohn" festgehalten wird, ist: Die Nähe Jesu Christi zum Gott Israels, der sich in ihm auch als der Gott aller Völker und Zeiten erweist, ist so unüberbietbar, dass keines unserer verfügbaren Sprachbilder ausreicht, um sie völlig zu beschreiben. Er ist mehr als Diener, Prophet oder Gesandter; am ehesten kann man dieses Verhältnis mit einer idealen Vater-Sohn-Beziehung vergleichen.

Vgl. Joh 1,14

Die Deutung der Auferstehung

Das wahrscheinlich älteste Christusbekenntnis, das uns bekannt ist, finden wir in 1 Kor 15,3–7; Paulus rezitiert es dort. Aufbau, Sprache und Wortwahl lassen auf ein aramäisches Original schließen:

1 Kor 15,3–7

Denn vor allem habe ich euch überliefert, was auch ich empfangen habe: Christus ist für unsere Sünden gestorben, gemäß der Schrift, und ist begraben worden. Er ist am dritten Tag auferweckt worden, gemäß der Schrift, und erschien dem Kephas, dann den Zwölf. Danach erschien er mehr als fünfhundert Brüdern zugleich; die meisten von ihnen sind noch am Leben, einige sind entschlafen. Danach erschien er dem Jakobus, dann allen Aposteln.

Was genau das war, was wir heute als „Auferstehung" bezeichnen, wissen wir nicht. Vom Ereignis selbst gibt es keine Augenzeugenberichte, und sogar in den Evangelien wird keine Erzählung davon überliefert. Zwischen dem Begräbnis Jesu und der Auffindung des leeren Grabes klafft eine Lücke, die nicht einfach dadurch erklärt werden kann, dass erzähltechnisch niemand dabei war – die Evangelisten berichten öfters von Ereignissen, für die es keine Zeugen gegeben hat, wie z. B. die Versuchung Jesu in der Wüste oder das einsame Gebet am Ölberg. Und die Berichte darüber sind dennoch sinnvoll, weil sie die Dramatik der Erzählung fördern und den Status von Jesus Christus im Heilsgeschehen verdeutlichen.

Die Auferstehung ist nicht darstellbar

Die Auferstehung hingegen bleibt ausgespart. Vielleicht, weil der Respekt vor dem göttlichen Geheimnis so groß ist; vielleicht, weil das Ereignis selbst nichts zum weiteren Verständnis beiträgt. Wichtiger sind die Folgen!

Mit dem Sammelbegriff „Gnosis" bezeichnet man Lehren, die von religiösem Geheimwissen einer kleinen Elite ausgehen. Jesus verkündete dagegen das Heil für alle Menschen

Auch für die Gegner der frühen Christen und heutige Religionskritiker ist diese Nuss nicht zu knacken. Offenbar gab es schon in den ersten Jahren der Kirche Vorwürfe, dass die Jünger das Grab geöffnet und den Leichnam Jesu entführt hätten (deshalb der Hinweis auf die Wache am Grab in Mt 27,62-66.28,11-15). Ebenfalls aus dieser frühen Zeit stammt die gnostische Hypothese, dass es nicht Jesus war, der am Kreuz starb, sondern ein anderer, der ihm ähnlich sah (diese Ansicht hat auch der Koran übernommen) oder gar ein magischer Scheinleib. In neuerer Zeit wurden Hypothesen geäußert, nach denen Jesus die Kreuzigung überlebt habe, von seinen Jüngern gesund gepflegt worden und nach Indien ins Exil geschafft worden sei. All das kann aber nicht erklären, was nach der Auferstehung in der frühen Gemeinde geschah.

Es bleibt aber nicht beim leeren Grab. Jesus wird auch persönlich gesehen, und zwar nicht einfach als „wiedererweckter Toter". Von Jesus selbst sind ja Totenerweckungen als Wunder überliefert (Lazarus, der Jüngling von Nain, die Tochter des Jairus) – aber in diesen Erzählungen wird der Tote zu einer Fortsetzung seines *irdischen* Lebens erweckt; er geht von neuem seinem Tod entgegen. Der Zweck des jeweiligen Wunders war, Jesus als den Christus zu erweisen, der als Messias Herr über Leben und Tod ist. Die Auferstehung Jesu ist aber mehr: Sie ist seine wesenhafte Verwandlung in eine andere Weise des Seins. Und diese Verwandlung bringt mit sich, dass auch andere sich (innerlich) verwandeln, denn dadurch wird deutlich, dass das, was Jesus von Nazareth im Leben gelehrt hat, durch Gott ein für alle Mal bestätigt wird. Die Auferstehung Jesu begründet also eine neue Realität, sie eröffnet die Erfahrung, dass das jahrelange Umherziehen, die Lehrreden, die Diskussionen, die Entbehrungen und auch die kleineren und größeren Wunder nicht durch den Tod vom Tisch gewischt sind, sondern dass im Gegenteil der Tod vom Tisch gewischt ist. Die Macht Jahwes hat sich – so zeigt sich am Ostermorgen für die Anhänger Jesu – an diesem Christus unübertrefflich gezeigt, sie ist einmal mehr und ein für alle Mal geschichtliches Ereignis. Diese Einsicht lässt die durch die vorhergegangene Passion und den Tod zerknirschten und zerbrochenen Jüngerinnen und Jünger wieder „aufleben“ – die Auferstehung Jesu zieht die „Auferstehung“ seiner Freunde nach sich. Dabei darf der Akzent nicht hin zu einer rein bildhaften Interpretation verschoben werden, deshalb ist allen Berichten die „Leiblichkeit“ des Auferstandenen so wichtig. Es ist kein Gespenst und kein Geist, der da erscheint, es ist die Person Jesus, der Christus, als vollständige und ganze – er wird gesehen, er wird berührt, er isst mit den Jüngern und haucht sie an.

Joh 11; Lk 7, 11–15; Mk 5,21–43 par.

Der Gott, den Jesus verkündet, ist wahrhaft Herr über Leben und Tod

Lk 24,36–43; Joh 21,19–27 usw.

Die Erscheinungen, von denen in der Folge der Auferstehung berichtet wird, haben eine gemeinsame Grundlinie: Immer zeigte sich Jesus denen, die um ihn trauern aus eigener Initiative, er begrüßte sie und wurde erkannt. Zuletzt aber beauftragte er jene, denen er erscheint, mit der Weitergabe der Frohen Botschaft von seinem Wirken, seinem Tod und seiner Auferstehung. Die Jüngerinnen und Jünger selbst erkannten, dass diese Weitergabe auch nur durch Verkündigung und Handeln möglich war – und so predigten sie, tauften, vergaben die Sünden nach dem Vorbild von Jesus Christus und bildeten eine Heilsgemeinschaft. Die Kirche war entstanden, und sie stand vor einer neuen Herausforderung: über dem Wunder der Auferstehung nicht die unbequeme und wenig attraktive Wahrheit des Leidens und des Todes zu übersehen, die der Auferstehung vorausging.

Die Weitergabe der Botschaft Jesu war nur durch Verkündigung und Handeln möglich – die Kirche entsteht

Die Deutung der Passion

In einem Reflexionsprozess entwickelte sich *nach* der Deutung der Auferstehung, aber noch in den ersten Jahren der Gemeinde, eine Deutung von Leiden und Tod Jesu.

Schon für die frühen Gemeinden ein Paradoxon: der Sohn Gottes, der leidet und getötet wird ... wie ist das denkbar?

In seinem Brief an die Philipper schreibt Paulus über Jesus: „Er war gehorsam bis zum Tod, bis zum Tod am Kreuz. Darum hat Gott ihn über alle erhöht …“. Auch hier zitiert er wieder einen deutlich älteren Hymnus, ein Loblied auf Jesus als den Gottesknecht. Dieses Motiv ist ein alttestamentliches: Im Buch Jesaja wird der leidende Gottesknecht ausführlich thematisiert und sein Leiden aufgrund der Sünden der Menschheit dargestellt, kurz nachdem beschrieben wird, wie er sich verhält – jener, der das geknickte Rohr nicht zerbricht und den glimmenden Docht nicht auslöscht, der Blinde wieder sehen lässt und Gefangene befreit, wird „durchbohrt wegen unserer Verbrechen, wegen unserer Sünden zermalmt.“ (Jes 42.53) Jesus wird interpretiert als der, der nicht an seiner Göttlichkeit festhält, sondern freiwillig auf sie verzichtet und Menschennatur annimmt. Es ist auch kein Zufall, dass der Evangelist Lukas gerade das Selbstzeugnis des Gottesknechtes für das öffentliche Auftreten von Jesus in der Synagoge wählt – nach Lk 4,16–21 verliest Jesus ausgerechnet Jes 61,1–2a und fügt hinzu: „Heute hat sich das Schriftwort […] erfüllt.“ Lukas stellt einen Interpretationszusammenhang zwischen den Heilstaten Jesu, die sich ganz an der Verheißung des Jesaja orientieren (er heilt Blinde, befreit Gefangene usw.), und seinem Leiden und Tod her. Daher kann auch sein Tod als Opfertod gesehen werden: Das Sühneopfer im Tempel dient dazu, den Bund zwischen Gott und seinem Volk wieder in Ordnung zu bringen. Es muss aufgrund der auch nach dem Opfer immer neu auftretenden Sünden des Volkes (durch Individuen *und* durch die Gemeinschaft!) immer wiederholt werden; seine Folge – die Versöhnung – ist nicht von Dauer. Das Opfer des Gottesknechtes, des Messias, des Christus ist hingegen ein unüberbietbares: Es wiegt alle möglichen Opfer aller Zeiten auf, da Jesus freiwillig und bewusst seinen Tod um der Menschen willen in Kauf nimmt und so zugleich zum Priester, der das Opfer darbringt, und zum Opfer selbst wird. Vereinfacht gesagt: Um den Bund zwischen Gott und seinem Volk ein für alle Mal neu und endgültig zu begründen und weitere Opfer überflüssig zu machen, opfert Jesus sich selbst.

Vgl. Röm 6; Hebr 7–11

Wer ist nun aber das „auserwählte Volk“, das in einen „neuen Bund“ mit Jahwe einbezogen werden muss? Zunächst und in allererster Linie das Volk Israel. Jesus hat mit seinem eigenen Volk, den Juden, die härtesten Auseinandersetzungen und inhaltlichen Diskussionen. Er beruft zunächst zwölf Jünger (stellvertretend für die zwölf Stämme Israels!),

Mt 15,24

die er an seiner Verkündigung und an seinem Heil teilhaben lässt. Er erfährt zwar viel Zuspruch, aber auch heftige Ablehnung – und daher erweitert er in einem zweiten Anlauf seine Zielgruppe auf alle Menschen, die ehrlichen Herzens das Heil suchen. Die Evangelien enden mit Verkündigungsaufträgen an „alle Welt", und besonders die Apostelgeschichte schildert die Konsequenzen dieser Entwicklung anschaulich: Der römische Zenturio Cornelius, der – obwohl Römer – als frommer Mann geschildert wird, erfährt eine Vision. In dieser wird ihm aufgetragen, sich mit Petrus in Verbindung zu setzen. Inzwischen hat Petrus selbst eine Vision, in der ihm Jahwe selbst zeigt, dass der Unterschied zwischen Juden und Heiden unerheblich wird, wenn der Wunsch nach Gottesnähe ein aufrichtiger ist. Freilich schreibt Lukas zu einer Zeit, in der die junge Kirche schon zu einem erheblichen Teil aus Christinnen und Christen besteht, die nicht vorher dem Judentum angehört haben; aber schon Paulus thematisiert in seinen Briefen (ganz besonders im Römerbrief) immer wieder die Gotteskindschaft aus dem Glauben, die ja auch bei Abraham schon die Grundlage des Bundes war und nun die Grundlage des Bundes für alle Menschen sein kann. Das auserwählte Volk ist also – noch heute – die Gemeinschaft jener Menschen, die sich auf ein Leben mit Jahwe einlassen wollen, ohne Ansehen von Abstammung, Stand und Nationalität.

Lk 9,2

Die zwölf Jünger stehen für die zwölf Stämme des Volkes Israel, sie werden aber in „alle Welt" gesandt

Vgl. Apg 10

Der Glaube, nicht die Stammeszugehörigkeit bestimmt die Gottesnähe

Exkurs: Gott und das Leid – „Theodizee"

Gerade angesichts des unfassbaren Leidens, das sich in der Person Jesu Christi durch die Passionsgeschichte gespiegelt findet, muss man einfach die Frage stellen: Wie kann man von der Gerechtigkeit (gr. *diké*) Gottes (gr. *theos*) sprechen, wenn dieser Gott so viel Leid und Böses in dieser Welt zulässt? Das ist eine Grundfrage des Menschen, und sie ist so alt wie der Glaube an eine personale Gottheit überhaupt. Und die Frage ist zunächst einmal allgemein, denn Leiderfahrungen macht jeder Mensch in der einen oder anderen Weise, in körperlicher oder seelischer Art. Und Leid ist eine zutiefst persönliche, eine existenzielle Erfahrung: Wenn ich leide, leide *ich* und kein anderer; ich erfahre *meine* Existenz als bedroht, erfahre sie aber auch gerade dadurch in ganz besonderer Weise. „Mit-Leid" ist insofern etwas sehr Relatives.

Theodizee: Nach Gottes Gerechtigkeit fragen

Wirklich schlagend wird das Problem allerdings im Christentum, in dem das Bild vom ewigen, allmächtigen, allwissenden und barmherzigen Vater dadurch auf vielfache Weise und immer aufs Neue in Frage gestellt wird. Im Detail:

Vgl. S. 19f, S. 163ff

- Ewigkeit: Gott existiert überzeitlich, es gibt keine Zeit, da er nicht existiert hat, noch eine, da er nicht existieren wird.

In dieser Schärfe trifft die Theodizeefrage nur Christentum und Judentum; im Islam stellt sich das Problem nicht in dieser Form

- Allmacht: Gott ist durch keinen Umstand in seiner Handlungsfreiheit begrenzt; für ihn ist alles ohne „Energieverlust" realisierbar.
- Allwissenheit: Gott hat Kenntnis von allem, was passiert bzw. Vorauswissen von allem, was passieren wird; er kennt auch alle Potenziale und weiß daher um die Konsequenzen eigener und fremder (Nicht-)Handlungen.
- Barmherzigkeit: Gott ist ein barmherziger und liebender, dem das Wohl der Menschen am Herzen liegt und der mit ihnen nicht in einer Autoritätsbeziehung, sondern in einer Liebesbeziehung steht.

Schmidt-Leukel: Grundkurs, S. 112

Nur genau diese Kombination von Eigenschaften, die Gott zugeschrieben werden, kann nämlich zu so einer existenziellen Herausforderung führen. Denn wenn es Gott gibt *und* zugleich das Leid, dann sind nur folgende Varianten denkbar, meinen die „Herausforderer":

- Er weiß nichts von der Existenz des Leidens oder nichts davon, was es für Menschen heißt, zu leiden – dann ist er nicht allwissend.
- Er weiß davon, kann aber nichts dagegen tun – dann ist er nicht allmächtig.
- Er weiß davon, könnte auch etwas dagegen tun, will aber nicht – dann ist er nicht barmherzig.
- Er kann nichts dagegen tun, weil er nicht mehr existiert – dann ist er nicht ewig.

Für jemand, der bereits religiös ist (also überzeugt), stellt die Theodizeefrage ein ungelöstes Rätsel und eine Herausforderung für den Glauben dar; für jemanden hingegen, der nicht überzeugt ist, ein starkes Argument dagegen, sich überzeugen zu lassen.

Wie kann nun mit dem logischen Widerspruch zwischen den Prädikaten und der Existenz des Übels umgegangen werden?

Leibniz: Die Theodizee

Der erste, der die Theodizeefrage systematisch behandelt hat, war *G. W. Leibniz*, der in seiner Privationslehre darstellt, dass alle Übel nur ein Mangel an Gutem seien, das an dieser Stelle fehlt und das der Mensch (und nicht Gott) schuldet (*privatio boni*). Dass diese Erklärung heute nicht mehr genügt, ist einleuchtend, sie sei dennoch der Vollständigkeit halber kurz genannt, weil seine These, dass Gott unsere Welt notwendigerweise als die potenziell beste aller möglichen Welten geschaffen habe, nach wie vor noch die Theodizeedebatte mitbestimmt.

Leid widerfährt immer einer konkreten Person

„Leid" hat eine theoretische und eine praktische Dimension. Wie schon gesagt erweist sich im Erleben (Erleiden) existenzielle Erfahrung. Daher ist es nur beschränkt durch Dritte reflektierbar; es muss also zwischen der theoretischen und der praktischen Dimension dieser Frage unterschieden werden. Die Situation der Überlebenden der Erdbebenkatastrophe von Haiti im Jänner 2010, die ihre Zuflucht bei Gebet oder Hoffnungsausdrücken mit religiösem Bezug nahmen, ist daher anders zu bewerten als die der nicht unmittelbar Betroffenen, denen die Katastrophe wieder ein Grund mehr für eine Abwendung von Gott ist. Diese Unterscheidung ist unbestreitbar; allerdings führt sie in der Konsequenz zu folgender riskanter Überlegung: Eine Auflösung des theoretischen Problems auf diese Weise würde ja nicht automatisch das Ende des praktisch erfahrenen Leides mit sich bringen, sondern es zynisch relativieren. Wenn das aber so ist, dann ist *jeder* theoretische Versuch einer Auflösung der Theodizeeproblematik hinfällig und nur noch der Umgang mit dem *unmittelbaren Leid* relevant.

Wie kann man im „rein theoretischen" Nachdenken über Leid Zynismus vermeiden?

Christlich gedeutet: Die Interpretation des Leidens Jesu Christi als *Solidaritätsakt Gottes mit dem Menschen* zeigt, dass Leid praktisch auflösbar wird in der solidarischen liebenden Hingabe für den leidenden Nächsten im *Mit-Leiden* (nicht in abstraktem fernen „Mitleid"!). An die Stelle einer theoretischen Diskussion über eine ideologische Frage hat die praktische Tätigkeit zur Verminderung des Leides zu treten. Es bleibt folgendes Problem: In dem Moment, wo ich die theoretische Frage nach der Existenz Gottes von der praktischen nach der Ursache des Leides entkopple, nehme ich von einer *theologischen* Lösung freiwillig Abstand. Die Frage der Existenz Gottes wird so nämlich nur noch zu einer nach der Existenz des Leides – eine nicht weniger brennende, aber eine, die sich auch andere weltanschauliche Ansätze mit derselben Berechtigung stellen können. Überdies ist fraglich, woher dann die Glaubenden die Kraft für den Umgang mit dem praktischen Leid schöpfen können: Die Gottesbeziehung (also AUCH die Einbeziehung Gottes in den eigenen Umgang mit dem Leiden!) ist wesentlich für die Motivation und die Hoffnung auf ein gutes Ende der Geschichte.

Im Leiden Jesu Christi zeigt sich Gott als der rückhaltlos Solidarische

Eine ähnliche Konsequenz ergibt sich aus dem Ansatz der *menschlichen Willensfreiheit:* Dass aus der ursprünglich guten und „bestmöglichen" Welt eine defiziente wurde, liegt an der Existenz von mit freiem Willen begabten Wesen (und damit wieder in der Schöpfung selbst!). Wie nach Gen 3 Schmerz und Vertreibung aus dem freien Willensakt des Menschen resultieren, so ergeben sich alle praktischen leidvollen Erfahrungen aus der prinzipiellen Sündhaftigkeit des Menschen (Augustinus) oder aus der konkreten freiwilligen Verfehlung des Einzelnen: Leid wäre demnach entweder unabdingbare Folge menschlichen Fehlverhaltens oder sogar göttliche Sündenstrafe; ein Gedanke, der als unmittelbarer Tun-Ergehen-Zusammenhang in einzelnen theologischen Richtungen (auch im Judentum zur Zeit Christi) verfolgt wurde.

Die Annahme eines freien Willens ist für das Christentum zentral

Vgl. Gen 3,16–24

Dieser Gedanke hat zwei Seiten. Zunächst ist es natürlich spannend zu sehen, dass Gott – sofern er den Menschen wirklich mit einem freien Willen ausgestattet hat – damit die Existenz von menschenverursachtem Leid in Kauf nimmt. Die freie Entscheidungsfähigkeit des Menschen beinhaltet auch die *Freiheit der Entscheidung zum Bösen*; und dessen Existenz ist eine Randbedingung für Entscheidungen „zum Guten“ – denn wo es nur Gutes gibt, kann von freier Willensentscheidung zum Guten nicht mehr gesprochen werden. Auch die Frage nach der Allmacht ist lösbar, denn diese wird nicht radikal in Frage gestellt, sondern nur in den Rahmen einer konsistenten Logik gebracht: Gott vermag alles, sofern es nicht in sich logisch widersprüchlich ist, d. h. er kann z. B. nicht etwas schaffen, was zugleich in der selben Hinsicht verschieden ist.

Schmidt-Leukel: Grundkurs, S. 119

Andererseits wissen wir bereits aus dem Alten und dem Neuen Testament (Hiob und die Heilungswunder, besonders Joh 9), dass das Schuld-Strafe-Konzept an der Sache Gottes vorbeigehen muss:

Joh 9,1–3

Unterwegs sah Jesus einen Mann, der seit seiner Geburt blind war. Da fragten ihn seine Jünger: Rabbi, wer hat gesündigt? Er selbst? Ober haben seine Eltern gesündigt, sodass er blind geboren wurde? Jesus antwortete: Weder er noch seine Eltern haben gesündigt, sondern das Wirken Gottes soll an ihm offenbar werden.

Jesus zeigt: Leid ist nicht notwendig die Folge des eigenen Verhaltens

Mit dieser Interpretation durchbricht Jesus den Zusammenhang zwischen Tun und Ergehen, den seine zeitgenössische jüdische Theologie noch pflegt, denn insbesondere, wenn das Leid definitiv Unschuldige trifft, dann ist das absolut nicht mehr einsichtig. Weiters steht die Grundannahme einer ursprünglich perfekten Welt im Widerspruch zu den naturwissenschaftlichen Erkenntnissen über die Entwicklungsgeschichte der Erde; zuletzt ist die Frage theologisch erheblich, warum sich in einer perfekten Welt auch noch so freie Geschöpfe gegen ihren Schöpfer bzw. seinen Willen verhalten sollten – jede Auflehnung bzw. Revolte muss ja eine Ursache haben! Hat also Gott die Welt nicht vollkommen erschaffen können (womit die Ausgangshypothese nicht mehr haltbar ist), oder ist die Revolte in seinen Geschöpfen bereits angelegt (wodurch sie aber nicht mehr frei wären)?

Schmidt-Leukel: Grundkurs, S. 118f

Weniger dramatisch, als zu vermuten wäre, ist hier die Frage nach den Naturkatastrophen, die als definitiv nicht durch menschliche Freiheit ausgelöste Ursachen tausendfachen Leides betrachtet werden: Zunächst ist immer zu fragen, ob tatsächlich *kein Zusammenhang* mit menschlichem freiem Handeln besteht; weiters ist anzuführen, dass die Naturgesetzlichkeit der Welt überhaupt erst Voraussetzung für Freiheit ist (weil erst sie Vorhersehbarkeit in den eigenen Handlungen und damit Entscheidungsgrundlage bietet) und dass sie durchaus auch schreckenerregendes Potential aufweisen muss, damit sie diese Freiheit auch zu sittlich relevanten Entscheidungen hin öffnen kann.

Nach John Hick ist die Existenz des Leidens in der Welt eine Notwendigkeit für die Reifung und Entwicklung der menschlichen Person, die zwar gottebenbildlich, aber nicht -ähnlich geschaffen ist und sich diese Ähnlichkeit im Rahmen ihres Lebens erst erarbeiten muss. Das Ziel der Schöpfung ist es, eine Welt hervorzubringen, die diese Ähnlichkeit ermöglicht: die Weiterentwicklung des egoistischen zum altruistisch liebenden Menschen. Dieser Reifeprozess wird von den Freiheitsentscheidungen jedes Menschen individuell gesteuert und ist nur in einer Welt vorstellbar, in der Gut und Böse bzw. Freude und Leid voll entfaltbare Potenziale sind, an denen auch Konsequenzen von Entscheidungen voll greifbar werden können. Dieser Ansatz legitimiert nicht das Leid, sondern setzt den Akzent auf die Notwendigkeit jeder Person, sich gegen das Leid zu engagieren: Es wird damit Mittel zum Zweck für den noch zu vollendenden Teil des Schöpfungshandelns Gottes, der das Subjekt betrifft.

Hick, John: Evil and the God of Love, London: Palgrave 1990

Leiden als Reifungsprozess

Im Engagement gegen das Leid anderer hilft der Einzelne, die Schöpfung zu vollenden

Natürlich ist auch dieser Ansatz gefährdet durch die Relativierung des konkreten „Er-Leidens" und die Erfahrung, dass es auch Leid gibt, das zerbrechen und nicht reifen lässt. Hick verweist hier auf die endzeitliche Perspektive: Der Reifungsprozess ist mit dem Tod nicht abgeschlossen, sondern wird darüber hinaus fortgesetzt; erst vom Ende der Tage her wird offenbar, dass es kein „sinnloses" Leid im Laufe der Weltexistenz gab. Niemand ist nur und für immer ein Opfer natürlicher und / oder moralischer Übel.

Vgl. M. Awa, Seelenreifung als Antwort, Würzburg: Ergon 1998

Die Theodizee-Argumentation aus der radikal verstandenen und konsequent gedachten *menschlichen Willensfreiheit* ist kaum zu entkräften. Der einzige Ansatz, der sie ins Wanken bringen kann, ist die ebenso radikale Bestreitung dieser Willensfreiheit aus einem biologischen Determinismus heraus. Allerdings ist die Annahme von Willensfreiheit mehr als nur eine religiöse Frage: Auf ihr beruht das gesamte Staats- und Rechtssystem, alle Moralvorstellungen, alle Konzepte von der Möglichkeit individueller Lebensplanung und nicht zuletzt alle kulturellen Leistungen. Es ist daher nur möglich, eines mit dem anderen oder keines aufzugeben.

Das Leid bleibt ein Rätsel, sowohl für den religiösen als auch für den areligiösen Menschen. Während ersterer mit der Tatsache ringen muss, dass Gott das Leiden so vieler Menschen duldet, muss letzterer – in der Verantwortung voll auf sich gestellt – fragen, warum der Mensch dem Menschen so viel Leid zufügt. Diese Fragen können und müssen gestellt werden; eine befriedigende Antwort gibt es weder auf die eine noch auf die andere. Das Leid führt aber auch notwendigerweise zu einer anderen sehr zentralen systematischen Frage hin, der Frage nach der Sinnhaftigkeit von Religion überhaupt.

Diese und andere Antwortversuche zeigen vor allem, dass die Theodizeefrage letztlich nicht umfassend auflösbar ist

Noch ein Exkurs: Religionskritik und ihr Hintergrund

Sie ist (fast) so alt wie die Religion selbst und lebt mit ihr in einer engen Symbiose: Die Religionskritik. Meist geht es in den erhaltenen Überlieferungen zwar eher um Zweifel, um Systemkritik und um das Ersetzen einer konkreten Religion durch eine andere (wie die Religionsreform des Amenophis IV. (Echnaton) in Ägypten), aber wir wissen auch von vorsokratischen Fragmenten, die sich zwischen 600 und 400 v. Chr. kritisch mit dem griechischen Götterhimmel und der Alltagsreligion des Volkes auseinandersetzen und die man heute als agnostisch oder sogar atheistisch bezeichnen würde (Aber auch Sokrates wurde später aufgrund der Anklage des Atheismus verurteilt, nur weil er den Staatsgöttern eine neue Interpretation von Göttlichkeit entgegensetzte!).

Oft ist Religionskritik in Wirklichkeit Kirchen- bzw. Organisationskritik

Nicht jede Religionskritik richtet sich gegen den Glauben. Es gibt auch so etwas wie eine „innere" Kritik, die bestehende Missstände in einer Kirche aufzeigt und sie zu ändern versucht, die auf Fehlentwicklungen hinweist und einen Kurswechsel *im Interesse einer intakten Gottesbeziehung* erstreiten möchte. Beispiele von solcher innerer Kritik gibt es zuhauf – das beginnt bei den alttestamentlichen Propheten und leitet über einige prominente Kirchenväter und mittelalterliche Reformatoren zu Theologen der Gegenwart wie Hans Küng. Das setzt natürlich voraus, dass der Kritiker seine eigene Position als glaubender Mensch anerkennt und befindet, dass das religiöse System es wert ist, dass man sich um seine Änderung bemüht.

Gegen jeden religiösen Glauben ist die „externe" Religionskritik, die sich von der Position eines definitiv Nichtglaubenden aus mit der Religion auseinandersetzt. Bei den Ansätzen dieser externen Religionskritik kann man prinzipiell zwischen zwei Grundausrichtungen unterscheiden, die sich gegenseitig ausschließen: inhaltliche Ansätze, die die Rede von Religion prinzipiell für sinnfähig, aber falsch halten, und formale Ansätze, die unabhängig von der inhaltlichen Richtigkeit oder Unrichtigkeit religiöser Rede deren Sinnfähigkeit in Frage stellen (gemäßigte Form) oder vollkommen negieren (radikale Form).

Betrachtet man die *Transzendenzbeziehung* als den zentralen Begriff von deklarierter Religion, ist klar, dass an genau diesem Punkt ein großer Teil der inhaltlichen Religionskritik ansetzt. Dabei ist der Sammelbegriff „Atheismus" vor allem in der Auseinandersetzung mit den theistischen Religionen, insbesondere mit dem Christentum, ein brauchbares Synonym – traditionell liegen dort der Begriff der „Transzendenz" und der Begriff „Gott" bedeutungsmäßig sehr knapp beisammen. Anders gesagt: Der Kern der inhaltlichen Religionskritik ist zunächst der Versuch, eben diesen zentralsten Inhalt – die Existenz Gottes, die Möglichkeit einer Beziehung zu ihm und das Seinsverhältnis zwischen diesem Gott und den Menschen – als unglaubwürdig darzustellen.

Geschichtliches

In der Antike war der Begriff der *theoi* auf die Götter der staatstragenden Kulte bezogen; der bereits damals nachweisbare Vorwurf des Atheismus, der z. B. Sokrates traf und mit ein Grund für dessen Hinrichtung war, bezieht sich also nicht notwendigerweise auf die radikale Leugnung der Existenz eines transzendenten Seins überhaupt, sondern auf die Leugnung der angenommenen *Existenzformen* dieses Seins. Da der Kult der Götter ein Staatsakt war und das Wohlergehen der Stadt als vom Kult abhängig gesehen wurde, kam die Verweigerung des Anerkennens dieser Götter einem Hochverrat gleich. Analoges kann man vom Staatskult im Römischen Reich sagen – Justin schrieb in seiner ersten Apologie (Abschnitt 6): „Wir gestehen gern, dass wir in bezug auf jene anerkannten Götter Atheisten sind, nicht aber in bezug auf den wahren Gott").

„A-theismus" in seiner Grundbedeutung

Im Jahr 313 änderte sich die Lage unter Kaiser Konstantin völlig: Die Politik entschloss sich (auch aus Sachzwängen) dazu, das Christentum in Zukunft zu tolerieren und als Religion anzuerkennen. 380 wird es sogar zur offiziellen Staatsreligion des Römischen Reiches und gewinnt damit an Macht und politischem Einfluss ... nicht immer zum Besten der Sache, denn nun kehrt sich das Verhältnis um: Diejenigen, die sich dem nunmehrigen Staatskult verweigerten und die Fremdvölker, die anderen Kulten huldigten, werden ebenso radikal bekämpft wie zeitweise die Christen im römischen Reich. Dass darüber die ungeheuren kulturellen Leistungen (insbesondere die Klöster bestimmen für fast tausend Jahre Kunst, Bildung, Medizin- und Wohlfahrtswesen in Europa) der Kirchen allzu oft vergessen werden, ist ein trauriges Ungleichgewicht. Denn die Entwicklungen von Humanismus und Renaissance, die letztlich zur Aufklärung führten, sind ohne das christliche Gedankengut im Hintergrund schwer vorstellbar.

Die „Konstantinische Wende"

Nach 1750 kommt es zu einer verstärkten Bündelung jener Kräfte, die einerseits politisch, andererseits naturwissenschaftlich motiviert waren. Während jene die Abrechnung mit dem als menschenfeindlich erkannten System des Absolutismus und in deren Folge mit allen Institutionen, die sich mit diesem arrangiert hatten und ihn trugen – also vor allem Adel und Kirche – auf ihre Fahnen hefteten, machten diese den Zuwachs naturwissenschaftlicher Erkenntnisse zu ihrem Programm und ergingen sich in eher leidenschaftlich als sachlich ausgetragenen

Religionskritik als Abrechnung mit dem Absolutismus oder Konsequenz der „Parametrisierung der Welt"

Erörterungen über die lineare Fortschreibung des Kenntnisfortschrittes und dessen Folgen, von denen verschiedenste positive Effekte erwartet wurden.

Feuerbach

Während die eben beschriebenen Tendenzen eher in Richtung eines Materialismus (also Leugnung der Transzendenzidee und damit Gottes um der Materie willen) gingen, entwickelte *Ludwig Feuerbach* eine Form des Atheismus, der um des Menschen willen vertreten wurde. Feuerbach geht von der These aus, dass das Gottesbild des Christentums menschenähnlich ist (Gen 1,26). Diese „Menschenförmigkeit" leitet sich daraus her, dass Gott nichts anderes ist als die ins Unendliche projizierte Sehnsucht des Menschen nach Unsterblichkeit und Vollkommenheit. So entwirft er ein Bild von Religion, das zeigt, dass diese den Menschen von sich selbst entfremdet. Sie bewirke, dass der Mensch alle guten Anlagen und alle Mühe auf dieses „jenseitige" Gottesbild bündelt und nicht – wie es sinnvoll wäre – auf seinen Nächsten, auf den Mitmenschen. Damit konzediert er zunächst immerhin die Verfasstheit des Menschen als Gemeinschaftswesen, die prinzipielle Fähigkeit des Menschen zur religiösen Reflexion und deren konkrete Funktion, lehnt sie aber zugleich als ungenügend ab. Gott ist ein Produkt des Menschen, in dem er sich selbst verehrt; er steht also in der Religion nicht in einer Gottes-, sondern in einer Selbstbeziehung. Feuerbach will nicht Religion an sich vernichten, sondern ihren wahren Kern freisetzen: Die Gottesliebe soll sich endlich offen an ihren wahren Adressaten richten und *Menschenliebe* werden. Die Erfahrung des Unendlichen bleibt dem Menschen erhalten: er erfährt sich als Individuum als begrenzt, sterblich und nicht verfügbar, zugleich aber als Gattung als unbegrenzt, unsterblich und potentiell allmächtig. Das Jenseits ist um des Diesseits willen zu verneinen; ein besseres Leben ist nicht zu herbeizubeten, sondern zu schaffen. Die Religion ist ein Stehenbleiben des Menschen auf einer vorläufigen Stufe. Was der Philosoph als Ziel menschlicher Bemühungen identifiziert, meint der religiöse Mensch sich als Gegenstand gegenüber zu sehen. Weil der religiöse Mensch dieser regulativen Idee gegenüber stets zurückbleibt, gewinnt er den Eindruck, von ihr beherrscht und als unvollkommen entlarvt zu sein. Der areligiöse Mensch hingegen durchschaut sie als Konfrontation mit der Gattung, deren Repräsentant er ist.

Marx

Karl Marx baut auf dem Feuerbachschen Modell der Projektion auf und bezieht es konkret auf eine bestimmte gesellschaftliche Verfasstheit: Der Mensch ist in seinem Leben von den sozialen, ökonomischen und politischen Verhältnissen seiner Zeit so geprägt, dass seine gesamte Existenz damit durchdrungen ist. So wie jegliche Unterdrückung die Konkretion eines Systems ist, das als gesamtes (also *mit Hilfe der Un-*

terdrückten) Unterdrückung produziert, ist die Religion die Folge eines Systems, das aufgrund seiner ungerechten Herrschafts- und Produktionsverhältnisse Wunschbilder einer kommenden Welt hervorruft, in der diese Missstände beseitigt sind. Daher verschwindet mit der Beseitigung der ungerechten Verhältnisse auch die Religion, die ja nur Ausdruck real erlebten Unglücks und zugleich Vertröstung auf zukünftiges Glück (und damit Verdrängung gegenwärtigen Unglücks) ist.

http://www.marx-forum.de/marx-lexikon/lexikon_b/bewusstsein.html

Freud

Anders für *Sigmund Freud*: Für ihn sind religiöse Vorstellungen die Art und Weise des Umgehens der menschlichen Psyche mit individueller Kontingenzerfahrung; die Erfahrung von Ohnmacht erzeugt z. B. den Glauben an einen allmächtigen Gott. Religion wird funktional gedeutet und als entlastend gesehen: Wünsche, die Menschen versagt werden, erzeugen Illusionen, an denen sich die Wunschenergie entladen kann; zugleich wird durch den Glauben an die göttliche Vorsehung die Angst vor den Unbilden des Lebens beschwichtigt und im Rahmen einer verbindlichen Ethik das Zusammenleben ermöglicht. Die Gottesvorstellung entspringt dabei aus der Übernahme frühkindlicher Prägungen in das Erwachsenenalter; im Rahmen dieser hat das Kind sich als geborgen und beschützt durch den Vater erfahren, der – obwohl dem Kind unverfügbar – sich ihm auf Anruf zugewendet und für es gesorgt hat. Der Heranwachsende erfährt einen Geborgenheitsverlust, der der Preis der wachsenden individuellen Freiheit ist. Der Geborgenheitsverlust wird als Strafe dafür interpretiert und weckt Schuldgefühle; diese wiederum lassen die verlorene (väterliche) Autorität internalisieren und als Bestandteil des eigenen Seins annehmen. So gesehen verweigert der religiöse Mensch das Erwachsenwerden.

In der Tat ist dieser Einwand nicht unberechtigt, sofern man von einem „monarchischen" Gott ausgeht, mit dem lediglich zwei Weisen des Umganges möglich sind, nämlich der des vorbehaltlosen Annehmens (im Sinne kindlicher Ohnmacht) oder der der Auflehnung, der Revolte gegen diese Übermacht und dem Versuch, sich aus ihr zu verabschieden. Wenn man aber von einem trinitarischen Gottesbild ausgeht, das nicht wesentlich Autoritätsverhältnis, sondern Liebesbeziehung ist, dann ist diese Folgerung nicht mehr notwendig, da die Realität der Gottesbeziehung nicht mehr die einer Autoritätsbeziehung entspricht.

Religion hat auch eine ganz konkrete, nämlich kulturbildende, Funktion: Mit ihrer Strukturierung der vertikalen und horizontalen Wirklichkeit und ihrer Sanktionierung des Triebverzichtes (triebregulative Wirkung!) sichert sie gesellschaftliches Zusammenleben. Andererseits fördert sie durch den Sündenbegriff die Entstehung von Neurosen. Ja, die Religion selbst ist eine Zwangsneurose, deren Heilung den Menschen erst mündig werden lässt. Dass Freud selbst beobachten konnte,

Vgl. S. Freud, Die Zukunft einer Illusion (GW 14), 367

dass religiöse Menschen wesentlich seltener neurotisch erkrankten, ließ ihn den Schluss ziehen, dass die Teilnahme an der allgemeinen Neurose die Ausbildung einer persönlichen Neurose hintanhalte

Nietzsche

Anders die Interpretation *Friedrich Nietzsches*, demzufolge das Christentum die siegreiche Religion der Schwachen ist: Die Lebens- und Leibfeindlichkeit, die er im Christentum konstatiert, ist für ihn eine Grundhaltung der Schwäche, die ihr eigenes Überleben dadurch sichert, dass sie anderen das Schwach-Sein plausibel macht. Nur Schwache erfinden sich einen Gott, der nichts anderes ist als ein Lückenfüller, ein „virtueller Helfer", der dem Menschen (als Begriff) ein geglücktes (will sagen lusterfülltes) Leben missgönnt und daher nur wieder nur Schwache um sich duldet. Der Starke ist der Feind Gottes, weil Gott sein Feind ist; er bedarf seiner nicht mehr. Der Gipfel der Geschmacklosigkeit der Schwachen ist das Postulat des Gottes, der am Kreuz stirbt, das von Anfang an nur ein Instrument der Unterdrückung der Starken durch die Schwachen ist.

F. Nietzsche, Der Antichrist. Versuch einer Kritik des Christentums, Hamburg: Nikol 2008

Nietzsches Appell, der Erde treu zu bleiben und sie nicht um überirdischer Hoffnungen willen zu verraten, entspringt allerdings deutlich aus der Perspektive eines extrem getrennten Weltbildes – Transzendenz und Immanenz stehen einander gegenüber. Wenn eine gegenseitige Durchdringung von Gott und Welt (durch die Anwesenheit des Vaters über uns, des Sohnes mit uns und des Geistes in uns) angenommen wird, ist diese Position allerdings deutlich geschwächt.

Wir wollen frei sein! Gott hat hier nichts zu suchen!

Die Divergenz zwischen Freiheit und Vorsehung, zwischen den Folgen aus den Gottesprädikaten und dem Anspruch der Selbstverfügbarkeit des Menschen hat zur Folge, dass eine Konkurrenzsituation zwischen Gott und Mensch betreffend menschlichen Seins entsteht.

Die Grundfrage, ob der Mensch denn tatsächlich frei sei, wird höchst divergent beantwortet. Die Ansätze aus dem neurophysiologischen Bereich gehen so weit, dass zum Teil eine bewusste Bestimmung des eigenen Handelns vollkommen ausgeschlossen wird: Die These besagt, dass auch bei scheinbar bewussten Entscheidungen (ich hebe meine Hand genau jetzt) die tatsächliche Entscheidung bereits Sekundenbruchteile vor der bewussten gefällt wird. Von Freiheit im Sinne bewusst wahrgenommener Autonomie kann unter diesem Gesichtspunkt natürlich keine Rede mehr sein.

Andererseits entspricht die Erfahrung des Menschen seit der anthropologischen Wende der einer radikalen Selbstverfügbarkeit. Ich bestimme über mein Sein; es wird zwar durch Rahmengrößen eingegrenzt, aber nicht festgelegt: Ich kann mich *potentiell* für und gegen alles entscheiden.

Diese Entscheidungsfreiheit verträgt sich aber nicht mit der Existenz Gottes. Sofern nämlich der Mensch über sich selbst hinaus ragt (ex-sistiert!) und sein Leben und die das Leben bestimmenden Entscheidungen unter seiner eigenen Verfügungsgewalt – und nur unter dieser – hat, steht er in einer direkten Konkurrenzsituation mit Gott, der als „Leben tragend und umgreifend" begriffen wird. Da dies immer notwendig mit einer Einflussnahme auf dieses Leben einhergeht, ist die Annahme der Existenz Gottes unerträglich, wenn die menschliche Freiheit eine absolute sein soll.

Sartre

Als Hauptvertreter des Existenzialismus kann *Jean-Paul Sarte* angesehen werden. Sartres Ansatz ist der Mensch, der in der Spannung des an-sich-seins (materielle Existenz) und für-sich-seins (bewusste/reflektierte Existenz) steht und der zum Menschen erst wird, indem er die ihm offenstehende Freiheitsdimension tatsächlich ergreift und seine Existenz selbst in die Hand nimmt, sich dabei von allen Abhängigkeiten löst und selbstbestimmt seinen Weg geht. Wer angesichts dieser Voraussetzung an Gott glaubt, der verwirft seine Freiheit (und damit seine *Existenz*, d. h. sein Mensch-Sein), da er sich zugunsten des Abhängigkeitsverhältnisses zu Gott (Fluchtverhalten) in Unfreiheit begibt. Er flieht im Grunde genommen vor der Herausforderung seiner eigenen Freiheit; sein Glaube ist ihm existenzielles Hindernis. Daher darf Gott nicht existieren: Die Freiheit des Menschen und die verantwortliche Bewahrung dieser Freiheit sind die obersten Werte, denen es nachzugehen gilt; auf Gott zu verzichten ist daher ein Gebot der intellektuellen Redlichkeit.

J.-P. Sartre, Das Sein und das Nichts. Versuch einer phänomenologischen Ontologie, Berlin: rororo 1993 (Philos. Schriften 3)

Der Mensch erfährt sich ohne Gott als Verlassener, er ragt in ein Sein hinein, das anstatt eines konkreten Gegenübers ein Nichts gegenüberstellt. Er muss mit dieser Erfahrung der Verlassenheit, mit dem Umgang mit dem Nichts fertigwerden. Vor allem aber ist er aus diesem Grund selbst verantwortlich: Er hat keine Möglichkeit mehr, was auch immer auf diese ganz unverfügbare Instanz abzuschieben – die „göttliche Vorsehung", die „göttlichen Gebote" werden vor diesem Hintergrund inhaltslos. Er muss also seine eigenen Regulative selbst erschaffen, denn dass sie nötig sind, wird nicht bezweifelt. Der Mensch erfährt durch die Nichtexistenz Gottes also nicht Erleichterung, sondern Erschwernis. Die Gefahr, dass dies in einen Pessimismus mündet, ist natürlich groß; ihr wird mit dem Hinweis begegnet, dass erst die Aufnahme dieser großen Herausforderung in einem „Trotzdem" zur Existenz den Menschen zum Menschen macht, ihn eben „ex-sistieren" lässt.

Camus

Ähnlich argumentiert *Albert Camus*, der das Postulat der Nichtexistenz Gottes allerdings nicht aus dem Freiheitsanspruch, sondern aus der Existenz des Leidens – der prinzipiellen Todesverfallenheit der Welt - herleitet. In seinem Roman „Die Pest" lässt er den Protagonisten

A. Camus, Die Pest, Berlin: rororo 1998

Dr. Rieux dazu sagen: „Da die Weltordnung durch den Tod bestimmt wird, ist es vielleicht besser für Gott, wenn man nicht an ihn glaubt und dafür mit aller Kraft gegen den Tod ankämpft, ohne die Augen zum Himmel zu erheben, wo er schweigt".

Die Grundsituation des Lebens ist also der (aussichtslose) Kampf gegen den Tod, genau genommen: die Absurdität des Seins, das letztlich unausweichlich und ungeachtet aller persönlichen Anstrengung zum Tode führen muss. Die Haltung dieser Absurdität gegenüber ist die der Revolte: Im „Dennoch" des Aufbegehrens gegen die Todesverfallenheit des Seins, vor allem angesichts derer, die nicht selbst aufbegehren wollen und können, vor allem angesichts derer, die zum Prüfstein dieses Aufbegehrens werden, findet der Mensch zu sich selbst, ähnlich wie Sisyphos zu sich selbst gefunden hat: Er weiß um sein notwendiges Scheitern am Gipfel des Berges und nimmt die Aufgabe dennoch immer wieder in Anspruch, weil er in der Verachtung dieses Schicksales über es hinauswächst und ebenso über die Götter, deren Verdikt er so ad absurdum führt – *Sisyphos ist glücklich.*

A. Camus, Der Mythos des Sisyphos, Berlin: rororo 2000

Ebenso sieht sich der Mensch nach Camus heute in Lebenszusammenhänge gestellt, die das Gefühl der Absurdität notwendig hervorbringen, weil sie ihn nicht zum Subjekt seines Lebens werden lassen (Situation des arbeitenden Menschen als „Wirtschaftssklave"). Doch auch hier macht die stolze Auflehnung im bewussten Akzeptieren des eigenen Geschickes den Menschen wieder zu einem freien Wesen. Die Frage bleibt allerdings offen, ob ein derart heroisches Selbstbild nicht wieder faschistoide Züge annehmen kann …

Können religiöse Aussagen überhaupt vernünftig sein?

Die Religionskritik, die wir bisher betrachtet haben, stellt nicht in Frage, dass man über Religion und Gott diskutieren kann. Die damit verbundenen Ansichten seien, so unterstellt sie, inhaltlich falsch und man kann und soll die, die sie vertreten, umstimmen; aber formal kann man durchaus darüber reden.

In einigen Sichtweisen der analytischen Sprachphilosophie wird anders argumentiert: Dort wird behauptet, dass alle Sätze, die Religion und/oder Gott betreffen, gar keinen Sinn haben können, sozusagen „nicht sinnfähig" sind. Im Gegensatz zum ideologischen Atheismus geht es hier nicht um die Frage der prinzipiellen Existenz oder Nichtexistenz von etwas Transzendentem, sondern um die prinzipielle Sinnhaftigkeit bzw. Unsinnigkeit religiöser Rede. Dazu ist zunächst das „Sinnkriterium" zu betrachten.

S. Rödl; H. Tegtmeyer, Sinnkritisches Philosophieren, Berlin: De Gruyter 2012

Nach dieser Auffassung ist zunächst festzuhalten, dass das wichtigste Kriterium für einen sinnvollen Satz dessen Wahrheitsfähigkeit ist, d. h. der und nur der Satz kann überhaupt sinnvoll sein, der als „wahr" feststellbar ist. Davon wird die Verstehbarkeit der Sätze abgeleitet: Verstehbar ist ein Satz, der sinnvoll ist; sinnvoll ist ein Satz, der wahrheitsfähig ist.

Mackie, Das Wunder des Theismus

Alles, was welttranszendent ist, liegt nun aber jenseits des unmittelbaren Erfahrungsbereiches der Welt. Ein Gott, der z.B. in seinen klassischen vier Prädikaten „ewig, allmächtig, allwissend und barmherzig" schlechthin vollkommen ist, kann vom unvollkommenen Menschen *grundsätzlich* nicht verifiziert werden: eine untergeordnete Einheit kann die übergeordnete weder logisch in der erforderlichen Struktur herleiten noch direkt oder indirekt empirisch verifizieren. Natürlich heißt das auch, dass auch religionskritische Sätze unsinnig sind – sie behandeln ja denselben Gegenstand!

Das heisst nicht, dass jede Aussage über Gott bzw. Religion überflüssig oder verpönt ist; lediglich ihr wissenschaftlicher bzw. vernünftiger Anspruch wird geleugnet. Solche Aussagen wären dann keine „Sätze", sondern Ausdrucksweisen eines Lebensgefühls, analog zu einem Gemälde, das ein Maler malt, und dessen Existenz zwar unbestreitbar ist, das auch schön und berührend sein kann, aber das nicht auf seine innere Wahrheit zu befragen ist. Diese Aussagen haben also eine Funktion, aber durch diese allein Funktion werden sie nicht „sinnvoll".

Gibt es eine „Antwort" auf Religionskritik?

All diese Einwände klingen zunächst sehr schwerwiegend. Kann man ihnen etwas entgegensetzen? Gleich vorweg: Natürlich kann man. Aber kein wie auch immer geartetes Gegenargument bewahrt den Menschen davor, die Entscheidung zum Glauben selbst treffen zu müssen. Man kann durchaus darlegen, dass es nicht unvernünftig ist, religiös bzw. Christ zu sein, nicht aber, dass die Vernunft das zwingend erfordern würde.

Inhaltliche Einwände

Die Religionskritik der Aufklärung hat massiv mit dem Problem der engen Verbindung zwischen politischer Macht und Kirche zu tun. Was Diderot und seine Zeitgenossen tatsächlich ergrimmte, war die sichtbare Gestalt einer Kirche, die sich auf die Seite der herrschenden Aristokratie geschlagen hat und deren Repräsentanten Macht, Reichtum und Ehre für sich beanspruchen. Dieses Ärgernis wird zur Ursache des Nachdenkens über die grundlegende Sinnhaftigkeit der Religion. Ähnliches sehen wir ja auch heute: Eine Kirche, die sich nicht das ureigenste Anliegen Jesu Christi zu eigen macht und sich auf die Seite der Unterdrückten und Armen stellt, ist wenig glaubwürdig und erfährt Abwendung (und das zu Recht).

Damit zusammenhängend wurde im 19. Jahrhundert das Gottesbild massiv kritisiert. Und in der Tat war hier eine Korrektur notwendig, denn das Gottesbild war eher das eines mittelalterlichen Feudalismus als das eines Abraham, Isaak und Jakob. Ebenso dringend war es, sich wieder bewusst zu werden, dass alle Abbildhaftigkeit auch zugleich eine je größere Ungleichheit beinhaltet, sodass der „mächtige alte Mann auf der Wolke", der letztlich hinter Feuerbachs Kritik steht, wieder einer sinnvollen Bild-Enthaltsamkeit Platz machen musste.

Die soziologisch-ökonomische These, dass ungerechte wirtschaftliche Verhältnisse Religion generieren und diese wieder verschwindet, wenn Gerechtigkeit (notfalls mit Gewalt) hergestellt ist, wurde schon von der Geschichte widerlegt.

Die psychologischen Zugänge zum Phänomen „Religion" sind seit Freud reicher, bunter und differenzierter geworden – Jung, Adler, Frankl (um nur einige seiner Nachfolger zu nennen) sind radikal andere Wege gegangen. Und die Psychologie ist nach wie vor in Bewegung; viele interessante Impulse und ein spannender Diskurs ist hier noch zu erwarten.

Die Ablehnung Gottes aufgrund der menschlichen Freiheit ist nicht automatisch eine Ablehnung seiner Existenz, sondern die Ablehnung der Unterordnung des Menschen. Hier gilt es, terminologisch genau zu klären, was denn Freiheit überhaupt ist bzw. sein kann, und ob nicht die „Freiheit der Kinder Gottes" eine substantiell andere, aber nicht geringere ist als eine buchstäblich „gottlose" Freiheit.

Die Theodizeefrage, die Anfrage des Leidens, bleibt die massivste und schwierigste Herausforderung für das Christentum und das Judentum; andere Religionen sind davon nur bedingt betroffen (der Islam aufgrund seines Verständnisses vom schicksalhaften *Kismet* ein Grenzfall). Sie bleibt letztlich nicht völlig auflösbar.

Strukturelle Einwände

Folgende Rückfragen muss sich eine „sprachanalytische" Religionskritik immer gefallen lassen:

Ist das Verifikationsprinzip in diesem Bereich überhaupt anwendbar, und kann es überhaupt zu sinnvollen Ergebnissen führen? Und welche Kriterien werden an den Deutungsrahmen angelegt, innerhalb dessen von einer solchen Verifikation überhaupt die Rede sein kann?

Mit welchem Recht beansprucht eine bestimmte Wissenschaftsdisziplin die alleinige Fähigkeit zum Aufstellen von Definitionen? Wenn der logische Positivismus ein System von Definitionen als „Bedingungen der Sinnhaftigkeit von Sätzen" entwirft, dann dürfen das andere Disziplinen auch und mit grundsätzlich demselben Anspruch.

Kommt der Rede von Religion und Gott nicht notwendigerweise ein Sinn zu, weil sie ganz einfach feststellbare Änderungen im Leben eines konkreten Menschen und in der Existenz einer Gesellschaft bewirkt? Wenn „existieren“ gleichbedeutend ist mit „einen Unterschied auszumachen“, dann ist die Frage, ob es einen erfahrbaren (erkennbaren) Unterschied gibt zwischen den beiden Situationen „Transzendenz existiert“ und „Transzendenz existiert nicht“. Und wenn ein Unterschied benennbar ist, dann folgt daraus, dass der Grund dieses Unterschiedes notwendig und verifizierbar existieren muss.

In der „mythologischen Methode“ wird Einigkeit darüber erzielt, dass die *wissenschaftliche* Sinnhaftigkeit religiöser Rede nicht gegeben ist, sie wäre daher als Sprachspiel in einem eigenen Rahmen – eben der Theologie – weiterzubetreiben. Ein ihr eventuell zukommender „Sinn“ ist kein kognitiver, sondern ein anderer, etwa der, eine bestimmte Lebenshaltung zu beschreiben und zu tradieren und bestimmte Funktionen zu erfüllen, was aber wiederum die Flanke in die Richtung einer Religionskritik als Selbstentfremdung aufreißt.

Eine nicht unwichtige Strömung der europäischen Theologie betrachtet den analytischen Zugang – nicht ganz zu Unrecht – als „Dialogverweigerung“ (so Richard Schaeffler) und sieht daher keine Notwendigkeit, selbst weiter einen Dialog zu suchen. Die positive Seite der Kritik, dass nämlich auch das Recht der potentiellen Dialogpartner auf klar strukturierte und gut begründete Aussagen geltend gemacht wird, wird dabei vernachlässigt, letztlich ein Dialog verweigert und dem Vorwurf Tür und Tor geöffnet, dass man tatsächlich unfähig zur Einhaltung wissenschaftlicher Sprachkriterien sei.

Vgl. R. Schaeffler, Philosophisch von Gott reden: Überlegungen zum Verhältnis einer Philosophischen Theologie zur christlichen Glaubensverkündigung, Alber: Freiburg 2007

Insgesamt kann man festhalten: Die inhaltliche und die analytisch-sprachphilosophische Religionskritik sind große Herausforderungen, und sie haben wichtige Impulse für Selbstkorrekturprozesse in Theologie und Kirche geliefert. Sie verlangen ein immer neues Bedenken des eigenen Standpunktes, haben aber je für sich gesehen keine zwingend den Glauben entkräftenden Argumente. Was eine offene Wunde bleibt, die schmerzt und grundsätzlich nicht völlig heilen kann, ist die Frage nach dem Grund des menschlichen Leidens – womit sich der Kreis zur Theodizeefrage wieder schließt.

In seinem Drama „Dantons Tod“ lässt Georg Büchner den gefangenen Thomas Payne sagen: „Merke dir es, Anaxagoras: warum leide ich? Das ist der Fels des Atheismus. Das leiseste Zucken des Schmerzes, und rege es sich nur in einem Atom, macht einen Riß in der Schöpfung von oben bis unten.“ [3. Akt, 1. Szene]

G. Büchner, Dantons Tod, Ditzingen: Reclam 2010

Die Dreifaltigkeit

Vgl. S. 67ff und S. 144f In den Zeugnissen des Alten und Neuen Testaments wird immer wieder auch der „Geist Gottes" bzw. der „Heilige Geist" erwähnt. Er ist schon der frühen Kirche so wichtig, dass sie ihn in der Taufformel verankert. *Mt 28,19*

Der Heilige Geist

Für die Kirche ist der Glaube an Christus (und seine Gottessohnschaft) untrennbar mit der Anerkennung des Heiligen Geistes verknüpft, denn in diesem Geist wird er empfangen, in diesem Geist verkündet, heilt, versöhnt und stirbt er; in diesem Geist wird er auferweckt, und dieser Geist wird auf die junge Gemeinde „herabgesandt". Er begegnet uns als göttliches Wirkungsprinzip, das aber *für sich selbst existiert* und nicht nur im Handeln Gottes (er kann auch als Gabe „übergeben" werden – Joh 20,22). Und es ist ersichtlich, dass er vom Vater oder vom Sohn ausgehen kann. *Vgl. S. 123* Es handelt sich nicht einfach nur um etwas, „was Gott tut", sondern er ist eine selbständige Komponente des göttlichen Seins. Er wird schon in der Lehre der frühen Kirche als eine der „göttlichen Personen" beschrieben.

Die Lehre von Vater, Sohn und Heiligem Geist, die in drei Personen den einen Gott ausmachen, ist für das Christentum also unverzichtbar; ebenso muss aber die Einheit Gottes bedingungslos gewahrt bleiben. Den Hintergrund dieses Bekenntnisses bildet das Verständnis von „Person", das zur Entstehungszeit dieser Lehre gängig war und das mit unserem heutigen Verständnis nicht mehr völlig kompatibel ist. Aber mit sprachlichen Ausdrucksmitteln erreicht man in dieser Frage ohnehin ein Ende dessen, was man noch ausdrücken kann, ohne dass die Sache selbst sinnlos wäre. Daher versucht die katholische Kirche, die Grenzen der Aussagemöglichkeiten zu definieren: *DH 470, 490f* *Vgl. LThK X, 239–259* Gott ist einer in drei Personen, dem Vater, dem Sohn und dem Heiligen Geist. Der Sohn geht aus dem Vater hervor, der Geist aus dem Vater *und* dem Sohn (eine der wenigen großen Differenzen mit den Ostkirchen). Der *Vater* ist der Schöpfer alles Seienden, der Herr der Geschichte, der sich von keinem Ursprung ableitet; aus ihm geht alles Göttliche hervor. Dieses Hervorgehen ist kein Schöpfungsakt – Sohn und Geist sind nicht Geschöpfe, sondern selbst voll und ganz göttlich. Der *Sohn* ist deshalb wesensidentisch mit dem Vater; in ihm geht Gott in die Heilsgeschichte ein und solidarisiert sich voll und ganz mit dem Menschen, er wird dadurch endgültig zu einem Gott, der Menschliches inklusive dem Leid nachvollziehen kann und es nicht aus der Position eines bloßen Zusehers betrachtet (dass er das grundsätzlich nicht ist, zeigt ja schon das Alte Testament mit seinen drastischen Bildern vom leidenschaftlichen, zornigen, liebenden und eifersüchtigen Gott). Der *Heilige Geist* schließlich ist einerseits die schöpferische Komponente des einen göttlichen Wesens; er wirkt in dieser Schöpfung und wird als Vollendung des Ostergeschehens der jungen Kirche geschenkt. Es ist dieser Geist Gottes, den Jesus als Tröster und Beistand verheißen hat (Joh 14,16). Mit der Sendung dieses Heiligen Geistes hat auch für die Christen das Zeitalter des Geistes, das Zeitalter der Kirche, begonnen, und mit der Lehre von der Dreifaltigkeit (Trinität) wird außerdem deutlich, dass Gott wesentlich Beziehung ist – grundgelegt schon in sich selbst.

Dieses Problem ist in der mittelalterlichen Theologie öfters thematisiert worden. Die Frage ist nämlich, wie denn der EINE, in höchstem Maße vollkommene (also bedürfnislose) Gott denn mit Menschen in Beziehung treten könnte, ohne selbst zu erfahren, was denn „Beziehung" nun eigentlich ist? Wie kommt es denn zum Schöpfungsentschluss „Lasst uns Menschen machen" (Gen 1,26)? Hier bietet die Lehre von der Dreifaltigkeit dieses einen Gottes einen Ansatz: Sie erklärt, wie innerhalb des einen Gottes dennoch Liebe und gegenseitige Hingabe die Grundbefindlichkeit sein kann, denn sie ist die Verbindung, die das eine Wesen in den drei Personen wahrt.

Die Person Jesus Christus warf für die Theologie des 4. Jh. noch ein zusätzliches Problem auf. Insbesondere nach der Klärung der Trinitätsfrage ergab sich ja das Problem, wie dieser „Sohn Gottes" als göttliche Person, eines Wesens mit dem Vater, als Mensch vorstellbar sein kann, als der er geboren wird, lebt, sich freut, leidet und stirbt. Auch hier hat es die Kirche – ähnlich wie bei der Dreifaltigkeit – nur zu einer Klärung der Lehre, nicht bis zu einer Erklärung der Sache geschafft. Das Konzil von Chalkedon legte im Jahr 451 fest, dass nach dem Glauben der Kirche die göttliche und die menschliche Natur in Jesus Christus neben- und ineinander, unvermischt und ungetrennt, existierten. Auch dies ist eine dogmatische Entscheidung, die nicht einen rationalen Sachverhalt beschreiben will, sondern ein *mysterium stricte dictum*.

DH 470, 490f, 530

In Jesus Christus existieren menschliche und göttliche Natur voll und parallel

Wie kommt man von Gott über Jesus zur Kirche?

Man könne hier im Geist des Evangeliums nach Matthäus argumentieren und Mt 16,18 anführen: Hier sagt Jesus dem Petrus, der ihn als den Messias bezeichnet, als „Gegenleistung" die Gründung der Kirche zu. Nur: Ganz so einfach ist es nicht, denn diese Stelle ist – das hat die Forschung inzwischen gezeigt – eine spätere Einfügung. Aber wie wir bereits gesehen haben, ist das nicht besonders kritisch, denn die Kirche ist älter als die biblische Überlieferung; daher muss jede biblische „Rechtfertigung" der Kirche als Gemeinschaft in der Nachfolge von

Die Kirche ist „älter als die Bibel"

Jesus immer eine *nachträgliche* Rechtfertigung sein. Viel wichtiger ist also, zu fragen: Ist die Kirche ein geeignetes Mittel, um die Absicht Jesu Christi weiterzuführen?

Jesu Leben ist bis zu seinem Ende und darüber hinaus Zeugnis für den Heilswillen und die Zuwendung Gottes zu den Menschen, das haben wir gesehen. In Jesus ist Gott unter den Menschen gegenwärtig. Und eines ist klar: Keine noch so genaue und wörtliche schriftliche Überlieferung kann diese Gegenwart vollkommen abbilden, ohne zu einer anderen Zeit und unter anderen Umständen unverständlich zu werden. Die Weitergabe muss daher auf einem anderen, einem lebendigen und anpassungsfähigen, einem dynamischen Weg erfolgen. Es ist kein einzelner Mensch, der in die Nachfolge von Jesus Christus einrückt; es ist kein Schriftzeugnis, das seine Reich-Gottes-Botschaft vollinhaltlich wiedergibt – es ist die Kirche als ganze.

Für Katholiken ist die Kirche der Ort bzw. die Art und Weise, wie die Heilsbotschaft und letztlich Gott selbst in der Welt *verlässlich* gegenwärtig ist. Das heißt nicht, dass er auf keine andere Art gegenwärtig sein könnte – aber in der Kirche ist er grundsätzlich da, auch wenn er manchmal durch den „menschlichen Faktor" in dieser Kirche nur verschwommen (oder kaum) sichtbar ist.

Die Kirche hat so lange ihre Berechtigung, als sie den Heilsplan Gottes verwirklichen hilft

Die Kirche wird nicht als „gestiftete" Körperschaft betrachtet, sondern als *Mittel zur Verwirklichung des Heilsplanes Gottes* gesehen. Die Kirche ist aber zugleich „auf dem Weg" – sie kann nicht als schon hier und jetzt vollkommen angesehen werden. Das wird sie erst mit der Vollendung der Welt (mit dem „Gericht"). Vorläufig ist sie noch ein reichlich unvollendetes Puzzle, an dem es immer weiterzuarbeiten gilt.

Ein kleines bisschen von der endzeitlichen „Heiligkeit" der Kirche schimmert in der Feier der Sakramente voraus. Diese Handlungen, die ja Heil zugleich bezeichnen und bewirken, machen Erlösung wirksam gegenwärtig: Wer Buße tut und Versöhnung sucht, dem sind seine Sünden hier und jetzt vergeben; wer an der Eucharistiefeier teilnimmt, vereinigt sich hier und jetzt mit Christus usw. Das ist das eigentliche, das übergeschichtliche Sein dieser Kirche. Zentral ist dabei der Auftrag, den Jesus im Rahmen des Letzten Abendmahles gibt: „Tut dies zu meinem Gedächtnis".

1 Kor 11,24; Lk 22,19

So ist die Kirche aber nur in ihrer Idealform, als „eine, heilige, katholische und apostolische Kirche". Solange sie in verschiedenste Konfessionen zerfallen ist, kann sie nicht für sich in Anspruch nehmen, die *ideale* Verwirklichung des Willens Jesu Christi zu sein. Auch die katholische Kirche ist insofern nur eine möglichst gute (eben zeitliche und menschliche) Annäherung.

Vgl. S. 123

Diese Unvollkommenheit darf nicht verschwiegen oder gar weggeleugnet werden: Als menschliche Organisation ist die Kirche zwangsläufig fehlerhaft, da sie sonst buchstäblich *unmenschlich* wäre. Als sakramentale Heilsgemeinschaft – als Verwirklichung der Gemeinschaft Gottes mit den Menschen um deren Heiles willen – soll sie *endzeitlich* heilig und wahrhaftig sein.

Die Kirche muss sich daher auf eine ganz bestimmte Art und Weise verwirklichen: durch das *Zeugnis* für das Reich Gottes, durch die Feier der *Liturgie* und durch die helfende *Diakonie*. Diese drei Tätigkeiten sind die Grundvollzüge der Kirche, und sie sind es auch, durch die „Kirche" tatsächlich mehr ist als ein bloßer Verein und aus dem profanen Alltag zu etwas Besonderem herausgehoben wird.

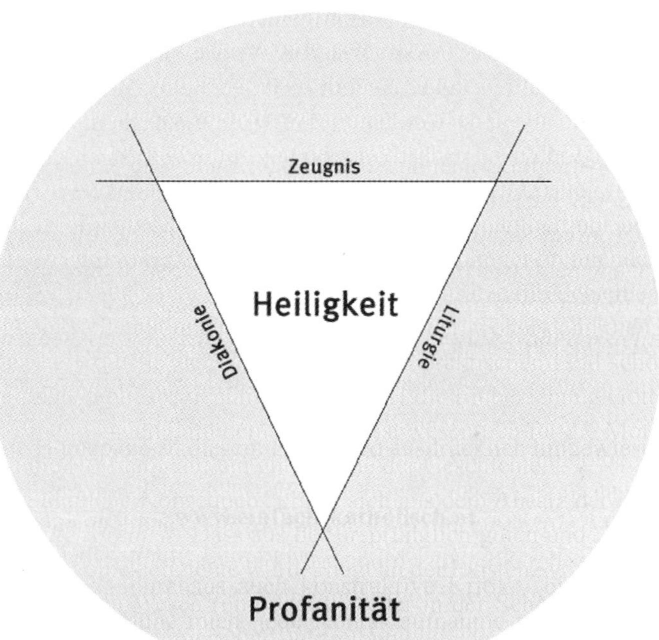

Das „Heilige" an der Kirche ist jene „Teilmenge des Profanen", die durch bestimmte Vollzüge ausgezeichnet wird

Zeugnis, Liturgie und Diakonie sind aber nicht nur Grenzen, sondern auch *Bindeglieder* zwischen Heiligkeit und Profanität, wobei der „profane Raum" hier als die Gesamtheit aller Lebensäußerungen des Menschen verstanden wird, *innerhalb* dessen eine Teilmenge das Merkmal heilig trägt. „Heilig" und „profan" sind also keine Gegensätze, sondern das Heilige muss seinen Platz im „Alltag" haben. Damit wird die Kirche zum Ort des Handelns des Heiligen (d. h. Jahwes) *in* der Welt und nicht ihr gegenüber.

Dieses Handeln ist nicht grundsätzlich an ein Amt gebunden, sondern jede Christin und jeder Christ hat aufgrund der Taufe im Rahmen des allgemeinen Priestertums Anteil an den Heilsdiensten des Zeugnisses, der Liturgie und der Diakonie. Indem die Menschen, die Kirche ausmachen, *auch als fehlbare Menschen* ihren Glauben an den Gott Jesu Christi sichtbar machen und im feiernden Vollzug *gemeinschaftlich* die Gegenwart Gottes erlebbar machen, zeigen sie, dass sie sich nicht als bloße Ansammlung von Einzelpersonen verstehen, sondern als „Volk Gottes" und dass sie zusammen Gegenstand seiner Zuwendung, aber auch sich ihm öffnende Gemeinde sind. Indem sich dieselben fehlbaren Menschen ohne jede Unterscheidung *allen Menschen zuwenden*, die geistlich, geistig und körperlich bedürftig sind, bilden sie die von ihnen erfahrene Liebe Gottes sichtbar ab.

Vgl. S. 45 u. S. 47

Als Getaufte haben alle Christinnen und Christen auch eine priesterliche Würde

Nach Meinung wichtiger Theologinnen und Theologen gibt es einen vierten wichtigen Grundvollzug der Kirche, die „Koinonia". Dieser altgriechische Fachterminus kann mit „Gemeinsamkeit" nur völlig unzureichend übersetzt werden; er besagt grundsätzlich, dass es für die Kirche und ihre Identität entscheidend ist, die Zusammengehörigkeit untereinander und mit Gott nicht zu verlieren und alles Handeln an dieser Zusammengehörigkeit auszurichten. Anders gesagt: Liturgie, Diakonie und Zeugnis sind nie Selbstzweck, sondern immer am Reich Gottes zu orientieren.

Die „Ämter" in der Kirche

Zeugnis, Liturgie und Diakonie sind also die Lebensvollzüge der Kirche. Fällt die Berücksichtigung eines dieser Lebensvollzüge weg, ist die Kirche selbst gefährdet und nicht mehr *glaub-würdig*. Freilich ist auch eines zu bedenken: Alle drei können nur nach dem Maßstab, in dem sie selbst erlebt werden, auch praktiziert werden. Die Kirche trägt also als Autorität (die sie ja durch Glaubwürdigkeit innehaben und nicht durch Macht erwerben sollte) auch die ungeheure Verantwortung, diese Lebensvollzüge den Menschen auf besondere Weise sichtbar zu machen, und zwar belebend und nicht bedrückend.

Vgl. S. 85ff

Dieses *Sichtbarmachen* erfolgt durch die Weiheämter von Bischof, Priester und Diakon (die „Kleriker", also Angehörige des Klerus), allerdings keineswegs in der Weise einer „exklusiven Reservierung" einer bestimmten Dimension für ein bestimmtes Amt (sodass etwa der Priester für die Liturgie oder der Diakon für die Diakonie zuständig wäre), sondern in der Art, dass jeweils eine Amtsfunktion an der Schnittstelle zwischen zweien dieser Lebensvollzüge steht und dadurch auf den jeweils dritten hinwirkt:

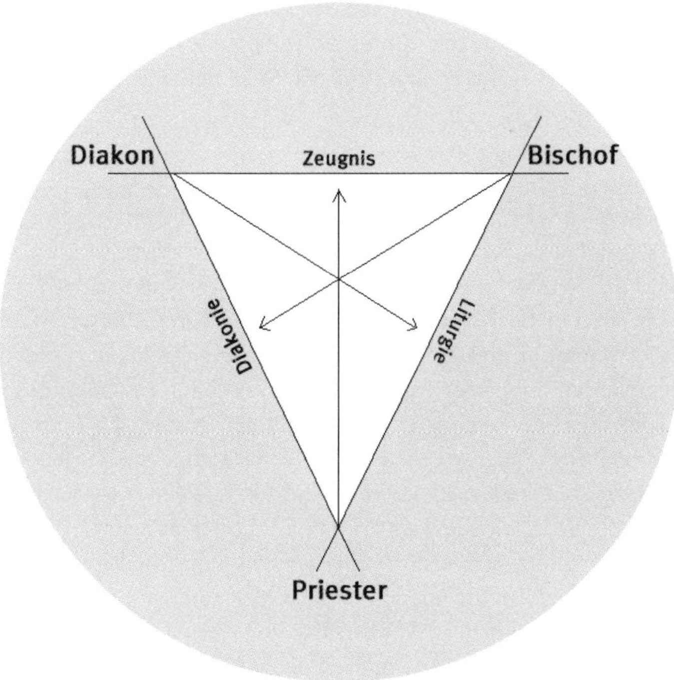

Dadurch sind die Weiheämter – genauer: jene, die sie wahrnehmen – natürlich nur in Gemeinschaftlichkeit miteinander und in Gemeinschaftlichkeit mit dem ganzen Volk Gottes verwirklicht.

Die Weiheämter der Kirche sind aufeinander und auf die Gemeinde verwiesen – sie können nicht „für sich allein" existieren

Und darum müssen alle, die einen amtlichen Dienst versehen, mit allen drei „Lebensvollzügen" der Kirche zu tun haben. Indem z. B. der Bischof in seiner Hirtenfunktion Verantwortung für das Zeugnis vom Reich Gottes und die Liturgie seiner Kirche sowohl vor Gott als auch vor der Gemeinde sowie der Gemeinschaft der Ortskirchen tragen muss, wirkt er direkt auf die Diakonie der Kirche, da diese die Umsetzung von Zeugnis und Liturgie in die alltägliche Praxis ist. Indem der Priester seine Verantwortung für Liturgie und Diakonie wahrnimmt, ermöglicht er die Glaubwürdigkeit dieses Zeugnisses. Und indem der Diakon seine Verantwortung für Diakonie und Zeugnis wahrnimmt, bindet er die Liturgie direkt an den Alltag – insbesondere an die alltäglichen Probleme – der Gemeinde.

Organisatorisches in der Kirche

Die spirituelle Bedeutung der Ämter ist die wichtigste und zentralste. Aber jedes kirchliche Amt hat auch eine Verwaltungsfunktion – kein Wunder, wo doch der organisatorische Aufwand für über eine Milliarde Mitglieder enorm ist. Das ist der Preis für die Homogenität der Lehre und die Möglichkeit, mit einer Stimme zu sprechen. Daher soll hier auch kurz über die organisatorische Seite der kirchlichen Struktur gesprochen werden.

Diözesen Die Weltkirche ist in selbstständige Teilkirchen, die sogenannten Diözesen, eingeteilt. Meist sind diese Diözesen deckungsgleich mit politischen Verwaltungsgrenzen auf Landes- oder Provinzebene. **Pfarren** Die kleinste Einheit der katholischen Seelsorge ist die Pfarre: Einem Priester wird die Verantwortung für eine regionale oder personale Gemeinde vom Bischof übertragen; er wird damit zu deren Pfarrer. **Dekanate** Mehrere Pfarren können aus praktischen Gründen zu einem Dekanat zusammengefasst werden; einer der Pfarrer übernimmt dann die Gesamtleitung des Dekanates und wird als Dechant, mitunter Dekan oder Erzpriester, bezeichnet. Die Diözesen sind völlig selbständige und eigenverantwortlich agierende Körper, die durch die zentrale Autorität des Papstes als „Weltkirche" verbunden sind. Wenn es die Situation erfordert, kann der Papst ein Konzil einberufen, eine Versammlung aller Leitenden der Teilkirchen, aller kirchlichen Hierarchen, der kurialen Funktionsträger und in der Regel auch ausgewählten Theologinnen bzw. Theologen. Als Beobachter können auch Vertreter anderer Konfessionen teilnehmen. Diese Versammlung klärt dann zentrale Fragen der Glaubenslehre, zuletzt im Rahmen des schon oft erwähnten II. Vatikanischen Konzils 1962–1965, das die Weichen der Kirche neu gestellt hat und dessen Beschlüsse so weitreichend waren, dass sie bis heute noch nicht völlig umgesetzt werden konnten.

Ecclesia Catholica: Annuario Pontificio

Weltweit gibt es ca. 3600 Diözesen mit insgesamt etwa 300.000 Pfarren. Ungefähr 4500 Bischöfe, 400.000 Priester, 32.000 Ständige Diakone und 700.000 Ordensschwestern kümmern sich um das seelische, aber auch das leibliche Wohlergehen der Menschen, die ihnen anvertraut sind: Die Kirche betreibt (unter anderem!) Grundschulen mit 27 Millionen Schülerinnen und Schülern, weiterführende Schulen mit 1,8 Millionen Schülerinnen und Schülern, Universitäten mit 2,3 Millionen Studierenden, 5200 Krankenhäuser, 17.500 Krankenstationen (davon 640 auf die Behandlung von Lepra spezialisiert), 14.000 Alters- und Behindertenheime, 10.000 Waisenheime, 10.000 Kindergärten – alle Zahlen sind abgerundet.

Bischöfe Bei den Bischöfen ist zwischen Diözesan- und Auxiliarbischof zu unterscheiden. Der Diözesanbischof leitet eine selbstständige Teilkirche irgendwo auf der Welt und wird auch für diese geweiht; der Auxiliarbischof (auch als *Weihbischof* bekannt) ist einem Diözesanbischof zur Unterstützung beigegeben und kümmert sich entweder um einen Teil der Diözese oder einen bestimmten Aufgabenbereich. Weil es rechtlich keinen Bischof ohne Diözese gibt, wird der Weihbischof für eine Diözese geweiht, die es nur noch auf dem Papier gibt. Ein *Erzbischof* ist der Bischof einer Diözese, der weitere Diözesen zugeordnet sind und mit jener eine Kirchenprovinz bilden. Der Erzbischof ist damit zugleich Metropolit (so die korrekte Bezeichnung für den Leiter einer Kirchenprovinz). *CIC can. 431.435*

Priester können, aber müssen nicht in einer Verwaltungseinheit eingesetzt werden. Im Normalfall leiten sie eine Pfarre und werden dann als „Pfarrer" bezeichnet; sie können aber auch für einen Beruf oder eine diözesane Funktion freigestellt sein (etwa als Lehrer oder Diözesanrichter). Priester sind – wie Bischöfe – in eine bestimmte Diözese eingegliedert („inkardiniert"). *Vgl. S. 77ff* **Priester / Pfarrer**

Einer Diözese inkardiniert sind auch die Diakone, die aber in der Regel zusätzlich noch an eine bestimmte Gemeinde gebunden werden. Bei den Diakonen gibt es eine seltsame Differenzierung, die aus der Tradition der Kirche erwachsen ist, nämlich die Unterscheidung von „ständigen" und „nicht ständigen" Diakonen. Das hat damit zu tun, dass die Kirche daran festhält, dass die Weihen *hintereinander* empfangen werden müssen – somit wird jeder Bischof zuvor zum Diakon und zum Priester geweiht, ebenso wie jeder Priester zuerst die Diakonatsweihe empfangen hat. Die Diakone, die auf dem Weg zum Priesteramt sind (zwischen den beiden Weihen liegt im Normalfall etwa ein Jahr), sind „nicht ständige", was auch nicht ganz stimmt, weil sie ja nicht „ungeweiht" werden können. So gesehen ist jeder Bischof noch nach wie vor Diakon und Priester und jeder Priester auch Diakon. Die Ständigen Diakone hingegen entscheiden sich bewusst dafür, auf Dauer („ständig") Diakone zu bleiben. Der Ständige Diakon hat im Normalfall einen Zivilberuf und verwirklicht seinen Dienst in der Nachfolge Christi in seiner Familie, in seiner Heimatgemeinde und an seinem Arbeitsplatz. **Diakone** **„Ständige" Diakone**

Das Spannende daran ist, dass diese kirchliche Tradition sich nicht reibungslos mit der Auffassung der Weihe als einem der sieben Sakramente zusammenfügen lässt. Sie gehört ja an sich zu den *unwiederholbaren* Sakramenten und gilt als „unauslöschliches Prägemal", ebenso wie Taufe und Firmung. Sachlogisch gibt es kein Argument dafür, dass ein und dieselbe Person *dasselbe* (!) Sakrament mehrmals durchlaufen kann und jeweils ein anderes Amt darin empfängt; alle theologischen Konstruktionen, die hier zu einer Erklärung herangezogen werden, bleiben unbefriedigend. Im Sinne einer Ausdifferenzierung der Ämter wäre es sinnvoll, die Weihepraxis dahingehend zu ändern, dass Personen jeweils zum Diakon *oder* zum Priester *oder* zum Bischof geweiht werden (was aber wieder andere Probleme mit sich bringt, sodass bis *CIC 845* auf weiteres wohl sinnvoll an der ehrwürdigen Tradition festgehalten werden wird).

Jedenfalls sind seit der Zeit der ältesten Kirche die drei Weiheämter Bischof, Priester und Diakon nicht mehr wegzudenkende Bestandteile des „Volkes Gottes“, das die Kirche bildet.

Funktionsämter

Daneben gibt es auch noch sogenannte „Funktionsämter“, die nicht mit einer konkreten Weihe zusammenhängen, sondern eine Funktion bezeichnen, die eine Person inne hat. Einige dieser Funktionsämter sind reine Ehrentitel, die gebraucht werden, um verdiente Menschen innerhalb der Kirche auszuzeichnen, einige haben eine wichtige praktische Bedeutung. Die wichtigsten davon sind:

Papst

Der *Papst,* der als eines der wenigen Ämter in der katholischen Kirche gewählt wird.

> Wahlen gibt es daneben noch in Ordensgemeinschaften und Rechtsinstituten, aber kaum in der öffentlichen Leitungshierarchie der Kirche. Von einer Wahl ist ein Vorschlagsrecht für die Besetzung einer Leitungsfunktion strikt zu unterscheiden, das es vereinzelt z. B. für Bischöfe gibt.

Vgl. Uwer: Das Recht der Papstwahl

Wahlberechtigt sind dafür die Kardinäle, soweit sie bei Eintritt der Sedisvakanz (dem Freiwerden des päpstlichen Sitzes) noch nicht 80 Jahre alt sind. Gewählt werden kann – theoretisch – jeder männliche, rechtgläubige und getaufte Katholik; seit 1378 wurden faktisch aber nur noch Kardinäle zum Papst gewählt. Die Weihe ist keine zwingende Voraussetzung für die *Wahl*; allerdings müsste im theoretischen Fall der gewählte Laie noch im Konklave die Weihe empfangen, da der Papst zugleich auch Bischof von Rom ist (die Weihe ist daher sehr wohl Voraussetzung für die *Amtsausübung*).

Papst ist man grundsätzlich auf Lebenszeit. Dem Papst obliegt die Oberhoheit über alle Mitglieder der katholischen Kirche in allen kirchlichen Belangen, vor allem in Fragen der Glaubens- und der Sittenlehre sowie in der kirchlichen Rechtsprechung. Völkerrechtlich ist der Papst das Staatsoberhaupt des Vatikanstaates; ein Auslandsbesuch gilt daher immer als Staatsbesuch. Seine Regierungszeit nennt man „Pontifikat“ (angelehnt an den päpstlichen Titel „Pontifex Maximus“, oberster Brückenbauer).

Der Papst unterliegt nicht der Einkommensteuer, weil er nichts (!) verdient

Nach menschlichem Ermessen ist es nicht sehr begehrenswert, Papst zu sein – der Verantwortung für über 1,5 Milliarden Gläubige und dem Druck des sinnvollen politischen Handelns steht permanente Öffentlichkeit und ein Einkommen von null Euro gegenüber. Zusätzlich hat der Vatikan mit ständigen Finanzproblemen zu kämpfen – er ist zwar im Besitz wertvoller Immobilien und reicher Kunstschätze, verfügt aber nur über sehr begrenzte Einkünfte. Die Diözesen liefern nur einen kleinen Teil ihres Budgets (den „Peterspfennig") an den Vatikan ab, und somit bleiben nur die Einnahmen aus dem Tourismus, aus Spenden und aus eigenen wirtschaftlichen Aktivitäten. Dem steht der enorme Aufwand zur Sicherung und vor allem Erhaltung des historischen Erbes und der ebenfalls bedeutende Personalaufwand gegenüber, nicht zu vergessen auf die großen Summen, die an ärmere Diözesen und Notleidende gespendet werden – kein Wunder, dass der Vatikan mitunter in Finanznöten ist.

Peterspfennig

Die Einnahmen aus eigenen wirtschaftlichen Aktivitäten des Vatikan geben immer wieder Anlass zu kritischen Kommentaren, etwa wenn sich herausstellt, dass ein Teil des vatikanischen Kapitals in Aktien veranlagt ist, die ethisch bedenklich sind. Positiv kann hier ver-merkt werden, dass seit dem Pontifikat von Johannes Paul II. sehr genaues Augenmerk auf die Art der Veranlagung gelegt wird; heikel bleibt der Bereich allemal, weil der jesuanischen Idealforderung des Verzichtes auf irdische Güter um des Himmelreiches willen die alltägliche Notwendigkeit von Geld und materiellem Besitz zur Aufrechterhaltung des „Betriebes" gegenübersteht. Hier muss mit sehr viel Fingerspitzengefühl und Weitsicht agiert werden.

Kardinäle

Die *Kardinäle* werden vom Papst direkt ernannt. Sie müssen geweihte Priester sein und sich hervorragender Tugenden in Glaube, Sitte, Klugheit und Frömmigkeit erfreuen. 120 von ihnen bilden im Papstwahlverfahren, dem Konklave, die Wahlversammlung. Sie haben entweder einen Bischofssitz in einer Diözese inne (in der Regel sind sie Erzbischöfe oder Metropoliten) oder dienen als Leiter von vatikanischen Ämtern (Kurienkardinäle). Aus historischen Gründen werden noch heute Kardinalbischöfe (sie haben einen der sieben römischen Bischofssitze inne), Kardinalpriester (sie sind nominell einer Kirche in Rom zugeordnet) und Kardinaldiakone (sie übernehmen ein römisches Diakonat) unterschieden. Diese Unterscheidung hat aber kaum mehr praktische Relevanz.

Nachdem der Vatikan ein Staat ist und daher zwischenstaatliche Kontakte auf diplomatischer Ebene pflegt, braucht er Botschafter in einzelnen Ländern bzw. Regionen. Als *Nuntius* bezeichnet man den päpstlichen Gesandten, der einerseits die Verbindung zwischen dem Apostolischen Stuhl und den Ortskirchen zur Information, Beratung und Unterstützung der Bischöfe aufrecht erhält und andererseits den Vatikan gegenüber den staatlichen Behörden und Regierungen vertritt.

Päpstlicher Nuntius

Bischofsvikar

Auf der Ebene der Diözesen sind die Vikare wichtige Funktionsträger. Der *Bischofsvikar* nimmt an der Leitung der Diözese teil und wird vom Bischof ernannt (wenn ein Auxiliarbischof zum Bischofsvikar ernannt wird, dann auf unbestimmte Zeit). Sein Aufgabenbereich kann territorial oder auch kategorial (personal) bestimmt sein. Er ist Stellvertreter des Bischofs in dem ihm zugeteilten Bereich, und gehört dem Priesterrat und dem diözesanen Pastoralrat an.

Generalvikar

Der *Generalvikar* wird vom Diözesanbischof ernannt und steht in der Hierarchie gleich unter dem Bischof. In besonderer Weise ist dem Generalvikar die Verwaltung der Diözese anvertraut. Er wird dabei vom Verwaltungsrat unterstützt. Die Vikare werden vom Bischof frei ernannt und abberufen.

Dechant / Dekan

Ein *Dechant* (oder Dekan bzw. Erzpriester) ist ein Priester, der von den Pfarrern eines Dekanates – das ist eine Ordnungseinheit innerhalb der Diözese – als Verantwortlicher vorgeschlagen und vom Bischof bestätigt wird. Seine Aufgaben liegen im Verwaltungsbereich seines Dekanates. Er ist Koordinator der Pastoralarbeit, und ihm obliegt die seelsorgliche Supervision der kirchlich Bediensteten im Dekanat.

Pfarrer

Der *Pfarrer* ist ein Priester, der eine Pfarre leitet – die kleinste Organisationseinheit der Diözese. In einer Zeit des Priestermangels werden vielfach verschiedene Pfarren zu Seelsorgeverbänden zusammengeschlossen; rein rechtlich bleiben für die einzelnen Pfarren jedoch trotzdem einzelne Priester als Pfarrer, Provisoren oder Administratoren verantwortlich.

Kaplan

Ein *Kaplan* hingegen ist ein Priester, der keine eigene Pfarre betreut, sondern einem Pfarrer in der pastoralen Arbeit hilft. Meist sind Kapläne junge neugeweihte Priester, die in der dieser Funktion die Arbeit des Pfarrers kennen lernen. Mitunter helfen auch pensionierte Priester, ja sogar Bischöfe, in Pfarren als Kapläne aus!

Pastoralassistenten

Pastoralassistenten bzw. *pastorale Mitarbeiter* sind Männer oder Frauen, die im Bereich einer Pfarre bzw. Gemeinde unter der Leitung eines Pfarrers in einem Teilbereich des Gemeindelebens einen konkreten seelsorglichen Dienst ausüben. Sie sind Angestellte der Kirche.

Geistlicher Rat

Als *Geistlicher Rat* wird jemand angesprochen, dem dieser Titel vom Bischof verliehen wurde – es handelt sich um eine Auszeichnung für Priester und Diakone und ein reines Ehrenamt. Rechte werden durch die Verleihung dieses Ehrentitels nicht erworben.

Monsignore

Vgl. Secretaria Status Seu Papalis, Ut sive sollicite

Päpstliche Auszeichnungen sind hingegen die Titel *Apostolischer Protonotar, Ehrenprälat* und *Kaplan seiner Heiligkeit*, die mit Monsignore angesprochen werden. Sie haben das Recht zum Tragen bestimmter Insignien in violetter Farbe inner- und außerhalb des Gottesdienstes.

Anwendungsfelder

Ich denke, damit ist ein erster Blick – wenn auch nur ein oberflächlicher – auf die grundlegenden Inhalte des katholischen Glaubens getan, und es ist deutlich geworden, dass sich letztlich alles kirchliche Handeln aus dem Grundgebot erschließen lassen soll:

> *Da stand ein Gesetzeslehrer auf, und um Jesus auf die Probe zu stellen, fragte er ihn: Meister, was muss ich tun, um das ewige Leben zu gewinnen? Jesus sagte zu ihm: Was steht im Gesetz? Was liest du dort? Er antwortete: Du sollst den Herrn, deinen Gott, lieben mit ganzem Herzen und ganzer Seele, mit all deiner Kraft und all deinen Gedanken, und: Deinen Nächsten sollst du lieben wie dich selbst. Jesus sagte zu ihm: Du hast richtig geantwortet. Handle danach und du wirst leben.*

Lk 10,25–28

„Handle danach, und du wirst leben" – das bezieht sich nicht nur auf die Verheißung eines ewigen Lebens irgendwann, sondern auf das Jetzt und Hier. Wer so handelt, dem ist schon jetzt ein erfülltes und Gott gefälliges Leben geschenkt. Und weiter: Als Handelnder tritt immer der konkrete Einzelne in Erscheinung, der in Gemeinschaft mit anderen diese katholische Kirche bildet – das heißt auch, dass der handelnde Mensch eine Verantwortung für die Gesamtkirche mit trägt.

Aber was heißt das nun in der Praxis? Wie sieht, wie urteilt, wie handelt jemand, der selbst katholisch ist, in seinem Alltag? Das ist wichtig, sogar sehr wichtig – weil es einerseits erkennbar macht, wer tatsächlich sein Leben nach dem Vorbild von Jesus Christus ausrichtet und andererseits den Blick dafür öffnet, was von mir selbst gefordert ist, sollte ich mich dazu entschließen. Das bloße Wissen und das formale Einhalten von Riten ist zu wenig – genau diese Aspekte hat Jesus selbst ja an seiner Umwelt kritisiert.

Mt 23,23; Lk 12,56 usw.

Katholisch sein hat einen lebensgestaltenden Charakter. Es ist aber auch *umfassend*, das heißt: Man ist nicht nur zu bestimmten Zeiten oder in bestimmten Situationen Katholikin und Katholik, sondern immer und in jeder Hinsicht – alles andere wäre eine Auswahlstrategie, die dem Sinn dessen, was Jesus Christus verkündet hat, zuwiderläuft. Wenn katholisch, dann ganz katholisch und nicht nur relativ! Dementsprechend kann keine kirchliche Lehre eine rein theoretische bleiben, sondern jede einzelne muss anwendungstauglich sein. Dafür wiederum gibt es, zumal ja jeder formulierte Lehrsatz ein zeit-, sprach- und kulturgebundener ist, eine wichtige Grundlage: das kirchliche Verständnis vom Menschen. Dieses beinhaltet auch – das wird oft übersehen – die hohe Wertschätzung der freien Gewissensentscheidung: „Der Mensch muss dem sicheren Urteil seines Gewissens stets folgen."

Mt 8,18–22; Lk 9,57–62

Jede kirchliche Lehre muss sich am Leben bewähren

Vgl. KKK 1776–1802; hier: 1800

Anthropologie – Wie ist das mit dem Menschen?

Gen 1,27 Der Mensch (gr. *anthropos*) ist für Katholiken Abbild Gottes. Er ist nicht sein Ebenbild – dieser feine Unterschied ist wichtig, weil ein Abbild eben keine identische Kopie des Urbildes ist, sondern eine Nachgestaltung. Die umfassende Wirklichkeit Gottes bildet sich außerdem in der Erschaffung der beiden Geschlechter „männlich" und „weiblich" ab, sodass eines der beiden für sich ohnehin notwendigerweise in dieser Beziehung ungenügend bleibt. Die Abbildhaftigkeit des je einzelnen Menschen ist also mangelhaft und verdunkelt die ideale Wirklichkeit Gottes, auch durch die Sünde; dennoch verleiht diese Abbildhaftigkeit dem Menschen seine Würde. Sich dessen bewusst zu sein und dem jeweils anderen in dieser ganzen Eingeschränktheit liebend entgegenzukommen, ist die Grundforderung der Kirche. Die göttliche Eigenschaft der Vollkommenheit bei sich selbst zu vermuten und von anderen zu erwarten wäre hingegen unmenschlich.

Gott ist nicht „männlich" oder „weiblich", sondern weit mehr

Vgl. S. 91ff

Der Mensch erfährt Gott immer in den Rahmenbedingungen, die ihm durch sein Menschsein gegeben sind: an einem bestimmten Ort, zu einer bestimmten Zeit, in menschengerechter Wahrnehmbarkeit und vor allem in Beziehung. Der Mensch ist Mensch als Wesen und im Zusammen-Sein mit anderen Wesen, das ist ihm wesentlich, nach christlichem Verständnis also: Der Mensch ist notwendig einer, der *mit* anderen *vor* Gott steht und die Anrede dieses Gottes erfährt. Insofern ist also jedes Kommunikationsgeschehen zwischen Gott und Mensch ein jeweils konkret stattfindendes; das heißt: Offenbarung unterliegt immer einem Interpretationsvorgang, ungeachtet der überzeitlichen und absoluten Wahrheit, die sich in ihr mitteilt. Durch die Distanz zwischen Urbild und Abbild ist diese Interpretation immer mehr oder weniger originalnah, aber niemals identisch mit diesem.

LThK 1, 726

Ebenso wie Gott ist der Mensch Person, d. h. ein selbstbewusstes, unteilbares und ganzes intellektuelles Sein, das darauf ausgerichtet ist, in Beziehung zu sich selbst, zu anderen und zu Gott zu leben. Seit dem 5. Jh. lehrt die Kirche, dass zum Personsein Selbstbewusstsein und Selbstverfügung gehört und dass die geschöpfliche Würde der Person unveräußerlich ist. Selbstbewusstsein heißt, dass der Mensch sich seiner Situation bewusst ist; er weiß vor allem um seine Abhängigkeit von unverfügbaren Rahmenbedingungen und um seine Gebundenheit an Gemeinschaft. Selbstverfügung heißt, dass der Mensch kraft seines freien Willens Entscheidungen treffen kann, die seine Situation mit beeinflussen und durch die er sich „untypisch" verhalten kann, indem er z. B. ein Fremd- oder Gemeinschaftsinteresse dem Eigeninteresse vorzieht, indem er bewusst bestimmte Handlungen setzt und andere nicht oder indem er Entscheidungen trifft, die nicht einer unmittelbaren Situationsnotwendigkeit entspringen.

Diese Entscheidungsfreiheit macht den Menschen grundsätzlich zum Besten und zum Schlimmsten fähig, zum Handeln im Sinne seines Nächsten ebenso wie zu rein egoistisch motiviertem Tun. Sünde ist nur vor dem Hintergrund der Dualität von Offenbarung und Entscheidungsfreiheit denkbar: Gott teilt sich dem Menschen in der Offenbarung mit, und der Mensch kann sich entscheiden, wie er sich zu diesem Gott verhält – in aktiver Annahme, in religiös agnostischem, aber ethisch entschiedenem Verhalten oder in völliger Abkehr von den geforderten Prinzipien.

Vgl. S. 83ff

Das ethische Leitprinzip des Christentums und die Konsequenzen seiner Einhaltung werden in den Evangelien in starken Gleichnissen geschildert, etwa in dem vom barmherzigen Samariter, oder auch in ganz direkten Erläuterungen:

Lk 10,30–37

> *Es kam ein Mann zu Jesus und fragte: Meister, was muss ich Gutes tun, um das ewige Leben zu gewinnen? Er antwortete: Was fragst du mich nach dem Guten? Nur einer ist „der Gute". Wenn du aber das Leben erlangen willst, halte die Gebote!*

Mt 19,16f

„Das Leben erlangen" heißt aber nicht nur im Sinne eines Jenseitslohnes nach dem irdischen Tod in ein Paradies einzugehen, sondern die Aussage ist auch ganz konkret auf das Reich Gottes im Hier und Jetzt gerichtet: Wer die Gebote hält, der hat schon Anteil an diesem gegenwärtigen Reich Gottes. Den Hintergrund dieser Forderung bilden natürlich die Zehn Gebote des mosaischen Gesetzes. Was aber die zentralste Lebensregel ist, erläutert Jesus in den nächsten Versen sowie noch eindrücklicher an einer anderen Stelle, an der er das schon eingangs Zitierte noch genauer ausführt:

Ex 20,2–7; Dtn 5,6–21

> *Als die Pharisäer hörten, dass Jesus die Sadduzäer zum Schweigen gebracht hatte, kamen sie bei ihm zusammen. Einer von ihnen, ein Gesetzeslehrer, wollte ihn auf die Probe stellen und fragte ihn: Meister, welches Gebot im Gesetz ist das wichtigste? Er antwortete ihm: Du sollst den Herrn, deinen Gott, lieben mit ganzem Herzen, mit ganzer Seele und mit all deinen Gedanken. Das ist das wichtigste und erste Gebot. Ebenso wichtig ist das zweite: Du sollst deinen Nächsten lieben wie dich selbst. An diesen beiden Geboten hängt das ganze Gesetz samt den Propheten.*

Mt 22,34–40

Christliche Ethik zeichnet sich also vor allem dadurch aus, dass sie einem konkreten Menschen gegenüber die bedingungslose Grundhaltung des Heilens, der Versöhnung und der Liebe einzunehmen versuchen muss. Und diese Grundhaltung entspringt keiner abstrakten Überlegung, sondern der Gottesliebe – Gottes- und Nächstenliebe sind im Christentum untrennbar verbunden.

Christsein heißt: heilen, retten und versöhnen wollen

Daraus ergibt sich zwingend eine bestimmte Positionierung der Kirche in Bezug auf Fragen, die mit dem menschlichen Leben zu tun haben und die in einer Zeit, in der auch völlig andere Definitionen von „Person", von Willensfreiheit und Schuldfähigkeit diskutiert werden, natürlich höchst kontrovers sind. Vor allem in einer Zeit, in der bestimmte philosophische Strömungen die Unmöglichkeit unmittelbarer Erfahrung (und damit auch religiöser Erfahrung) bestreiten, in der die Neurobiologie die Freiheit des Willens in Frage stellt, in der „Political Correctness" die Relativierung früher absoluter Maßstäbe erzwingt und in der die Genderdebatte eine völlige Neubewertung der Geschlechterverhältnisse herbeigeführt hat, müssen bestimmte kirchliche Standpunkte zum Reibebaum werden, und das ist gut so. Auch Reibebäume haben ihre dringende Notwendigkeit in einer allzu glatten und gestylten Gesellschaft! Die folgenden Beispiele sind nur als Illustrationen gedacht, die zeigen sollen, wie diese Auffassung im Einzelnen Fragen des täglichen, gesellschaftlichen Lebens beeinflussen und decken natürlich bei weitem nicht die tatsächliche Spannweite ab.

Beispiel Abtreibung und Euthanasie

Unter „Abtreibung" wird die willentlich vorgenommene Tötung eines ungeborenen Kindes unabhängig von dessen Entwicklungsstadium verstanden. Abtreibung gilt kirchlich grundsätzlich als sittlich verwerflich, da sie eine Tötungshandlung darstellt; mildernd ist bestenfalls das Vorliegen einer „zwingenden Notwendigkeit". Als solche gilt im Sinne einer Güterabwägung, wenn durch den Tod des ungeborenen Kindes das Leben der werdenden Mutter gerettet werden kann. Das ist eine sehr restriktive Haltung, die aber zwei gute Gründe hat.

LThK 1/102

Der erste Grund ist die dem generellen Tötungsverbot zugrunde liegende Gottesabbildlichkeit des Menschen. Insofern der Mensch Abbild Gottes ist, soll er am Schöpfungswerk Gottes teilhaben und nicht Teile dieses Werkes zerstören. Für das unwiederbringliche und individuelle Gut des menschlichen Lebens gilt das in besonderer Weise. Eine Fristenregelung bringt hier keine Änderung der Umstände – das menschliche Leben ist vom Augenblick der Empfängnis an schützenswert. Auch wenn es am Anfang nur ein kleiner und formloser Zellhaufen ist: Es ist potenzielles Leben und daher vom fünften Gebot geschützt, weil die Würde des Menschen nicht von ihm selbst willkürlich gesetzt, sondern von Gott her verstanden wird.

KKK 2268.2270

Der zweite Grund hängt mit der Frage nach den Grenzen des Lebens generell zusammen. Wenn man „menschliches Leben" nach dem Selbstbewusstsein und der graduellen Ausprägung bestimmter kognitiver Fähigkeiten oder Körperfunktionen beurteilt und es von der Möglichkeit abhängig macht, unabhängig von etwas anderem zu existieren, dann steht naturgemäß auch „das andere Ende" des menschlichen Lebens mit auf dem Spiel. Wenn ein sehr alter oder sehr kranker Mensch nicht mehr Herr seiner selbst ist, im Wachkoma liegt und / oder nur noch abhängig von den ihn am Leben erhaltenden Maschinen ist, dann ist er im Prinzip in einer ähnlichen Situation wie ein ungeborenes Kind im Leib der Mutter in einem bestimmten Stadium. Diese Analogie macht deutlich, dass eine Aufweichung in der Abtreibungsfrage eine Aufweichung in einer anderen, noch kritischeren Frage, nämlich der der Euthanasie, nach sich ziehen könnte. Euthanasie meint die *aktive Sterbehilfe*, also z. B. das bewusste Verabreichen eines tödlichen Giftes an chronisch Kranke, bei denen keine Heilung mehr möglich ist. Kritischer ist diese Frage deshalb, weil neben dem menschlichen Leiden des Betroffenen und seiner Angehörigen auch finanzielle Aspekte betroffen sind – im Durchschnitt entstehen 70 % der Kosten für medizinische Betreuung in den letzten zehn Lebensjahren, da Krankheit meist auch eine Begleiterscheinung des Alters ist. In dieser Denkweise ist es nun nur noch ein kleiner Schritt vom todkranken zum alten Menschen. Und diese stellen im Vergleich zu ungeborenen Kindern enorme Kostenfaktoren dar – und sie haben kein zukünftiges Potential mehr, um durch eigene Erwerbsarbeit den volkswirtschaftlichen Aufwand zu ihrer Erhaltung wieder wett zu machen. Der Zynismus dieser Argumentation muss, denke ich, nicht näher erläutert werden – der Umgang mit „lebensunwertem Leben" vor nicht allzu langer Zeit zeigt, wohin derlei Ansätze führen können.

Euthanasie – die Vorsilbe ist dieselbe wie in der Eucharistie und im Evangelium; griech. „Thanatos" steht für den Tod. Eine unsägliche und völlig unpassende Bezeichnung ...

Für die Kirche heißt das: Lebensschutz ist ein absoluter Wert, unabhängig von allen anderen Faktoren. Ob man zu einem selbstbestimmten und reflektierten Leben fähig ist oder nicht, ist dabei nicht so wichtig. Das schließt selbstverständlich auch Leben mit Behinderung mit ein. Nicht zuletzt deswegen widmen sich viele kirchliche Einrichtungen der Altenpflege und der Betreuung von Menschen mit besonderen Bedürfnissen: Wie Jesus Christus den Alten, Kranken und Kindern begegnet ist, ist auch die Kirche aufgerufen, ihnen zu begegnen.

Der Schutz des menschlichen Lebens hat immer Vorrang

Das heißt: Wer menschliches Leben beendet, wie eingeschränkt es auch immer sein mag, macht sich grundsätzlich schuldig. Inwieweit diese Schuld auch eine unterschiedlich schwere Sünde bedingt, hängt von vielen anderen Faktoren ab und ist immer individuell zu beurteilen. So ist z. B. eine Frau, die vom Vater ihres Kindes unter massiven psychologischen Druck gesetzt wird, die Schwangerschaft abzubrechen, in einer ganz anderen Lage als eine, die eine Abtreibung vornehmen lässt, weil ihr ein Kind „derzeit nicht in die Lebensplanung passt". Ebenso ist der Fall eines Menschen, der seinen Lebenspartner unerträgliche

Vgl. S. 91ff

Qualen leiden sieht und der dessen Leben auf dessen ausdrücklichen Wunsch hin beenden hilft, anders zu beurteilen als der eines Angehörigen, der der Bitte des chronisch Kranken nachgibt, um seine eigene Belastung zu reduzieren. Auch hier gilt wie in so vielen Bereichen: Die Kirche definiert eine Norm, die sich aus der Offenbarung ergibt und daher Allgemeingültigkeit beansprucht – aber die konkrete Anwendung dieser Norm ist nichts, was pauschal beantwortet werden kann. Die Anwendung erfordert vielmehr einen konkreten pastoralen Umgang in der Praxis. Dabei muss es in diesem Fall primär um Beratung gehen: Das Bewusstsein, dass Leben an und für sich ein erhaltenswertes Gut ist, ist mit allen Möglichkeiten zu fördern. Für schwangere Frauen muss positive, begleitende Beratung an erster Stelle stehen, die sich aller Schuldzuweisungen enthält und versucht, Wege der Lebenserhaltung aufzuzeigen, ohne die Letztverantwortung der werdenden Mutter bzw. der Eltern zu relativieren oder in Frage zu stellen. Gesellschaftlich muss ein Umfeld geschaffen werden, das Kinder nicht nur duldet, sondern fördert, und das die Leistungen von Frauen und Männern in der Betreuung von Kindern gerecht honoriert (finanziell und ideell). Ebenso ist das Bewusstsein zu stärken, dass Alte und Kranke nicht nur geduldet sind, sondern geliebt werden – eine Herausforderung in einer Zeit, in der der menschliche Körper nur noch digital idealisiert existiert und kein Model ohne Nachbearbeitung den Weg auf ein Plakat oder eine Titelseite findet. Hier gibt es wahrhaftig viel zu tun.

Jede Norm muss sich in konkreter Praxis bewähren

Bauer: Die heißen Eisen, 249–261

Passive Sterbehilfe

Indirekte Sterbehilfe

Passive Sterbehilfe – also der Verzicht auf medikamentöse oder apparative Maßnahmen zur Lebensverlängerung, wenn keinerlei Aussicht auf Heilung besteht – und *indirekte* Sterbehilfe – also die Verabreichung von notwendigen Medikamenten zur Linderung unerträglicher Schmerzen, die den Tod möglicherweise beschleunigen – sind von diesen Überlegungen nicht betroffen.

Beispiel Leben mit Behinderung

Ähnliches gilt für Menschen, die mit einer eingeschränkten körperlichen oder geistigen Funktion leben und die daher besondere Bedürfnisse haben. Auch für sie gilt die Lehre von der Menschenwürde im völlig gleichen Maße!

Die Schwächsten der Gesellschaft stehen im Zentrum der Reich-Gottes-Botschaft

Jesus Christus hat sehr oft mit solchen Menschen zu tun – und chronisch Kranke, Gelähmte, Blinde, Taube und Stumme werden buchstäblich von ihm angerührt und geheilt, also heil (im Sinne von ganz) gemacht. Das sind die Zeichen des angebrochenen Gottesreiches:

Mt 11,2–6

Johannes [der Täufer ...] ließ ihn fragen: Bist du der, der kommen soll, oder müssen wir auf einen andern warten? Jesus antwortete ihnen: Geht und berichtet Johannes, was ihr hört und seht: Blinde sehen wieder und Lahme gehen; Aussätzige werden rein und Taube hören; Tote stehen auf und den Armen wird das Evangelium verkündet. Selig ist, wer an mir keinen Anstoß nimmt.

Diese alttestamentlichen Prophezeiungen erfüllen sich an Jesus Christus, dem Messias; und für den wahren Diener Gottes gilt, was Jesaja an anderer Stelle sagt: *Jes 61,1–3*

Seht, das ist mein Knecht, den ich stütze; das ist mein Erwählter, an ihm finde ich Gefallen. Ich habe meinen Geist auf ihn gelegt, er bringt den Völkern das Recht. Er schreit nicht und lärmt nicht und lässt seine Stimme nicht auf der Straße erschallen. Das geknickte Rohr zerbricht er nicht und den glimmenden Docht löscht er nicht aus; ja, er bringt wirklich das Recht. *Jes 42,1–3*

Menschen zu ihrem Recht verhelfen

Den Menschen „Recht" zu verschaffen heißt: ihnen zukommen lassen, was ihnen zusteht, denn die Schöpfung ist groß und gut genug für alle. Dazu gehört auch – und zwar wesentlich – die uneingeschränkte Solidarität mit den Schwachen, mit denen, die an den Rand gedrängt sind, mit denen, die keine oder nur wenige Chancen bekommen haben. Sie sind, wenn möglich, medizinisch, jedenfalls aber gesellschaftlich zu heilen. Wenn die Kirche ihre Nachfolge Christi ernst nimmt, muss ihr das ein Anliegen sein, denn wer hier Heil bringt, der wird zum Mittel, durch das das Wirken Gottes offenbart werden kann. *Joh 9,1–7*

Heilung heißt hier auch: den Menschen, die nun einmal beeinträchtigt sind, Bedingungen zu bieten, unter denen sie sich entfalten können! Häuser rollstuhlgerecht zu bauen, Webseiten barrierefrei zu gestalten, Arbeitsplätze zu bieten, die auch unter Beeinträchtigungen bedient werden können – das sind ebenso Pflichten der Christinnen und Christen wie die Schaffung von geschützten Umgebungen, in denen sich die betroffenen Menschen mit ihren jeweiligen individuellen Fähigkeiten voll entfalten können, ohne von der Gesellschaft (d. h. auch: der Gemeinde!) abgeschottet zu sein.

Beispiel Armenfürsorge

Jesus Christus hat sich in erster Linie den Unterprivilegierten zugewandt, zu denen neben den körperlich Beeinträchtigten auch die materiell Benachteiligten gehören. Die Zeugen seiner Geburt waren, so wird überliefert, Hirten (in der damaligen Gesellschaft Besitzlose); seine ersten Anhänger waren Fischer, Kleinbauern und Handwerker; seine Botschaft galt Zöllnern und Sündern (von den vielen Heilungsbedürftigen wurde oben schon gesprochen); und in vielen seiner Handlungen und Worte sind es die Ärmsten der Armen, denen er sich widmet. In seiner Endzeitrede in Mt 25,31–46 ruft Jesus Christus das eindrücklich in Erinnerung:

Mt 25,31–46

Wenn der Menschensohn in seiner Herrlichkeit kommt [... wird er ...] denen auf der rechten Seite sagen: Kommt her, die ihr von meinem Vater gesegnet seid, nehmt das Reich in Besitz, das seit der Erschaffung der Welt für euch bestimmt ist. Denn ich war hungrig und ihr habt mir zu essen gegeben; ich war durstig und ihr habt mir zu trinken gegeben; ich war fremd und obdachlos und ihr habt mich aufgenommen; ich war nackt und ihr habt mir Kleidung gegeben; ich war krank und ihr habt mich besucht; ich war im Gefängnis und ihr seid zu mir gekommen. Dann werden ihm die Gerechten antworten: Herr, wann haben wir dich hungrig gesehen und dir zu essen gegeben, oder durstig und dir zu trinken gegeben? Und wann haben wir dich fremd und obdachlos gesehen und aufgenommen, oder nackt und dir Kleidung gegeben? Und wann haben wir dich krank oder im Gefängnis gesehen und sind zu dir gekommen? Darauf wird der König ihnen antworten: Amen, ich sage euch: Was ihr für einen meiner geringsten Brüder getan habt, das habt ihr mir getan.

Caritas (Diakonie) ist keine Möglichkeit, sondern Verpflichtung!

Das ist zugleich die theologische Begründung für die Notwendigkeit des caritativen Dienstes aller Christen: Es handelt sich nicht um eine Option, die man wahrnehmen kann oder nicht, sondern um eine *Grundverpflichtung*. Jesus Christus erscheint in einem Akt der grenzenlosen Solidarität als der Arme, der Hungernde, der Gefangene schlechthin – und alles, was man einem konkreten armen, hungernden, gefangenen Menschen Gutes tut, ohne Ansehen der Person, der Herkunft und der Religion, tut man an Jesus Christus selbst. Armendienst ist daher zugleich Gottesdienst, der nicht nur durch eine dafür zuständige Organisation (z. B. die „Caritas") wahrgenommen werden soll, sondern durch jeden Einzelnen.

Konzilsdokumente: Lumen Gentium 8; Gaudium et Spes 1

Option für die Armen

Die lateinamerikanische Kirche, die in ihrer „Theologie der Befreiung" eine klare „Option für die Armen" formuliert hat, hat in dieser Hinsicht Vorbildwirkung für die Weltkirche. Um glaubwürdig „Leib Christi" und „Grundsakrament" in dieser Welt zu sein, muss die Kirche und damit alle ihre Angehörigen handeln, wie Jesus es täte. Dieses Idealbild wird nicht immer verwirklichbar sein, aber es ist zwingend notwendig, ihm ständig nachzugehen.

Vgl. Gutiérrez: Die Armen und die Grundoption

Beispiel Sexualität

KKK 2332

Der Mensch ist nach kirchlichem Verständnis geschaffen als durch und durch geschlechtliches Wesen. Die Geschlechtlichkeit ist keine rein körperliche Funktion, sondern sie betrifft alle Aspekte des Menschseins. Die Sexualität gehört als unverzichtbarer Bestandteil zum Leben, und Frauen und Männer erfahren sie je unterschiedlich – das prägt natürlich auch die Wahrnehmung gesellschaftlicher Verfasstheiten, die Ausprägung von Glaubenslehren, ja sogar die Interpretation der Offenbarung. Geschlechtergerechtigkeit ist darum ein wichtiges und unverzichtbares Anliegen.

Entsprechend dem schöpfungstheologischen Ansatz hat Gott den Menschen als Mann und Frau geschaffen; gemeinsam sind sie sein Abbild und in ihrer Gemeinsamkeit versuchen sie dieser Abbildhaftigkeit gerecht zu werden. In ihrer Fruchtbarkeit haben sie Anteil am fortwährenden Prozess der Lebenswerdung; sie spiegeln im Kleinen das göttliche Schöpfungshandeln. Die Liebe zwischen Mann und Frau wird biblisch zum Bild für die Liebe zwischen Gott und seinem auserwählten Volk, und die Neubewertung der Rolle der Frau durch Jesus Christus führt unter anderem zu einer Verbesserung ihrer Rechtsstellung im Verhältnis zur umgebenden hellenistischen Welt – nun gilt es auch als Ehebruch, wenn der Mann außerehelichen Geschlechtsverkehr betreibt (auch mit einer Prostituierten!). Zuvor war völlig selbstverständlich nur ein „Verhältnis" der verheirateten Frau als Ehebruch betrachtet worden, während Männern kaum Einschränkungen auferlegt waren. Auch die (sogar im jüdischen Umfeld) allzu leichte Scheidung wird von Jesus abgelehnt; die Ehe wird hoch bewertet und von ihm und der frühen Kirche so gut wie möglich geschützt. Diese Hochschätzung der Institution „Ehe" hat sich in der Kirche bis heute gehalten.

Gen 1,27

KKK 2235

LThK 9/511–526

Vgl. S. 74ff

Entsprechend ist die von der Kirche anerkannte reguläre Form, die eigene Sexualität auszuleben, die einer festen (institutionellen) heterosexuellen Beziehung. Diese gilt als die gesellschaftsregulative Norm, wobei neben der theologischen Begründung auch eine naturrechtliche Begründung gesehen werden muss: Wäre etwas anderes als Heterosexualität der Regelfall, wäre die Menschheit bereits ausgestorben, mit anderen Worten: Homosexualität als *Verhaltensweise* ist nicht „normal"; aus dieser Sicht ebenso wie ein Pflichtzölibat, sofern man ihn auf eine ausschließliche Verhaltensweise reduziert.

„Normal" heißt auch: einem gesellschaftlichen Regulativ ensprechend

Nun ist aber die sexuelle Identität des Menschen das Resultat einer komplexen Entwicklung, zu der sowohl erbliche Anlagen als auch frühestkindliche Prägephasen etwas beitragen. Niemand trifft eine bewusste Entscheidung, hetero- oder homosexuell zu sein; vielmehr *empfindet man sich* als in einer bestimmten Art und Weise ausgeprägtes sexuelles Wesen, das sich als solches annehmen darf und soll. Damit ist eine erste wichtige Sache geklärt: Homosexualität ist ebenso wenig wie Heterosexualität unnatürlich oder aus sich heraus sündhaft. Beide erhalten ihren Wert und / oder ihre Bedrohlichkeit (die man offen eingestehen muss – viele Sünden haben ihre Wurzeln im Sexualbereich) in der konkreten Lebenspraxis der betroffenen Menschen. Insofern nun Sünde (als ein das Verhältnis zu Gott störender oder sogar zerstörender Vollzug) bestimmte Voraussetzungen hat, wird leicht erkennbar, dass

KKK 2333

Homosexualität ist keine Sünde; sie ist ebenso wie Heterosexualität höchst ambivalent

KKK 2357 Sündhaftigkeit und Sexualität nur mittelbar und immer nur über die Instanz des menschlichen Willens, der menschlichen Entscheidungsfreiheit und des menschlichen Handelns zusammenhängen. Es ist also in *KKK 2358* keiner Form angebracht, konkrete Menschen aufgrund ihrer sexuellen *Mt 7,1; LThK 9,523* Orientierung zu diskriminieren, und es ist auch ein eklatanter Verstoß gegen das Verbot Jesu Christi, zu richten.

Mit der Gabe der eigenen Sexualität gut (im Sinne von „der christlichen Botschaft entsprechend") umzugehen ist eine hohe Tugend, die klassisch als „Keuschheit" bezeichnet wird. Keuschheit hat nicht automatisch mit Enthaltsamkeit zu tun, sondern bedeutet die angemessene Form, in der der konkrete Mensch als sexuelles Wesen lebt. Das *kann* auch Enthaltsamkeit sein – im Fall von Priestern und Bischöfen gilt die enthaltsame Lebensweise aufgrund des Zölibates als Ideal; nach der *KKK 2359* Lehre der Kirche sind auch homosexuell veranlagte Menschen zur Enthaltsamkeit berufen.

Entsprechend der hohen Einschätzung von Sexualität hat auch die *Vgl. S. 74ff* Treue in der Partnerschaft einen hohen Wert für die Kirche. Sie soll Abbild der Treue Gottes zum Menschen sein.

Beispiel (Über-)Leben der Gesellschaft

Allein schon mit diesen groben Umrissen ist klar, dass das Christentum auch einen zentralen politischen Anspruch erheben muss, weil die grundlegenden Lehren von der Erfordernis des Liebesgebotes, vom absoluten Wert des Menschen und der Notwendigkeit der Fürsorge für Arme und leiblich wie seelisch Notleidende zwingend eine gesellschaftliche Positionierung erfordern. Die Kirche und jeder einzelne Mensch in ihr muss entsprechend handeln und anderen gegenüber begründen können, warum er so und nicht anders handelt. Das heißt natürlich: Kirche muss versuchen, die Gesellschaft mitzugestalten, in der sie existiert – eine „unpolitische" Kirche gibt es damit schlicht nicht. Das darf aber keinesfalls mit Parteipolitik gleichgesetzt werden, von der sich die Kirche als Gemeinschaft und ihre geweihten Amtsträger als Personen fernzuhalten haben. Es gibt keine automatische Präferenz für eine bestimmte politische Partei; es ist im Gegenteil immer neu zu prüfen, ob Ziele und Handlungsweisen einer konkreten Partei sich mit *Joh 8,23; 18,36* der christlichen Lebenseinstellung vertragen. Denn Jesus hat zwar einerseits klar gesagt, dass sein Reich nicht von dieser Welt ist, anderer- *z. B. Mt 28,18–20; Lk 24, 46–49* seits auch betont, dass die Menschen, die ihm nachfolgen, eine Verantwortung für die ganze Menschheit zu tragen haben. In der Praxis heißt das: Katholiken sind nicht so sehr dazu berufen, zu regieren, sondern eher die Gesellschaft, in der sie leben, mit ihrer Einstellung zu prägen – letztlich läuft das auf „Verkündigung durch Handeln" hinaus.

Um eine Entscheidungshilfe zu bieten, die über das bloße Zitieren der dafür in Frage kommenden Bibelstellen hinausgeht, und angesichts der konkreten sozialen Nöte der Menschen wurde eine katholische Gesellschaftslehre entwickelt. Sie beruht auf einigen klaren Prinzipien und soll Hilfestellung in konkreten Situationen bieten, in denen gemeinschaftliche Werte zur Diskussion stehen. Das tut sie, indem sie konkrete gesellschaftliche Situationen analysiert, Ungerechtigkeit zur Sprache bringt und deren Beseitigung fordert, dazu konkrete Mittel und Wege benennt und dies vor dem Hintergrund des Evangeliums argumentiert. Ihr Ziel ist es, Menschen zu ihrem Recht zu verhelfen – zum Recht auf Leben, auf Zuwendung, auf Liebe, auf materielle Güter.

Grundlinien der katholischen Gesellschaftslehre

Personprinzip

Schon wiederholt wurde die „Personalität" des Menschen (und Gottes) thematisiert. Im Bereich der Gesellschaftslehre wird diese zum Handlungsprinzip erhoben. Papst Johannes XXIII. formulierte:

> *Nach dem obersten Grundsatz dieser Lehre muss der Mensch der Träger, Schöpfer und das Ziel aller gesellschaftlichen Einrichtungen sein. Und zwar der Mensch, sofern er von Natur aus auf Mitsein angelegt und zugleich zu einer höheren Ordnung berufen ist, die die Natur übersteigt und diese zugleich überwindet.*

Johannes XXIII.: Enzyklika „Mater et Magistra" (1961), 219

Jedes gesellschaftliche Handeln muss im Bewusstsein der Tatsache erfolgen, dass es den konkreten Menschen, die Person, zum Inhalt hat. Weder eine Organisation noch eine Einrichtung, ein Unternehmen oder eine Partei haben einen Selbstzweck – sie alle sind dem Menschen unterzuordnen, zu dessen Wohl sie bestehen. Umgekehrt formuliert: Alle gesellschaftlichen Aktivitäten, seien sie staatlicher oder nichtstaatlicher Natur, haben dem Menschen zu dienen, der das Grundrecht auf ein gelingendes Leben hat – und dazu gehört neben einer materiellen Absicherung auch das ideelle Gut des Schätzens und Ernstnehmens, neben der Erfüllung der körperlichen Grundbedürfnisse auch die Stillung der geistigen wie Kultur, Kommunikation und Gemeinschaftlichkeit. Dem ist durch eine entsprechende Rechtsordnung Rechnung zu tragen: Das Bestreben des Christen muss es also sein, Lobbyarbeit dafür zu betreiben, dass im staatlichen Recht auch die Person im Mittelpunkt steht (was leider keine Selbstverständlichkeit ist).

Christ sein hat immer auch eine massive politische Dimension!

Solidaritätsprinzip

Solidarität heißt, sich die Sache eines anderen Menschen ohne sachlichen Zwang zu eigen machen und mitzutragen. Solidarität heißt, einen anderen zu stärken und das, was man selbst hat – Güter, Zuwendung oder Zeit – mit ihm zu teilen. Solidarität heißt vor allem: Verantwortung füreinander zu übernehmen. Wenn Personen miteinander solidarisch sind, dann ist das Communio-Prinzip der Kirche verwirklicht. Das Vorbild ist auch hier das Handeln Jesu Christi: In ihm hat sich ohne sachliche Notwendigkeit Gott mit dem Menschen solidarisch erklärt, in alle Niederungen des Lebens und des Todes hinein; in dieser Solidarität wird er den Menschen auch in das neue Leben, in das Reich Gottes, hineinretten. Eine so verstandene Solidarität ist ein Handlungsprinzip der Kirche, das heißt auch eine Verpflichtung des Einzelnen der Gemeinschaft gegenüber, während das Personprinzip die Rechte des Einzelnen einer Gemeinschaft gegenüber beschreibt.

Das Gemeinwohl ist dabei ein hohes Gut. Der Egoismus der schrankenlosen Selbstverwirklichung muss zurücktreten, um auch anderen einen Verwirklichungsraum zu eröffnen, und zwar nicht als Option, sondern obligatorisch, weil sich der Mensch ja voneinander und von Gott abhängig erfährt:

Johannes Paul II.: Enzyklika "Sollicitudo rei socialis" (1987), 38

> *Wenn die gegenseitige Abhängigkeit in diesem Sinne anerkannt wird, ist die ihr entsprechende Antwort als moralisches und soziales Verhalten, als „Tugend" also, die Solidarität. Diese ist nicht ein Gefühl vagen Mitleids oder oberflächlicher Rührung wegen der Leiden so vieler Menschen nah oder fern. Im Gegenteil, sie ist die feste und beständige Entschlossenheit, sich für das ‚Gemeinwohl' einzusetzen, das heißt, für das Wohl aller und eines jeden, weil wir alle für alle verantwortlich sind.*

Macht- und Profitgier einzelner Menschen auf Kosten der Communio wird von Johannes Paul II. klar als sündig benannt. Letztlich muss sich jeder ausschließlich individuelle Anspruch die Frage gefallen lassen, ob auch anderen genug zu einem angemessenen Leben bleibt, wenn er durchgesetzt wird. Eine Gesellschaft muss daher von Christen so gestaltet werden, dass sie einen Rechtsanspruch z. B. auf eine soziale Absicherung in ihren Grundrechten verankert.

Subsidiaritätsprinzip

Wo Einzelne in Gemeinschaft leben, muss organisiert werden. Wo organisiert wird, entstehen Strukturen und zwangsläufig auch Hierarchien. Die sind idealerweise möglichst flach, können aber auch sehr ausdifferenziert sein. Damit ist die Versuchung verbunden, möglichst viel möglichst zentral zu regeln, was ohne Zweifel seine Vorteile hat –

einfache Entscheidungsprozesse, schnelle Reaktionsmöglichkeit, klare Fokussierung vorhandener Ressourcen und anderes mehr.

Allerdings sind auch gravierende Nachteile damit verbunden – unter anderem mangelnde Partizipation, die zu innerer Distanzierung führen kann, Systemschwächen, Menschenferne, und nicht zuletzt Konzentration von viel Macht auf einen sehr kleinen Kreis … auch diese Aufzählung könnte man fortsetzen.

Um in diesem Dilemma eine Orientierungshilfe zu bieten, lehrt die Kirche das Subsidiaritätsprinzip, das, kurz gefasst, besagt: Wo eine Subeinheit eine Sache regeln kann und darf, dort soll keine übergeordnete Einheit eingreifen. In die Alltagswelt übertragen hieße das: Der Staat als zentrales Organ soll dort und nur dort eingreifen, wo Land, Gemeinden oder Familie an ihre Grenzen stoßen oder keine rechtliche Handlungsgrundlage mehr haben. Dasselbe gilt für die gesamte Gesellschaft! Dabei soll jede höhere Ebene so wenig Zuständigkeiten wie möglich, jede niedrigere so viel wie nötig haben.

> *Was die kleineren und untergeordneten Gemeinwesen leisten und zu einem guten Ende führen können, [ist nicht] für die weitere und übergeordnete Gemeinschaft in Anspruch zu nehmen.*

Pius XI.: Enzyklika "Quadragesimo anno" (1931), 79

In der Praxis heißt das, dass auch der kleinsten gesellschaftlichen Einheit das Recht zugestanden werden soll, sich im Rahmen der Gesellschaftsordnung zu verwirklichen und dabei Unterstützung zu bekommen – wird sie dieser Aufgabe nicht gerecht, kann und soll die nächsthöhere Ebene einspringen. Die Aufgabe der höheren Ebene besteht aber in erster Linie darin, die Rahmenbedingungen für die Verwirklichung der kleineren Einheiten zu schaffen. Natürlich gilt dieses Prinzip auch innerkirchlich.

Schöpfungserhaltung

Ein weiteres Grundanliegen des engagierten Katholiken muss Einsatz für die Umwelt sein, und zwar für die belebte und die unbelebte. Anders gesagt: Aus dem Schöpfungsgedanken ergibt sich, dass die Welt, ja, das ganze Universum höchst schützenswert – weil Werk Gottes – sind. Und dem Menschen ist nach dem Buch Genesis ja auch eine ausdrückliche Schöpfungsverantwortung aufgetragen:

> *Dann sprach Gott: Lasst uns Menschen machen als unser Abbild, uns ähnlich. Sie sollen herrschen über die Fische des Meeres, über die Vögel des Himmels, über das Vieh, über die ganze Erde und über alle Kriechtiere auf dem Land. Gott schuf also den Menschen als sein Abbild; als Abbild Gottes schuf er ihn. Als Mann und Frau schuf er sie. Gott segnete sie und Gott sprach zu ihnen: Seid fruchtbar und vermehrt euch, bevölkert die Erde, unterwerft*

Gen 1,26–31

sie euch und herrscht über die Fische des Meeres, über die Vögel des Himmels und über alle Tiere, die sich auf dem Land regen. Dann sprach Gott: Hiermit übergebe ich euch alle Pflanzen auf der ganzen Erde, die Samen tragen, und alle Bäume mit samenhaltigen Früchten. Euch sollen sie zur Nahrung dienen. Allen Tieren des Feldes, allen Vögeln des Himmels und allem, was sich auf der Erde regt, was Lebensatem in sich hat, gebe ich alle grünen Pflanzen zur Nahrung. So geschah es. Gott sah alles an, was er gemacht hatte: Es war sehr gut.

Der Schöpfungsbericht ist keine historische Erzählung, sondern Wiedergabe von Gottes Heilshandeln an der Welt

In früheren Zeiten war vor allem der Vers 28 Grund für einen schrankenlosen Herrscherdrang: Der Mensch betrachtete seine Umwelt als Objekt, das ihm gegenübersteht und über das er uneingeschränkte Verfügungsgewalt hatte. Das änderte sich angesichts zweier zentraler Erkenntnisse, deren erste war, dass der biblische Schöpfungsbericht keine historische Schilderung bestimmter Handgriffe ist, die Gott getan hat, sondern eine Bildrede, deren Zweck darin besteht, ein *Verhältnis zwischen Gott und der Welt zu beschreiben*. Gott ist demnach der freie Urgrund alles existierenden und der, von dem das Sein des ganzen Universums abhängt – unabhängig davon, wie genau das Werden dieses Universums samt unserer Welt und uns Menschen nun aussieht – daher sind Schöpfungslehre und z. B. Evolutionstheorie keine Gegensätze, sondern völlig verschiedene Sprachebenen. Die zweite Erkenntnis ist deutlich jünger als die erste: In den siebziger Jahren des 20. Jh. zeigte sich ganz praktisch, dass eine naive Herrschafts- und Ausbeutungsstrategie unserer Welt gegenüber diese und damit den Menschen selbst gefährdet. Eine systemische Sicht setzte sich durch und mit ihr die Notwendigkeit, den Vers 28, früher oft übersetzt mit „macht sie [die Erde] euch untertan“ neu zu bewerten.

Christen tragen Mitverantwortung für die Schöpfung

Wie so oft hilft hier die Exegese, also die Lehre von der kritischen Auslegung der Bibel. Ein Blick auf die Originalformulierung zeigt, dass hier sinngemäß „setzt euren Fuß auf sie“ steht – das aber ist der altorientalische Herrschergestus, mit dem ein (siegreicher) König die Unterwerfung seiner Vasallen entgegennimmt: Sie nähern sich ihm, werfen sich vor ihm zu Boden und er setzt seinen Fuß auf ihren Nacken. Diese Geste drückt zugleich Herrschaft und Verantwortung aus: der Unterworfene war nun zwar tributpflichtig, hatte aber Anspruch auf den Schutz des Herrschers. Diese Deutung hilft weiter: Der Mensch hat der Welt gegenüber nach katholischer Auffassung Rechte, aber auch Pflichten. Die Meinung, der Welt rücksichtslos alle Ressourcen rauben zu können, entlarvt sich dadurch als unchristlich, weil sie die Konsequenz der Verantwortung nicht tragen will.

Mk 16,15

Nicht zuletzt: Die ganze Schöpfung und nicht nur der Mensch ist Empfänger der Frohen Botschaft! Doch neben dem theologischen (die

Welt als Schöpfung Gottes) spielt auch noch der folgende ethische Gedanke eine Rolle – beide sind in Christus begründet: Die reale Rolle, die verschiedene gesellschaftliche und wirtschaftliche Systeme auf der Welt spielen, reißt einen entsetzlichen Graben zwischen extremer Armut und extremem Reichtum auf. Nun ist aber diese real existierende Armut nicht einfach nur ein Problem mangelnder Wohltätigkeit oder mangelnder Armenfürsorge (s. o.). Sie ist vielmehr ein Problem, das mit dem unfairen und nicht „gottesfürchtigen" Umgang mit den natürlichen Ressourcen ergibt!

Die wirtschaftliche Ungerechtigkeit ist nicht nur eine ökonomische, sie ist vor allem eine schöpfungsethische, weil sich die Solidaritätsverpflichtung der reichen Länder den ärmeren Ländern gegenüber als nicht tragfähig erweist. Die reiche Erste Welt wird zum Kain gegenüber dem Abel der Entwicklungsländer und verrät so den Auftrag Gottes, einander Stütze und Hilfe zu sein. Das wird von jedem und jeder mit verschuldet, der seine Verantwortung als Katholik (z. B. im Rahmen von Kaufentscheidungen, von Wahlen, von Solidaritätsaktionen, von Hilfsinitiativen u.a.m.) nicht wahrnimmt: *Gen 4,1–12; Gal 6*

> *Da erging in der Wüste das Wort Gottes an Johannes, den Sohn des Zacharias. Und er zog in die Gegend am Jordan und verkündigte dort überall Umkehr und Taufe zur Vergebung der Sünden. [...] Da fragten ihn die Leute: Was sollen wir also tun? Er antwortete ihnen: Wer zwei Gewänder hat, der gebe eines davon dem, der keines hat, und wer zu essen hat, der handle ebenso.* *Lk 3,2b.3.10f*

Johannes der Täufer weist deutlich darauf hin: Umkehr (d. h. Hinwendung zu Gott) bemisst sich an Taten und nicht nur an Worten, und die Taten umfassen auch deutlich den Auftrag, solidarisch zu sein und den eigenen Überfluss zugunsten des Notleidenden freiwillig einzuschränken. Diese Taten müssen aber auch spürbar sein: Der Mann aus dem Beispiel des Johannes gibt 50 Prozent seiner Bekleidung (!), und Jesus selbst führt das in seinem Gleichnis von der armen Witwe aus: *Vgl. S. 91ff*

> *Als Jesus einmal dem Opferkasten gegenübersaß, sah er zu, wie die Leute Geld in den Kasten warfen. Viele Reiche kamen und gaben viel. Da kam auch eine arme Witwe und warf zwei kleine Münzen hinein. Er rief seine Jünger zu sich und sagte: Amen, ich sage euch: Diese arme Witwe hat mehr in den Opferkasten hineingeworfen als alle andern. Denn sie alle haben nur etwas von ihrem Überfluss hergegeben; diese Frau aber, die kaum das Nötigste zum Leben hat, sie hat alles gegeben, was sie besaß, ihren ganzen Lebensunterhalt.* *Mk 12,41–44*

Echte Solidarität tut weh, aber sie kann nicht anders spürbar werden – und nicht anders spürbar machen, dass es Katholiken nicht darum geht, selbst möglichst gut zu leben, sondern darum, alle menschenwürdig leben zu lassen. Schöpfungsgerechtigkeit heißt: diese Verantwortung um Gottes und des Nächsten willen wahrzunehmen.

Anstelle eines Schlusswortes: Die Gestaltung meines Lebens

Katholisch sein ist eine Lebenshaltung, die – das zeigen schon diese viel zu wenigen und zu kurz beschriebenen Beispiele – das Leben als Ganzes, das eigene Verhältnis zur Welt und zu anderen Menschen und das Verhältnis zu Gott betrifft. Was wohl auch klar geworden ist: Katholisch sein ist manchmal unbequem und stellt sich oft dem Zeitgeist und dem Mainstream entgegen. Katholisch sein heißt, in Kauf zu nehmen, dass die eigene Einstellung vielen Fragen gegenüber selbst in Frage gestellt wird. Und katholisch sein heißt, sich bewusst zu sein, dass bei allem gläubigen Vertrauen auf die Verlässlichkeit der Offenbarung (das Handeln Jesu Christi) ein Vorbehalt der Unsicherheit der eigenen Position Gott gegenüber verbleibt – aber gerade das ist etwas, was Katholizismus von Fundamentalismus unterscheidet (wobei: natürlich gibt es auch Fundamentalisten, die glauben, katholisch zu sein).

Katholisch zu sein heißt: Ich wage es, eine Grundentscheidung zu treffen. Ich entscheide mich dafür, eine Wirklichkeit namens „Gott" zu akzeptieren. Ich setze mein Vertrauen darauf, dass Jesus Christus der ist, der den Bund zwischen Gott und Menschen erneuert hat, dass dieser Bund sich in der Lehre der Kirche (manchmal klarer, manchmal trüber, aber in der Grundsubstanz immer vorhanden) wiederspiegelt und dass es genau dieser Bund ist, der auch mich selbst und mein konkretes Leben betrifft, weil Gott – diese Person, mein Gegenüber – dieses mein konkretes Leben heil machen will, und zwar ein für alle Mal. Zu diesem Heil hat er mich gerufen und ruft mich jeden Tag aufs Neue; und diesem Ruf kann ich folgen.

Der Ruf Gottes betrifft jeden Menschen. An manche ergeht er ausdrücklich, an manche indirekt; an manche im Rahmen ihrer je eigenen Kultur und Umgebung, an manche in radikaler Konfrontation mit dem Fremden. Und jeder bzw. jede entscheidet sich, wie er oder sie mit diesem Ruf umgeht. Dabei auf die katholische Kirche zu setzen, ist ein gerechtfertigtes Wagnis: Ein Wagnis, weil jede menschliche Glaubensentscheidung schlechthin ein Wagnis ist; gerechtfertigt, weil die Theologie und Tradition dieser Kirche sie generell – bei allen konkreten und personell fassbaren Schwächen – glaubwürdig macht.

Verwendete Abkürzungen und zusätzliche Lesetipps

Der Einfachheit halber habe ich in den Randanmerkungen einige Abkürzungen verwendet, die ich hier aufschlüsseln möchte:

Als begleitende „Arbeitslektüre" für dieses Buch empfehle ich die Einheitsübersetzung (EÜ) der Bibel. Nicht, dass sie so brillant wäre, aber sie bietet einen soliden und vertrauenswürdigen Text, mit dem sich gut umgehen lässt. Viele Ausgaben enthalten auch Karten, Stichwortverzeichnisse, Worterklärungen usw. Zum Vergleichen eignen sich gut: Die Übersetzung durch Martin Luther, die Jerusalemer Bibel und – um dem Sprachgefühl des Alten Testamentes so nahe wie möglich zu kommen – die Übertragung von Martin Buber und Franz Rosenzweig.

Bibel; vgl. auch S. 22ff

Die Bischöfe Deutschlands, Österreichs und der Bistümer Bozen-Brixen (Hg.): Die Bibel: Altes und Neues Testament. Einheitsübersetzung, Freiburg: Herder 1999.

Einheitsübersetzung

Luther, Martin (Übers.): Die Bibel nach der Übersetzung Martin Luthers. Standardausgabe mit Apokryphen, Stuttgart: Deutsche Bibelgesellschaft 1985.

Deissler, Alfons u. a. (Hg.): Neue Jerusalemer Bibel: Einheitsübersetzung mit dem Kommentar der Jerusalemer Bibel, Freiburg: Herder 2007.

Buber, Martin; Rosenzweig, Franz (Übers.): Die Schrift. Aus dem Hebräischen verdeutscht von Martin Buber gemeinsam mit Franz Rosenzweig, Stuttgart: Deutsche Bibelgesellschaft 1992.

LThK: *Das Lexikon für Theologie und Kirche ist mit seinen 11 Bänden der „Große Brockhaus" für alle theologischen Fragen der katholischen Lehre. Von Kardinal Walter Kasper, der selbst ausgewiesener Dogmatiker ist, herausgegeben, vereint es Tausende von erstklassigen Beiträgen zu den unterschiedlichsten Sachfragen der Theologie. Eine wichtige Eigenschaft des LThK ist es, dass es einen sehr hohen Standard in kritischen Sachfragen wahrt. Da es in einer sehr kostengünstigen Studienausgabe erhältlich ist, ist eine Anschaffung durchaus überlegenswert!*

LThK

Kasper, Walter (Hg.): Lexikon für Theologie und Kirche (11 Bände), Freiburg: Herder 2009.

DH: *Der „Denzinger-Hünermann" ist das Standardwerk schlechthin über kirchliche Lehrentscheidungen. Dick, gewichtig und nicht billig, aber er enthält (fast) alles, was man zum schnellen Nachschlagen im Bereich der Glaubens- und Sittenlehre der Kirche benötigt, von den ersten Glaubensbekenntnissen aus dem 2. Jahrhundert bis zu den neuesten päpstlichen Enzykliken, und das teilweise in altgriechischer, lateinischer und deutscher Sprache, sodass man auch die Originaltexte gleich zur Hand hat. Man muss ihn privat nicht unbedingt haben, aber*

DH
Konzilsdokumente
Konzilserklärungen

wenn man viel nachschlagen muss, ist er sehr empfehlenswert, vor allem, weil er einen großartigen systematischen Index hat - man findet zu einem beliebigen Stichwort eine komplette thematische Aufbereitung. Mit vollem Titel heißt das Opus:

Denzinger, Heinrich; Hünermann, Peter (Hg.): Kompendium der Glaubensbekenntnisse und kirchlichen Lehrentscheidungen, Freiburg: Herder 2004.

NR NR: *Der „Neuner-Roos" ist ebenso ein Klassiker, der etwas anders aufgebaut ist als der DH. Weniger umfangreich, ist er ausschließlich auf Dokumente fokussiert, die sich mit der Glaubenslehre befassen und ihre kirchliche Tradition nachzeichnen. Dadurch ist er auch um einiges kostengünstiger und handlicher, ohne im Alltagsgebrauch weniger nützlich zu sein. Im Buchhandel ist er zu finden als:*

Neuner, Josef; Roos, Heinrich (Hg.): Der Glaube der Kirche in den Urkunden der Lehrverkündigung, Regensburg: Pustet 1992.

KKK KKK: *Der Katechismus der Katholischen Kirche fasst die Teile der kirchlichen Lehre zusammen, die für den Alltag der Menschen relevant sind und bietet eine Übersicht über ihre Lehrmeinungen. Dabei legt er – anders als DH oder NR – keine (übersetzten) Originaldokumente vor, sondern zitiert allenfalls kurze Stellen; man kann dem KKK also gut entnehmen, was die Kirche zu einem gegebenen Zeitpunkt lehrt, aber nicht unbedingt, warum. Der KKK ist anders als der DH oder der NR ein kirchliches Auftragswerk und entsprechend zu lesen. Durchaus nützlich!*

Ecclesia Catholica (Hg.): Katechismus der Katholischen Kirche, Wien: Oldenbourg 2007.

MB MB: *Das Messbuch der Katholischen Kirche ist im Grunde die „amtlich genehmigte" Ausgabe des Missale Romanum, denn (das wird oft übersehen): Die reguläre Sprache der Liturgie ist auch nach dem Zweiten Vatikanum noch das Lateinische, obwohl sich die „Ausnahme" der Volkssprache praktisch überall durchgesetzt hat. Das MB enthält sämtliche Gebete und Eigentexte des Kirchenjahres, ausgenommen die Texte für Schriftlesungen bzw. Evangelien, die man der Bibel, dem Lektionar bzw. dem Evangeliar entnehmen muss.*

Bischofskonferenzen des deutschen Sprachgebietes: Messbuch für die Bistümer des deutschen Sprachgebietes. Authentische Ausgabe für den liturgischen Gebrauch, Freiburg: Herder 1988.

CIC CIC: *Im kirchlichen Gesetzbuch, dem „Codex Iuris Canonici", werden die allgemeinen Lehrsätze der Kirche in konkrete Regeln gegossen. Wie überall, wo viele Menschen zusammenleben und zusammenarbeiten, gibt es eben auch in der Kirche Regelungsbedarf – und wie überall, wo geregelt wird, auch manches Überschießende. Der CIC enthält sozusagen die Durchführungsbestimmungen für die praktische Arbeit der Kirche, zumindest den hoch formalen Teil davon. Der CIC ähnelt in vielen einem Gesetzbuch wie dem ABGB, aber wird in canones (can.) und Paragraphen (§) gezählt (und nicht in § und Abs.)*

Deutsche Bischofskonferenz (Hg.): Codex Iuris Canonici – Codex des kanonischen Rechtes. Lateinisch-deutsche Ausgabe mit Sachverzeichnis, Kevelaer: Butzon & Bercker 2009.

Die DIDACHE *(betont auf dem letzten e) gehört zu jenen Schriften der frühen Kirche, die zwar nicht Eingang in den biblischen Kanon gefunden haben, aber dennoch zur ältesten Glaubensüberlieferung gehören. Sie geben uns Einblicke in die Lebens- und Glaubenswelt der Gemeinden um das Jahr 100. Dazu gehören unter anderem die Clemensbriefe, der Hirte des Hermas, der Diognetbrief und einige andere Schriften.* *Didache*

Pratscher, Wilhelm (Hg.): Die Apostolischen Väter. Eine Einleitung, Stuttgart: UTB 2009.

Im Gegensatz dazu stammen die sogenannten APOKRYPHEN *Schriften zwar teilweise aus der Frühzeit der Kirche, zählen aber nicht zum Kernbestand ihrer Lehre. Zum weiten Feld dieser Literatur gehören u.a. das Thomasevangelium, das Petrusevangelium, das „Evangelium der Wahrheit", verschiedene Apokalypsen usw. Sie wurden aus verschiedenen Gründen nicht in den Kanon des Neuen Testamentes aufgenommen, u.a. weil sie den Evangelien sachlich und / oder zeitlich sehr fern liegen. Immerhin ist es ganz amüsant, einmal hineinzulesen.* *Apokryphen*

Ebenso wie über die Qumranschriften wird auch über die Apokryphen teilweise wild (und haltlos) spekuliert. Das verkauft sich eben gut ...

Ceming, Katharina; Werlitz, Jürgen: Die verbotenen Evangelien. Apokryphe Schriften, München: Piper 2007.

Links

Stundenbuch für iOS:
https://itunes.apple.com/at/app/stundenbuch/id728856434
Das tagesaktuelle Brevier für iPad und iPhone. Vergleichbares gibt es auch für Android und andere mobile Betriebssysteme.

Der „Bibleserver":
http://www.bibleserver.com
Ein großartiges Projekt, auf dem sich -zig Bibelübersetzungen finden und das über gute Suchfunktionen verfügt - für mich unverzichtbar.

Das Heiligenlexikon:
http://www.heiligenlexikon.de
Die christlichen Heiligen in detaillierter Aufzählung - inklusive einiger Namen, die man nicht dort vermutet hätte.

Weitere Literaturhinweise und -empfehlungen:

Bauer, Johannes B. (Hg.): Die heißen Eisen in der Kirche, Graz: Styria 1997. *Von der Fachausrichtung her mit den Kirchenvätern bestens vertraut, war es Johannes Bauer, der – immer im Blick auf die Theologie der frühen Kirche – mit Akribie und Umsicht Problemfelder in der Kirche in den Blick nahm und kritisch, aber immer konstruktiv Lösungswege aufzeigte. Dieser Band beleuchtet Problemfelder wie Frauenordination, Zölibat, Geburtenregelung und viele andere „heiße Eisen" auf höchstem Niveau.*

Betz, Otto; Riesner, Rainer: Jesus, Qumran und der Vatikan. Klarstellungen, Freiburg: Herder 1994. *Wissenswertes und vor allem Wahres über die Qumran-Schriftrollen, ihren Inhalt und ihre Aufarbeitung.*

Boff, Leonardo: Kleine Trinitätslehre, Mannheim: Patmos 2007. *Boff ist einer der profiliertesten Befreiungstheologen und zugleich ein hervorragender Systematiker. Was auch immer er erarbeitet, legt er auf die gesellschaftliche Verfasstheit und Verpflichtung der Kirche um. Die „Option für die Armen", die vorrangige Parteilichkeit für Arme und Entrechtete, prägt sein Werk.*

Breitsching, Konrad: Wie wird man ein/e Heilige/r? Ein kurzer Überblick über das Selig- und Heiligsprechungsverfahren der katholischen Kirche, in: http://www.uibk.ac.at/theol/leseraum/texte/385.html. *Der virtuelle Leseraum der Universität Innsbruck ist immer einen Besuch wert. Der praktische Theologe K. Breitsching schafft es in diesem Beitrag, auf kurzweilige Art den Weg zur Kanonisierung darzustellen, der sich als zu kompliziert für eine eigene lebensbegleitende Karriereplanung herausstellt ...*

Ecclesia Catholica: Annuario Pontificio, Rom: Libreria Editrice Vaticana 2006. *Jährlich wird von der Kirche dieses „statistische Handbuch" herausgegeben, dem man die jeweils aktuellen Zahlen zur Lage der Weltkirche entnehmen kann. Es hat zwei gravierende Nachteile: Es ist nicht ganz leicht erhältlich, und Zahlen sind im Umgang mit Kirche ein höchst zweifelhaftes Hilfsmittel ...*

Gutiérrez, Gustavo: Die Armen und die Grundoption. In: Mysterium liberationis, Band 1. Luzern: Exodus 1995. *Gutiérrez – ebenso wie Boff ein „Godfather der Befreiungstheologie" – fasst in diesem Beitrag die Argumente für die Verpflichtung der Kirche zur „Option für die Armen" zusammen. Boff, Gutiérrez und Sobrino sollte man gelesen haben, wenn man das volle Potential der Kirche in diesem Bereich erkennen will.*

Harnoncourt, Philipp: Gott feiern in versöhnter Verschiedenheit. Aufsätze zur Liturgie, zur Spiritualität und zur Ökumene, Freiburg: Herder 2005. *Der Liturgiewissenschaftler Philipp Harnoncourt hat sich wie wenige andere um die Liturgie nach dem Zweiten Vatikanum und die Annäherung zwischen Ost- und Westkirche verdient gemacht. In diesem Buch widmet er sich grundlegenden Aspekten der Gottesdienstfeier und des Gebetes. Ich kenne wenige Bücher, die ein so hohes Niveau bewahren und dabei so klar und verständlich geschrieben sind – es sollte auf keinem Schreibtisch fehlen.*

Hoffmann, Paul; Heil, Christoph (Hg.): Die Spruchquelle Q. Studienausgabe griechisch und deutsch, Darmstadt: Wissenschaftliche Buchgesellschaft, 2009. *Als „Q“ bezeichnet man jene Quelle, die dem Mt- und dem Lk-Evangelium neben dem Markustext vorgelegen sein muss. Hoffmann und Heil haben sie aus den vorliegenden Spuren rekonstruiert; sie enthält vor allem (weitgehend originale) Jesusworte.*

Kapellari, Egon: Heilige Zeichen in Liturgie und Alltag, Graz: Styria 1998. *Bischof Egon Kapellari spricht nicht als akademischer Theologe, sondern als Seelsorger von den Gesten und Zeichen, die das katholische Leben prägen. Die Einfachheit seiner Sprache ist wohltuend und verkürzt das inhaltliche Niveau dieses Büchleins in keiner Weise.*

Kolatch, Alfred: Jüdische Welt verstehen. Sechshundert Fragen und Antworten, Wiesbaden: Marix 2005. *Alfred Kolatch, selbst Rabbiner, führt anhand der Riten und Vorschriften des Judentums in den Wesenskern dieser Religion ein. Thematisch und nach Lebenszusammenhängen geordnet, bietet das Buch einen Einblick in das (orthodoxe) Judentum.*

Körner, Bernhard: Gottes Gegenwart. Eine Entdeckungsreise zum Sinn der Eucharistie, Innsbruck: Tyrolia 2005. *Bernhard Körner – Professor für Dogmatik an der Universität Graz – macht in seiner behutsamen meditativen Einführung deutlich, wie sehr dieses Sakrament auch heute noch der Schlüssel für unsere Lebenssituationen werden kann, ja, dass es Antworten auf unsere existenziellen Bedürfnisse und Sehnsüchte weiß. In seine Überlegungen bezieht er die Ansätze von Theologen ebenso mit ein wie die Zugänge zeitgenössischer Denker und spiritueller Autoren.*

Küng, Hans: Christ sein, München: Piper 2010. *Das Ziel Küngs ist es, darzulegen, dass es Gründe dafür gibt, an Gott zu glauben, besonders an den Gott Jesu Christi zu glauben – eine „Glaubensargumentation“ sozusagen. Gut lesbar geschrieben mit massiven Praxisbezügen (insbesondere im Hinblick auf Gesellschaft und Ethik).*

Larcher, Gerhard: Annäherungsversuche von Kunst und Glaube. Ein fundamentaltheologisches Skizzenbuch, Münster: LIT 2006. *Gerhard Larcher ist einer der Experten schlechthin, wenn es um die religiöse Dimension der Kunst und ihre Einbindung in den konkreten religiösen Vollzug geht. In diesem Bändchen legt er in einer Kurzfassung dar, auf welchen theologischen Voraussetzungen der Dialog von Kunst und Religion beruht.*

Lohfink, Gerhard: Braucht Gott die Kirche? Zur Theologie des Volkes Gottes, Freiburg: Herder 2002. *Das „Volk Gottes" war zu keiner Zeit völlig normiert - es ist der Ort des Wirkens des Heiligen Geistes und daher steten Veränderungen und Neuerungen unterworfen. So muss auch die Kirche stets auf Neues hin offen sein ...*

Leibniz, Gottfried Wilhelm: Die Theodizee, Frankfurt: Suhrkamp 1996. *In der -zigsten Auflage erschienen und noch immer lesenswert: die Abhandlung, die dem Theodizeeproblem den Namen gab.*

Lumma, Liborius Olaf: Für-Bitten. Das Allgemeine Gebet in der Eucharis-tiefeier und anderen Gottesdiensten für alle Zeiten des Kirchenjahres und Fürbitten für besondere Anlässe, Innsbruck: Tyrolia 2008. *Der Autor greift bewusst die alte Tradition der Fürbitt-Litaneien auf. Er nennt die Bedürftigen und stellt sie in die Aufmerksamkeit des Gebetes. Eine Sammlung aus der liturgischen Praxis an der Innsbrucker Jesuitenkirche.*

Lumma, Liborius Olaf: Fürbitten zu Taufe, Hochzeit, Ehejubiläum, Begräbnis, Innsbruck: Tyrolia 2010. *Dieses Büchlein hilft all jenen, die mit dem Formulieren von Gebetstexten wenig vertraut sind und trotzdem bei besonderen Anlässen ihre Anliegen vor Gott bringen möchten. Die Fürbittensammlung regt an, auszuwählen und sich die jeweils passende Fürbittreihe zusammenzustellen.*

Mackie, John L.: Das Wunder des Theismus. Argumente für und gegen die Existenz Gottes, Ditzingen: Reclam 1987. *Warnung: Der Titel ist irreführend. Mackie ist Religionskritiker und sieht das Wunder darin, dass es trotz der gewichtigen Gegenargumente noch Gottesglauben gibt. Dennoch sehr lesenswert, weil das Buch eine systematisch sehr gute Zusammenstellung der Argumente für und gegen einen Gottesglauben bietet. Mackie hat sich mit Swinburne (s. u.) eine höchst spannende Auseinandersetzung geliefert (die Swinburne meiner Meinung nach gewonnen hat).*

Rahner, Karl: Grundkurs des Glaubens. Einführung in den Begriff des Christentums, Freiburg: Herder 2008. *1976 – mehr als zehn Jahre nach dem Zweiten Vatikanum – hat Karl Rahner diesen Text publiziert, der zusammenfasst, was Christsein in einer modernen Welt heißen kann. Sollte man besitzen – ist aber nicht leicht zu lesen.*

Rahner, Karl; Fries, Heinrich: Theologie in Freiheit und Verantwortung, München: Kösel 1986. *Es ist sehr spannend, die beiden großen Altmeister der systematischen Theologie, die in vieler Hinsicht so unterschiedlich sind, gemeinsam in diesem kleinen Bändchen zu erleben. Noch spannender sind ihre theologischen Thesen, vor allem, was das „Lehramt des Volkes" betrifft ...*

Rahner, Karl; Vorgrimler, Herbert: Kleines Konzilskompendium. Sämtliche Texte des Zweiten Vatikanischen Konzils mit Einführungen und ausführlichem Sachregister, Freiburg: Herder 2008. *Dieses Bändchen ist ein Muss. Es enthält nicht nur alle Dokumente des Zweiten Vatikanischen Konzils in sehr guter Übersetzung, sondern auch ausführliche Einleitungen dazu, die Karl Rahner verfasst hat und die für die Interpretation der Dokumente selbst, aber auch für ihre Geschichte enorm hilfreich sind. Ein erstklassiges Sachregister macht das Werk zu einem Hit für den Alltagsgebrauch.*

Ratzinger, Joseph: Einführung in das Christentum: Vorlesungen über das apostolische Glaubensbekenntnis, München: Kösel 2000. *Joseph Ratzinger galt und gilt in weiten Kreisen nach wie vor als theologischer Gegenpol zu Karl Rahner. Das stimmt natürlich nur bedingt. Dennoch ist es interessant, Texte der beiden großen deutschen Theologen des 20. Jh. auch einmal parallel zu lesen. Das hier angeführte Buch stammt von einem Ratzinger aus der vorkurialen Zeit, der noch vom Konzil entscheidend mitgeprägt wurde, und dennoch sind die Unterschiede zu Rahners „Grundkurs" nicht zu übersehen.*

Schierse, Franz Josef: Einführung in das Neue Testament, Düsseldorf: Patmos 2001. *Die Einleitung Schierses erklärt die Schriften des NT in der Reihenfolge ihrer wahrscheinlichen Enstehungszeit, erklärt Fachausdrücke, bietet einen Blick auf die geschichtliche Situation und erklärt den literarischen Genus der Bücher – eine kompakte und sehr brauchbare Einführung.*

Schmidt-Leukel, Perry: Grundkurs Fundamentaltheologie. Eine Einführung in die Grundfragen des christlichen Glaubens, München: Don Bosco 2009. *Eine gut lesbare Einführung in die zentralsten Themen des katholischen Glaubens, insbesondere zum Verhältnis von Glaube und Vernunft. Die Arbeit mit und an der Religionskritik, die ich im vorliegenden Buch herauskürzen musste, war stark an Schmidt-Leukels Ansatz orientiert, also am besten gleich direkt bei ihm nachlesen!*

Secretaria Status Seu Papalis, Ut sive sollicite, in: Acta Apostolicae Sedis 61 (1969) 334–40. *Das Dokument bietet die genaue Beschreibung der korrekten Kleidung der Weltkleriker im Hinblick auf Form und Farbe. Ordenskleidung ist davon nicht betroffen!*

Sobrino, Jon: Christologie der Befreiung, Mainz: Grünewald 2008. *Das Werk ist auf zwei Bände angelegt. Ich kenne bisher nur den ersten, aber der rechtfertigt die Empfehlung hier bei weitem: Sobrino deckt Unrechtszusammenhänge und Widersprüche von Machtstrukturen zur Botschaft Christi auf und deutet sie im Blick auf die reale Situation in Lateinamerika, ohne die traditionelle Theologie auszuklammern, auf deren blinde Fecken gerade im Bereich der Christologie er fundiert hinweist.*

Swinburne, Richard: Die Existenz Gottes, Ditzingen: Reclam 1990. *Swinburne entwirft auf der Basis der Wahrscheinlichkeitstheorie einen „Wahrscheinlichkeitsbeweis" für die Existenz Gottes. Er hat auch die klassischen „Gottesbeweise" im kleinen Finger und bezieht sie in seine Überlegungen ein. Sein Ansatz wurde u. a. von Mackie (s. o.) heftig kritisiert, ist aber nichtsdestoweniger höchst spannend.*

Uwer, Dirk: Das Recht der Papstwahl nach der Apostolischen Konstitution „Universi Dominici Gregis", http://www.nomokanon.de/abhandlungen/015.htm, Rdnr. 1–39. *Dirk Uwers Dokument bietet eine hervorragende Zusammenfassung zur geltenden Rechtsordnung der Papstwahl. Sie ist mit genauen Quellen- und Zitatangaben versehen, sodass sowohl eine kursorische als auch eine tiefergehende Lektüre möglich sind.*

Valentin, Joachim; Wendel, Saskia (Hg.): Unbedingtes Verstehen?! Fundamentaltheologie zwischen Erstphilosophie und Hermeneutik, Regensburg: Pustet 2001. *Allen, die es nicht mit der Angst zu tun bekommen, wenn es sprachlich und vom Theorielevel her auf eine höhere Stufe geht, kann dieser Sammelband einen hervorragenden Überblick über aktuelle Problemfelder der Fundamentaltheologie verschaffen.*

Verweyen, Hansjürgen: Einführung in die Fundamentaltheologie, Darmstadt: WBG 2008. *Es gibt wenige „Einführungen" in dieses als schwierig verschriene Fach, die so gut lesbar und zugleich so fundiert argumentiert sind. Verweyen kommt aus einer ganz anderen Ecke als die Rahner-Tradition, ist aber gerade deswegen ein höchst fruchtbarer Denkansatz.*

Wessely, Christian: Gekommen, um zu dienen: Der Diakonat aus fundamentaltheologisch-ekklesiologischer Sicht, Regensburg: Pustet 2004. *Ich versuche in diesem Buch die kirchliche Verortung des Diakonates zu beschreiben und auf mögliche „eigentümliche" Funktionsfelder des Diakons einzugehen.*

ders.: Gibt es einen „gerechten Krieg"? Ein Blick auf Apokalyptik, Eschatologie und Tradition der Kirche, in: Neuhold, L., Frieden, Frieden, aber es gibt keinen Frieden, Innsbruck: Tyrolia 2012. *Die Spannung zwischen der Friedensbotschaft Jesu Christi und den teilweise völlig anderen Aussagen zu Krieg und Gewalt im Alten Testament und der Geschichte der Kirche hat mich schon immer fasziniert ...*

Wessely, Christian; Ornella, Alexander (Hg.): Religion und Mediengesellschaft. Beiträge zu einem Paradoxon, Innsbruck: Tyrolia 2010. *Der Sammelband enthält eine ganze Reihe von Aufsätzen zum Themenbereich der Religion in der aktuellen Medienkultur – die Spannweite reicht dabei von singenden Pfarrern über religiöse Elemente in Volksmusiktexten bis hin zur Spiegelung von Transzendenzbezügen in Computerspielen. Begleitet werden diese anwendungsorientierten Texte von einführenden Grundlagenartikeln.*

Zenger, Erich: Einleitung in das Alte Testament, Stuttgart: Kohlhammer 2006. *Erich Zenger ist einer der großen Altmeister der alttestementlichen Bibelwissenschaft. Die Einleitung, die er herausgegeben hat und die nun in der zigsten Auflage vorliegt, ist zwar nicht mehr ganz am neuesten Stand, aber von so umfassender Systematik und so lesbar geschrieben, dass sie zum Einsteigen eine sehr gute Wahl darstellt.*

Auf die Homepage zu diesem Buch wird ausdrücklich hingewiesen:

www.einfach-katholisch.at

Für Feedback - durchaus auch konstruktive Kritik - bin ich immer dankbar und bemühe mich, jede Kontaktaufnahme in kurzer Zeit zu bearbeiten.

Und zum Abschluss ein letzter Hinweis:

Für alle, die sich für eine vertiefte theologische Ausbildung interessieren, ist das Institut „Fernkurs für theologische Bildung" eine lohnende Adresse. Im Rahmen eines Fernlehrsystems oder eines Präsenzkurses in Wien kann innerhalb von drei Jahren ein respektables Niveau erreicht werden; die Absolvierung des Kurses deckt die Ausbildungsvoraussetzungen für Ständige Diakone und pastorale Mitarbeiterinnen bzw. Mitarbeiter weitgehend ab.

Stichwortverzeichnis

A

B

C

D

E

J

K

L

M